학교 위기개입

대한소아청소년정신의학회 학교건강위원회 편

학지사

머리말

학교는 학생들이 활기차게 공부하고 즐겁게 생활할 수 있는 곳이어야 하지만 최근에는 학생들이 안심하고 다니기 어려운 곳이 되고 있습니다. 학교에서 신체적 상해는 물론 정신적 스트레스를 입는 상황이 적지 않기 때문입니다.

대한소아청소년정신의학회는 학생들이 겪는 정신적 외상에 대한 적절한 평가와 치료 서비스를 제공하고 있습니다. 특히, 학회 산하 학교건강위원회는 학교 현장에서 위기 상황이 발생하였을 때 정신과 전문의가 사용할 수 있는 실용적인 지침서를 2007년 11월 제작한 바 있습니다. 이번에 이 지침서 내용을 더욱 다듬고 보충하여 책으로 출간하게 되었습니다. 이 책은 위기개입이라는 전략을 통하여 위기를 겪은 학생들을 위기 이전의 기능 수준으로 회복시키고, 가족 기능을 안정시켜 강화하는 것을 목표로 하고 있습니다. 우리 사회가 학교 현장에서 일어나는 위기적 사고의 정신적 측면에 주목해야 할 시점에서 이 책의 출판은 매우 의미 있는 일입니다.

이 책은 크게 세 부분으로 구성되었습니다. 제1부는 학교 현장에서 위기개입의 일반지침과 상세한 대응 전략을 담은 매뉴얼을 포함하고 있습니다. 제2부는 여러 위기 상황, 즉 학교폭력, 성폭력, 자살, 자연재해 및 학교 내 사고가 발생했을 때 도움이 되는 세부 개입 전략을 제시하고 있습니다. 제3부는 학교 내 위기의 실제 상황을 담아서 앞으로 이 책이 학교에서의 위기개입을 넘어, 사회 전반에서 일어날 수 있는 여러 위기 상황에서도 유익한 지침이 될 수 있도록 하였습니다.

이러한 책이 보다 일찍 발간되었으면 하는 아쉬움을 뒤로 하고 이제라도 좋은 책을 출간하게 되어 진심으로 기쁩니다. 훌륭한 원고를 만들어 주신 집필진 여러분과 자문을 해 주신 홍강의, 노경선, 홍성도 선생님의 노고에 다시 한 번 감사드리고, 선뜻 출판을 맡아 주신 학지사에도 고마운 마음을 전합니다. 일선에서 학교 건강관리를 담당하고 계신 분들은 물론 관계자 분들께도 유익한 책이 되기를 바랍니다.

2010년 4월

대한소아청소년정신의학회 이사장 반건호

차 례

• 머리말 3

학교 위기개입 일반지침

01 위기의 정의와 이해 11

1. 위기의 정의 11
2. 위기의 구성요소 12
3. 위기의 단계 16
4. 위기에 처한 내담자의 감정 19
5. 위기가 초래하는 심리적인 영향 20
6. 요 약 24

02 학교 위기개입 일반지침 27

1. 위기개입의 목표 30
2. 위기개입의 단계 32
3. 위기개입의 일반지침 35
4. 위기 선별 면담 예시 38
5. 위기에 대한 일반적인 반응 42
6. 연령에 따른 위기에 대한 반응 44
7. 면담자의 태도 49

8. 정신과 전문의에게 의뢰해야 하는 경우 54
9. 발생 후 즉각적인 대처 및 치료 55
10. 부모 및 교사에 대한 조언 63

제2부 학교 위기개입 세부지침

03 학교폭력 위기개입 91

1. 학교폭력에 대한 이해 91
2. 개별 사례 100
3. 학교폭력의 대책 104
4. 정신의학적 개입 111
5. 결 론 116

04 성폭력 위기개입 121

1. 성폭력에 대한 이해 122
2. 성폭력의 피해 132
3. 성폭력의 평가 137
4. 성폭력에 대한 개입 152
5. 부모를 위한 권고 158
6. 교사를 위한 권고 160
7. 신고 및 법적 문제 169

05 자살 위기개입 175

1. 청소년 자살에 대한 이해 176
2. 자살 시 학교 위기개입 및 관리 지침 184

06 자연재해 위기개입 215

1. 자연재해에 대한 이해 215
2. 치료 시 고려해야 할 아동의 연령적 특이성 220
3. 초기 평가 작업 222
4. 치료 계획 수립 222
5. 예방 프로그램 223
6. 다양한 치료 기법 224
7. 결 론 232

07 학교 내 사고에 의한 외상후 스트레스 장애에 대한 접근 235

1. 학교 내 사고에 대한 이해 235
2. 학교 내 사고와 같은 위기 상황과 아동의 반응 237
3. 실제 학교 내 사고 발생과 대처 과정 240
4. 2007년 경험을 통해 본 학교 내 사고 대처 방안 256

제3부

학교 현장에서의 위기개입 실제

08 학교 위기 상황 대응 매뉴얼 263

1. 학교 위기 상황 대응 방법 264
2. 위기 상황별 처리 방법 266

09 통계로 본 학교 안전사고와 보상 283

1. 학교안전공제회 연혁 283
2. 학교안전공제제도 284
3. 공제급여 관리시스템 286
4. 학교 안전사고 통계자료 주요 내용 286
5. 학교 안전사고 통계자료 개선방향 322
6. 사고통지 및 업무처리 흐름도 326
7. 학교안전공제 사각지대의 발생 328
8. 결 론 329

찾아보기 331

제1부

학교 위기개입 일반지침

01. 위기의 정의와 이해
02. 학교 위기개입 일반지침

01
위기의 정의와 이해

1. 위기의 정의

위기(crisis)란 개인의 현재 자원과 대처 기제로는 감당하기 어려운 사건이나 상황을 지각하거나 직면하게 되는 것을 말한다. 위기는 일반적인 문제해결 방법으로는 해결될 수 없는 환경이나 상황으로 구성된다. 만일 개인의 고통이 사라지지 않는다면, 위기는 심각한 정서적, 행동적, 인지적 역기능을 일으킨다.

위기는 문제(problem)나 응급(emergency)과는 다르다. 문제는 스트레스를 유발하고 해결하기 어려울 수도 있지만, 개인이나 가족은 그에 대한 해결책을 찾을 수 있다. 따라서 개인이나 가족에 의해 해결될 수 있는 문제는 위기가 아니다.

---

* 이 장은 김재원, 서동수가 집필하였다.

응급은 갑작스럽고 절박한 상황으로 인해 도움이 필요한 상황으로, 사고나 자살 시도 또는 가족의 폭력 등으로 생명에 위협을 받는 것을 말한다. 응급 시에는 법률적 도움을 주거나 생명이 위급한 상황을 다룰 수 있는 훈련된 전문가의 즉각적인 관심이 필요하다. 만약 개인이나 가족을 위험에 처하게 하지 않으면서 도움을 받을 때까지 24~72시간을 기다릴 수 있다면, 그것은 위기이지 응급이 아니다.

2. 위기의 구성요소

위기의 세 가지 구성요소는 ① 스트레스 유발 상황(stress-producing situation), ② 대처의 어려움(difficulty in coping), ③ 중재의 시기(timing of intervention)다. 이 요소들은 상호작용하면서 각각의 위기를 특정한 것으로 만든다.

1) 스트레스 유발 상황

모든 사람은 화가 나거나 실망하고 지친 감정을 느낄 때가 있다. 이런 감정이 어떤 생활 사건이나 상황과 결부되면 긴장과 스트레스가 높아지게 된다. 스트레스를 유발하고 위기 상태에 기여하는 다섯 가지의 상황/사건은 다음과 같다.

• 가족 상황: 아동 학대, 부부간의 학대, 계획되지 않은 임신, 부

모의 자녀 유기, 만성적인 질병을 가진 가족 구성원, 사회적 지지의 부재 등

- 경제적 상황: 갑작스럽거나 만성적인 경제적 어려움, 실직, 돈이나 물건의 도난, 높은 의료 비용, 도박이나 약물 중독으로 인한 돈의 부족, 가난 등
- 사회적 상황: 이웃의 폭력, 불충분한 주거시설, 지역사회 자원의 부족, 불충분한 교육 프로그램 등
- 주요 생활사: 결혼이나 자녀의 출생, 승진처럼 행복하게 보일 수도 있는 사건들, 자녀의 입학, 청소년기 자녀의 행동, 성장한 자녀가 집을 떠나는 것, 폐경의 시작, 사랑하는 사람의 죽음 등
- 자연적인 요소: 홍수, 태풍, 화재, 지진, 장기간의 고온다습한 기후, 장기간의 우중충하거나 지나치게 추운 기후 등

2) 대처의 어려움

위기 상황을 다룰 수 있는 개인이나 가족의 능력은 신체적, 행동적 특징과 태도 그리고 믿음에 의해 영향을 받는다. 전반적으로 행복한 삶을 살고 지지 체계가 좋은 가족도 스트레스 사건에 압도당할 수 있다. 예를 들면, 신체 질환, 개인의 낮은 에너지 수준, 지나치게 민감한 기질 그리고 지역사회의 서비스 제공자에 대한 불신 등도 위기 상황을 다루는 데 어려움을 일으키는 요소다. 과거에 문제를 잘 해결했던 가족은 위기 중재에서 빨리 이득을 얻을 것이다. 격려와 지지를 받으며 문제해결 과정에 집중하는 가족 역시 금세

적응 능력을 얻고 안정화될 것이다.

대처에 어려움을 보이는 부모

위기개입 전문가의 역할은 위기 상황에 놓인 가족의 모든 역기능을 '치유' 하는 것이 아니다. 위기개입 전문가는 무엇보다도 위기 상황을 만든 특정한 스트레스나 문제점에 초점을 맞추는 것이 더 중요하다. 만약 가족이 위기를 만드는 문제점에 집중하고 해결책을 찾는 방법을 배울 수 있다면, 그 가족은 자신들이 처한 상황에 대한 통제력을 더욱 갖게 될 것이다.

만성적으로 대처의 어려움을 가지는 사람은 계속해서 스트레스 상황에 있으려는 경향이 있는데, 이들은 동시에 발생하는 여러 가지 주요 문제를 해결해야만 하는 상황에 직면하게 된다. 스트레스를 유발하는 주요 문제는, 예를 들면 실직, 지불 능력의 부재, 집주인과의 문제, 결혼생활의 불화, 아이들에 대한 이웃집의 비난 등이다. 이러한 스트레스 상황에 오래 직면하게 되면, 가족 구성원 서로에게 지지적이 되기보다는 서로를 비난하는 경향을 보인다. 성인 간의 논쟁과 폭력은 아동 학대나 방임으로 연결될 수 있고, 반대의 경우도 가능하다. 약물 남용, 청소년의 비행이나 가출, 십대의 임신 등은 가족이 겪는 만성적인 적응 문제를 반영하는 것일 수도 있다.

가족 구성원이 문제해결 방법을 배우게 되면, 그 가족은 미래에 대한 새로운 희망을 갖게 되고 현재의 위기에 선행하는 문제들을 제시할 수 있는 에너지를 갖게 된다. 다시 한 번 강조하지만, 위기개입 전문가는 문제를 대신 해결해 주기보다는 가족이 안정성을 회복할 수 있도록 돕고 가족에게 문제해결 방법을 가르치는 데 중점을 두어야 한다. 가족이 위기를 해결할 수 있도록 위기개입 전문가가 도움을 주는 것은 결국 그 가족이 미래의 위기를 피할 수 있도록 돕는 것이다.

〈표 1-1〉 급성 위기/만성 위기에 있는 가족의 특징

급성 위기에 있는 가족 (기본적인 대처 능력이 있지만 일시적으로 압도되는 부모)	만성 위기에 있는 가족 (지속적이고 심각한 양육의 어려움을 가진 부모)
• 주요 위기나 연속적인 위기에 직면 • 적절한 자녀 양육의 과거력이 있음 • 정규 직업이 있음 • 충분한 수입과 기술 능력을 갖춤 • 친구나 친척의 정서적 지지를 받음 • 평균적인 문제해결 능력을 갖춤 • 전체적으로 좋은 건강 상태, 불법적 약물의 최소 사용, 필수적으로 불법 행동은 없음 • 적절한 교육과 개인적 공간/물품으로 구성된 주거 환경을 갖춤 • 의견의 차이를 수용함 • 가족 구성원 간에 서로의 상대적인 역할을 이해하고 받아들임 • 전반적으로 좋은 정신건강 상태임 • 진실되고 지지적인 아동보호 전문가에 협조적이고, 도움을 받는 것을 잘 받아들임 • 위기가 지나가면 스스로 문제를 해결할 능력을 얻음	• 지속적으로 스트레스가 많은 상황/위기에 직면 • 자녀 양육 지식의 부재 • 교육/직업 기회와 기술이 제한적임 • 경제적으로 가난함 • 극도의 사회적 고립 상태 • 친척이나 지역사회의 도움의 부재 • 빈약한 문제해결 기술, 타인을 비난함 • 질병, 약물 남용/알코올중독, 법적 문제, 신체적 장애를 가짐 • 지나치게 복잡한 주거 상태이거나 주거밀집 지역 혹은 경제적으로 낙후된 지역에 거주함 • 매춘, 성학대, 성인 간의 학대에 직면해 있음 • 사회적, 종교적 또는 문화적 차별 상태에 있음 • 가족 내의 역할 경계가 모호함 • 만성적인 정신질환이 있거나 문제 성격을 지님 • 전문가의 도움을 불신함 • 이전의 위기가 해소되어도 새로운 위기가 발생

3) 중재의 시기

전형적인 위기는 4~6주 정도 지속되는데, 이 시기에 문제를 해결하는 것이 중요하다. 적절한 시점의 치료적 개입은 가족관계가 심하게 붕괴되는 것을 예방할 수 있고 적절한 기능을 회복하는 데 도움이 된다. 적절한 방법으로 가족을 중재하고 그들이 위기 상황의 요인을 극복하도록 도와주면 수주 이내에 가족의 안정화가 이루어진다.

3. 위기의 단계

개인이나 가족이 어떤 특정 수준의 스트레스나 복합적 스트레스를 받을 경우 위기가 발생하는데, 이러한 위기는 단계별로 순차적으로 일어날 가능성이 크다. 여기서는 다음과 같이 위기를 7단계로 구분하였는데, 각 단계는 동시에 일어날 수도 있고, 서로 영향을 미치며 얽혀서 일어날 수도 있다.

- 1단계-유발 사건: 유발 사건은 드물거나 예상치 못한 사건으로, 스트레스를 유발하거나 외상을 일으키는 계기가 되고 불안감을 조장한다. 예를 들면, 유발 사건은 아동 성폭행 사건의 발견, 가족 내 마약 관련 혐의 적용, 또는 부모의 실직 등을 들 수 있다. 개인이나 가족은 가장 익숙한 방식으로 문제해결에 나선다. 고통과 무력감으로 부모는 자녀에게 감정을

폭력적으로 표출할 수도 있다. 이러한 아동 학대는 새로운 유발 사건이 되며, 이것으로 가족은 새로운 위기에 직면할 수도 있다.

- 2단계-인식: 개인이나 가족은 이러한 사건이나 혐의를 개인이나 가족의 목표, 안정, 가족애에 대한 큰 위협으로 인식한다. 예를 들면, 학대나 방임을 가족의 결속력과 가족 간의 안정을 해치는 것으로 받아들인다(예, 자녀를 성적으로 학대한 것 때문에 고발을 당한 아버지와의 관계 문제가 생길 가능성이 있을 수 있고, 탈선한 자녀가 법적 제재를 받을 경우 그 자녀를 잃을 가능성이 있다고 받아들이는 경우).
- 3단계-혼란스러운 반응: 익숙치 못한 느낌이나 무력감은 이전부터 사용해 왔던 지식, 행동, 기술 등이 문제를 해결하지 못했을 때 점점 더 커진다. 이 때문에 가족 구성원 간의 불안감이 조성되면 구성원은 각자 특이한 방법으로 즉각적으로 스트레스를 해소하려고 시도한다. 결과적으로 스트레스에서 비롯된 위기에 대한 반응은 점차 문제점을 가지게 된다.
- 4단계-새롭고 유별난 수단 추구: 긴장감과 감정적인 아픔을 해소하기 위해 가족 구성원은 다른 사람을 문제 해결에 끌어들인다. 각 구성원은 문제에 대해 서로 다르게 인식하고 있으며 도울 수 있는 인물을 선정하는 것에 관해 다른 견해를 가지고 있기 때문에 가족 구성원 내부 혹은 외부에서 자기 관점의 확신을 얻으려 한다. 이때 이웃, 친척, 친구 등은 직접적인 보조(예, 주거지, 운송, 식량, 금전 등)와 조언(예, "경찰을 불러라." "가장의 말에 좀 더 순종하라." "학대하는 사람을 떠나라." 등)을 제공

한다. 하지만 이 단계에서는 대립을 악화시킬 수 있는 조언가보다는 잘 훈련된 위기개입 전문가(정신과 전문의, 정신보건 요원, 그 밖의 위기개입 경험이 있는 전문가)의 개입이 필요하다. 가족이 무력감을 느끼는 동안 위기개입은 상당한 효과를 지닐 수 있는데, 이는 가족이 보호, 안정, 지원을 제공하는 도움을 긍정적으로 생각하기 때문이다. 확실한 경계를 지닌 공감은 가족에게 안정감을 줄 수 있다. 따라서 위기개입 전문가는 안정을 위해 그 가족에게 필요한 것이 무엇인지에 대해 가족 구성원에게 귀를 기울여야 한다.

- 5단계–일련의 또는 연쇄적인 사건: 대부분의 위기는 또 다른 위기를 발생시키는 연쇄적인 사건을 유발한다. 예를 들면, 부모가 약물 남용을 하여 폭력적으로 변하거나 약물 구입으로 가족의 재산을 탕진하는 경우다. 만약 위기 중재가 시기적절하게 도입되지 않는다면 주거지 몰수 등과 같은 사건으로 또 다른 위기가 찾아온다.
- 6단계–예전의 위기가 현재의 위기에 연결됨: 위기는 과거의 기억을 불러옴으로써 과거의 외상 또는 어쩔 수 없는 사건을 기억나게 한다. 예를 들면, 어린 시절 아버지에게 성적 학대를 받은 기억이 있는 어머니가 자신의 남편이 약물 남용 후 자녀를 학대하는 사건에 특히 심하게 반응하는 경우다. 이와 같이 부모 중 한 명이 자녀를 학대할 때 다른 부모가 과거의 학대를 회상하게 된다.
- 7단계–새로운 수단의 동원과 적용: 힘든 과정 속에서도 새로운 수단을 동원하고 적용하게 되는 이 단계는 해결을 의미하기

도 한다. 약물 남용이나 알코올중독에 빠진 가족 구성원의 알코올중독 중재 미팅에 참석하거나 새로운 주거지를 탐색하는 것, 직업훈련에 참석하거나 다른 가족들로부터의 조언을 구하는 것은 이 단계의 시작이다. 해결되지 않은 위기는 심한 폭력이나 더 심한 약물 남용과 같이 또 다른 부적절한 행동을 유발할 수 있기 때문에 위기개입 전문가는 가족 구성원이 납득할 수 있는 위기 해결책을 강구해야 한다.

4. 위기에 처한 내담자의 감정

파라드와 파라드(Parad & Parad, 1990)는 위기에 처한 사람이 불안으로 일으키는 반응에 대해, "……식사, 수면, 꿈, 감정, 생각, 행동에 모두 악영향을 미친다."라고 하였다. 또한 위기개입 전문가는 위기 중재를 위해서 다음과 같은 위기에 처한 사람이 보이는 아홉 가지 감정적인 반응을 숙지하고 있어야 한다고 논하였다.

- 당황: 익숙치 못한 새로운 감정의 경험
- 위험: 긴장감, 공포, 절박한 운명에 대한 감정
- 혼란: 생각이 흐릿하고 잘 기능하지 못함
- 곤경: 곤경에 빠져 아무것도 되는 일이 없다고 여김
- 절박: 무언가를 해야 하는데 무엇을 해야 할지 모름
- 무감동: 왜 해야 하는지 느낌이 없음
- 무력감: 누군가의 도움이 필요함

- 긴급: 지금 당장 도움이 필요함
- 불쾌: 비참하고 가만히 있을 수 없음

5. 위기가 초래하는 심리적인 영향

위기는 위기에 대응하는 능력, 스트레스의 정도, 중재의 개입 시기 등에 따라 각각의 특성을 가지고 있지만, 개개인이 위기로 느끼는 심리적인 영향에는 공통적인 부분이 있다. 위기개입 전문가는 특히 자녀 학대 또는 자녀와 관련된 위기를 겪고 있는 부모와 관계를 형성하기 위해서 이러한 영향에 대해 숙지하고 있어야 한다.

통상적으로 위기 사건은 다음과 같은 여섯 가지 분야에 큰 문제를 일으킨다. 이러한 문제점은 대부분 일시적인 것이며, 정신병의 증상이라고 할 수는 없다. 즉, 누구나 위기를 겪을 수 있으므로 위기를 겪는다는 것이 정신건강의 이상을 의미하지는 않는다.

1) 혼란스러운 사고과정

위기에 처한 사람은 사고과정이 혼란해진다. 그들은 중요한 세부사항이나 특징을 무시하거나 간과하여 생각, 사건 또는 행동과 논리적으로 연관시키는 데 어려움을 겪는다. 또한 생각이 한 곳에서 다른 곳으로 옮겨 가면서 대화가 다발적으로 이루어져 대화의 요점을 파악하거나 인지하는 데 어려움을 겪는다. 그들은 무슨 사

건이 일어났는지 잊어버리거나 느낄 수 없게 되며, 누가 누구에게 어떤 행동을 했는지 기억하지 못한다. 사건을 해석할 때 중요한 세부사항을 간과하는데, 예를 들면 집이 전소했다는 정보는 완벽하게 전달하면서도 형제 중 한 명에게 방화 경력이 있다는 정보는 간과하는 경우 등이다. 공포나 자기의 바람을 현실과 구별하지 못해 혼란을 가중시키기도 한다. 위기에 처한 사람들 중 일부는 융통성이 없는 좁은 시야를 가지는데, 예전에 사용해 왔던 같은 단어, 아이디어, 행동을 반복하는 경향이 있다. 하지만 이러한 행위는 현재 상황에서 전혀 효과적이지 못한 경우가 대부분이다. 따라서 이러한 사람들은 문제 해결을 위한 새로운 생각이나 행동을 찾아내는데 어려움을 겪는다.

2) 무의미한 일에 대한 몰두

위기에 처한 사람은 무분별한 생각과 과정을 극복하기 위해 무의미하고 중요하지 않은 일에 집착 하게 된다. 예를 들면, 창문을 열어 두면 나쁜 공기 때문에 누군가 해를 입게 된다고 걱정하는 것이다.

3) 적개심을 표출하거나 감정적으로 거리를 둠

위기에 처한 사람은 통제력을 잃는 것에 대한 상실감 때문에 상황에 개입하는 모든 이에게 적대감을 드러내기도 한다. 그들은 자신에게 도움이 필요하다는 것에 대해 자괴감을 느끼며 분노와 무기력에 시달린다. 또한 위기에 처한 사람은 감정적으로 심한 거리감을 두거나 수동적으로 변하기도 한다. 상황에 감정적으로 대처하지 않으며, 결과물에 대해서도 무관심한 반응을 보인다. 위기개입 전문가는 지시를 내리는 방식에 중점을 두기보다는 위기를 어떻게 다루고 내면의 힘을 어떻게 강화시킬 수 있는지에 중점을 두어야 한다.

4) 충동성

위기에 처하여 무기력해지는 사람은 충동적이고 위기 상황에 대해 즉각적으로 반응하며 자신의 행동이 어떤 결과를 가지고 올지에 대해 생각하지 않는다. 그들이 스스로 자신이 보이는 반응이 타당한 반응인지를 제대로 평가하지 못할 경우 더 큰 위기를 초래하여, 이미 복잡한 상황은 더욱 복잡해지고 해결 또한 더욱 어려워진다.

5) 의존성

위기 상황에서 위기에 처한 사람이 위기개입 전문가에게 의존하는 것은 자연스러운 과정이며, 독립성을 회복하기 전에 필요한 과정이기도 하다. 아동 학대나 방임의 경우 아동을 보호하기 위해 위기개입 전문가가 부모의 자리를 대신해야 하는 경우도 있다. 예를 들면, 위기개입 전문가는 채권자, 공공설비회사 등에 전화를 하거나 부모가 육아 기능을 회복할 수 있도록 도와주어야 한다.

위기 상황 중에 위기개입 전문가의 존재와 권위는 가족에게 안정감을 줄 수 있다. 위기에 처한 가족은 위기를 해결하기 위해 무엇을 해야 하는지를 알고 있는 위기개입 전문가를 반길 확률이 높다. 위기에 처한 거의 모든 가족에게 문제를 타개할 능력과 진심어린 손길을 가진 위기개입 전문가는 큰 도움을 줄 수 있다.

대부분의 가족은 어느 정도의 의존 기간을 거치고 나면 독립적인 기능을 회복하게 된다. 하지만 위기에 처한 몇몇 가족은 계속 의존적일 가능성도 있다. 문제 해결을 담당할 수 있는 누군가의 존재를 필요로 하는 가족은 특히 다른 사람의 영향에서 벗어나지 못하고, 더욱 무력해질 수도 있다. 문제를 해결하는 데만 몰두하여 자신에게 진정으로 필요한 것이 무엇인지 또는 해가 되는 것이 무엇인지 모를 수도 있다. 따라서 잘 훈련된 위기개입 전문가가 필요하며, 만약 위기개입 전문가가 없는 경우에는 이러한 혼란이 가중될 수 있다.

6) 정체성의 위협

정체성은 내적인 상태이기도 하며 상호적인 과정이기도 하다. 자녀 학대 등의 사건이 발생하였을 때 가족 구성원 내에서 자신의 정체성 개념과 가족관계에 변화가 오고 위기가 발생한다. 위기에 대처할 수 있는 능력을 잃어버리기 때문에 개인의 정체성에 문제가 오며 정체성의 붕궤를 초래한다. 이전에 지녔던 유능감이나 자기 가치감 등이 모두 소실될 수 있다.

위기에 처한 부모는 낮아진 정체성을 감추기 위해 겉으로는 아무렇지도 않은 듯 도움이 필요 없다고 주장하거나 도움을 요청했다가도 막상 도움을 제공하면 그 도움을 거절할 가능성도 있다. 어떠한 경우든 위기에 처한 부모는 저항을 보이고 있거나 동기를 상실한 것이 아니라 대단히 겁을 먹은 상황임을 기억해야 한다. 위기개입 전문가는 개인의 가치가 회복되고 상황이 나아질 수 있다는 확신을 주어 소통의 기반을 마련하여야 한다.

6. 요 약

위기 상황에서 가족이나 개인들은 위기 중재를 위한 개입에 긍정적인 반응을 보이게 마련이다. 위기에서 비롯된 불안감과 과거에 사용했던 대처방식이 더 이상 효력이 없다고 판단될 때 새로운 전략을 배울 동기를 가지게 된다. 만약 이렇게 중요하고 개방적인 시기에 도움이 없을 경우 개인이나 가족은 완전히 무력해지고 파괴적인 양상을 보인다. 따라서 위기개입 전문가는 위기 상황을 빠르게 파악하여야 한다.

위기 상황을 식별하는 데 다음과 같은 요소가 기여하므로, 이를 잘 이해하는 것이 중요하다. 어떤 상황과 사건이 가장 큰 스트레스를 유발하는가? 어떤 문제에 대한 극복이 가장 어려운가? 위기 개입 시점은 언제로 정할 것인가?

위기의 단계 또한 중요하다. 이상한 감정과 행동 표현 방식은 특정 단계에서 두드러지는 경향일 수 있다. 정확한 위기 단계를 인식하는 것은 적당한 개입의 여건을 마련해 준다. 예를 들면, 만성적이고 여러 번 위기에 처한 환아는 기저에 있는 다른 문제점의 해결을 위해 소아청소년 정신과 전문의의 개입을 필요로 하기도 한다.

마지막으로, 위기에 처한 사람이 느끼는 감정을 이해해야 한다. 위기는 사람의 감각과 심리적 기능에 굉장한 영향을 미칠 수 있다. 하지만 이러한 영향은 제대로 해석되어 관리된다면 오래가지 않는 경우가 많다.

Parad, H. J. & Parad, L. G. (1990). Crisis: Intervention Book 2: The Practitioner' s Sourcebook for Brief Therapy.

02
학교 위기개입 일반지침

이 장은 학교에서 위기 상황 발생 시 정신과 전문의 및 정신보건 전문가가 학교 현장에서 위기개입 및 관리를 효율적으로 시행할 수 있도록 돕는 실제적인 지침을 제시하고 있다. 학교에서 발생할 수 있는 위기 상황은 자연재해(홍수, 태풍 등), 사고(교통사고, 화재, 인재 등), 범죄 및 학교폭력, 자살, 성폭력 및 학대 등이다. 지난 2007년 5월 서울의 한 초등학교에서 발생한 사다리차 사고 같은 경우가 대표적인 예다.

이 장에서는 제목 그대로 학교 위기개입(school crisis intervention)에서의 일반적인 지침에 해당하는 내용을 제시하고자 한다. 따라서 전문적인 내용보다는 정신보건 전문가, 교사 및 학부모가 알아야 할 내용이 포함되어 있다. 하지만 정신과 전문의 역시 이

---

* 이 장은 강윤영, 고복자, 김재원, 서동수가 집필하였다.

러한 내용을 포괄적으로 숙지하고 있어야 실제적인 중재/조정의 역할이 가능할 것이다. 이 장의 구성을 간단히 살펴보면 다음과 같다.

- 위기개입의 목표 및 단계: 위기개입의 전반적인 목표와 단계에 대한 설명으로 구성되었으며, 정신과 전문의 혹은 정신보건 전문가가 위기개입의 전체적인 과정을 구상하는 데 도움을 주고자 한다.
- 위기개입의 일반지침: 교직원과 정신보건 전문가가 알아야 할 일반적인 권고사항에 대한 설명으로 구성되어 있다.
- 위기 선별 면담: 주로 정신과 전문의 혹은 정신보건 전문가가 사용하게 되는 양식으로, 사건의 직접적인 피해아동, 사건을 목격한 아동 등에 대한 선별 면담(screening interview)이나 상담 초기의 기본적인 면담 양식으로 사용할 수 있다.
- 위기에 대한 일반적인 반응 및 연령에 따른 위기에 대한 반응: 위기에 처한 아동이 보일 수 있는 반응을 체크리스트로 확인할 수 있도록 구성하였으며, 정신보건 전문가, 교사 및 학부모 모두 참고할 수 있는 내용이다. 또한 연령에 따라 도울 수 있는 방법에 대해서도 간단히 명시되어 있어서 교사 및 학부모에 대한 교육 자료로도 사용할 수 있다.
- 면담자의 태도: 정신과 전문의 혹은 정신보건 전문가를 위한 지침으로, 일반적인 태도, 면담 시 유의사항 및 금기사항으로 구성되어 있다.
- 정신과 전문의에게 의뢰해야 하는 경우: 전문적인 치료가 필요한

경우로서, 정신보건 전문가, 학교 관계자 그리고 특히 학부모가 참고하여야 할 내용이다. 이 내용은 가정통신문에 싣는 것으로도 활용될 수 있다.

- 발생 후 즉각적인 대처 및 치료: 학교 현장에서 집단 위기개입 시 사용할 수 있는 스트레스 관리 및 해소(debriefing) 방법, 해소 모델 등에 대해 제시하고 있으며, 정신과 전문의나 숙련된 정신보건 전문가가 참고할 내용이다.
- 부모 및 교사에 대한 조언: 부모와 교사가 각각 가정과 학교에서 아동이 재난 상황에 대처하고 심리적 외상을 감소시킬 수 있도록 도울 수 있는 방법이 제시되어 있으며, 이 중 일부는 교육 자료나 가정통신문의 내용으로 사용될 수 있다.
- 부록: 집단 위기개입 시 사용되는 해소의 구체적인 예와 치료 기법, 가정통신문의 실례, 학교에서 학생에게 알리는 공지문, 언론보도 자료의 실제, 언론에 대한 대응 지침 등으로 구성되어 있다.

〈표 2-1〉은 각각의 내용이 필요한 대상 및 상황을 알기 쉽게 정리한 것이다.

〈표 2-1〉 일반지침 활용 안내

	정신보건 전문가	교 사	학부모	교육 자료 가정통신문
위기개입의 목표	○			
위기개입의 단계	○			
위기개입의 일반지침	○	○		
위기 선별 면담	○			
위기에 대한 일반적인 반응	○	○	○	○
연령에 따른 위기에 대한 반응	○	○	○	○
면담자의 태도	○			
정신과 전문의에게 의뢰해야 하는 경우	○	○	○	○
발생 후 즉각적인 대처 및 치료	○			
부모 및 교사에 대한 조언		○	○	○
부 록	○	○	○	○

1. 위기개입의 목표

위기개입의 전반적인 목표는 관련된 개인을 위기 이전의 기능 수준으로 회복시키고, 가족의 기능을 안정화하고 강화시키는 것이다. 세부 목표는 개인 및 가족에 따라 다음과 같이 세울 수 있다.

❁ 개인 차원

- 비극적인 사건이나 상황이 간과되거나 무시되지 않을 것이라고 안심시킨다.

- 학생, 교직원 및 부모가 감정적 반응을 다룰 수 있도록 돕는다.
- 사실을 공유하여 잘못된 소문이 퍼지는 것을 막는다.
- 필요한 지역사회 기관의 도움을 확보하고 조정한다.
- 학교의 불안정을 최소화하기 위한 지원과 조언을 제공한다.
- 학교 관계자와 부모에게 위기 상황 극복에 대한 대처 방법을 제공한다.

가족 차원

- 가족 스트레스의 급성기 증상(놀람, 불안, 두통 등)을 경감시킨다.
- 가족 구성원이 위기 이전의 적절한 기능을 회복하도록 한다.
- 관련된 촉발 요인을 파악하고 이해한다.
- 가족이 이용할 수 있는 치유 방법과 위기 상황을 도울 수 있는 지역사회 자원을 파악한다.
- 가족에게 현재 스트레스가 되는 상황과 과거의 경험을 연결시킨다.
- 가족이 향후 사용할 수 있도록 새로운 지각, 사고, 감정, 적응적인 대처 방법을 발달시킨다.

위기개입은 시간의 제한을 받기 때문에 너무 많은 목표를 성취하려는 시도는 실망감과 실패감을 낳을 수 있다. 개인이나 가족 구성원이 자신의 자원과 능력을 최대한 활용하도록 격려되어야 하지만, 기본적인 능력에 비해 너무 많거나 지나친 지침을 제시하는 것은 바람직하지 않다.

2. 위기개입의 단계

1단계: 건설적인 관계를 빠른 시간 내에 확립한다.

1단계에서는 우선 위기개입 전문가가 의뢰인(client)의 감정이나 상황을 진지하고 민감한 태도로 존중하는 것이 중요하다. 위기개입 전문가는 충분한 시간을 들여서 의뢰인의 이야기를 듣고 관찰해야 한다. 능동적인 듣기(active listening)는 의뢰인의 말 속에 숨은, 잠재된 그리고 암호화된 메시지에 귀를 기울이고 그것을 올바르게 이해했는지 확인하는 것을 의미한다. 능동적인 듣기를 통해 의뢰인은 자신에게 내재된 힘을 키울 기회를 얻게 된다. 따라서 의뢰인이 동기를 가지고 있다고 가정함으로써 그들이 문제를 해결해 나가는 것을 도울 수 있고, 이것은 자존감을 향상시킨다. 위기개입 전문가는 의뢰인이 첫 번째 시간을 통해 무엇인가 유용한 일이 일어난 것 같고 앞으로도 도움이 될 만한 일이 일어날 것이라는 기대를 할 수 있도록 확신을 주어야 한다. 치료적 관계는 의뢰인에 대한 존중과 조건 없는 따뜻한 관심을 보여 줌으로써 증진된다.

2단계: 고통스러운 감정과 느낌의 표현을 이끌어 내고 격려한다.

개입의 초점은 과거의 문제보다는 분노, 좌절 그리고 현재의 위기와 관련된 감정에 두어야 한다. 과거의 위기와 연결시키는 것과 문제에 대한 반복적이고 비효율적인 반응을 다루는 것은 나중에 다루어야 할 문제다.

3단계: 촉발 인자를 다룬다.

치료적 관계가 형성되었다면, 위기에 이르게 된 일련의 사건과 이러한 사건을 유발한 문제점에 대해서 가족 구성원이 어떻게 인지하고 있는지 파악한다. 토론을 통해 언제 어떻게 위기가 발생했는지, 이 위기에 기여한 환경적인 문제는 무엇인지, 그리고 가족이 위기를 어떻게 다루려고 했었는지를 확인할 수 있다.

4단계: 강점과 욕구를 평가한다.

가족 구성원의 강점과 욕구를 평가하는 것은 즉시 시작되어야 하며, 위기개입 내내 지속되어야 한다. 위기개입 전문가는 가족의 강점과 현재의 위기와 관련해서 도움이 될 만한 것들에 대한 결론을 이끌어 내고, 가족과 함께 회복의 가능성에 대해 평가해야 한다. 자존감을 향상시킬 수 있도록 의뢰인의 강점이 개발되어야 하며, 문제해결 기술 또한 제공되어야 한다.

5단계: 역동적인 이해를 위한 설명을 구성한다.

이 단계에서는 어떤 사건이 일어났는지가 아니라 왜 이 사건이 일어난 것인지에 대한 설명을 구성해야 한다. 이것이 위기 문제의 핵심이다. 이 단계에서는 의뢰인이 인지하는 위기의 의미와 그 선행사건들이 탐색되어야 한다. 현재 의뢰인과 가족 구성원이 왜 그러한 의미를 부여하고 그렇게 느끼고 있는지를 탐색해야 한다.

6단계: 인지적 기능을 회복시킨다.

이 단계에서 위기개입 전문가는 가족 구성원이 위기를 해결할

수 있는 대안(즉, 가족이 동기를 가지고 수행할 수 있는 합리적인 해결책)을 찾을 수 있도록 도와야 한다.

7단계: 치료계획을 수립하고 시행한다.

위기개입 전문가는 가족 구성원이 장기 · 단기 목표와 목적을 세우고 그들이 정한 우선순위에 따라 행동계획을 세울 수 있도록 도와야 한다. 구체적인 행동계획을 통해 가족 구성원은 덜 무기력하고 통제가 더욱 가능하다고 느끼게 되며, 행동계획에 집중할 수 있게 된다. 목표와 행동계획은 처음에는 단순하고 쉬워서 의뢰인이 성공적으로 실행할 수 있는 것이어야 한다. 가족 구성원이 행동계획이나 과제 등에 대해 일차적으로 책임이 있지만, 위기개입 전문가는 가족 구성원에 대한 상담을 지속해야 하며 지역사회에서 적절한 자원을 찾을 수 있도록 돕고 가족의 옹호자가 되어야 한다.

8단계: 치료의 종결

가족이 위기 이전 수준의 안정성을 회복했다면 치료를 종결하게 된다. 위기개입 전문가는 가족 구성원과 함께 촉발 사건과 그에 대한 반응, 미래에 적용할 수 있는 새롭게 학습된 대처 기술 등을 점검한다. 또한 가족 구성원이 필요로 하는 지역사회 서비스에 지속적으로 접촉하거나 의뢰될 수 있도록 도움을 주어야 한다.

9단계: 추적관찰

위기개입 전문가는 미리 날짜를 잡거나 "어떻게 지내는지 알아보기 위해서 곧 연락을 하겠습니다."라는 말을 함으로써 의뢰인이나 가족 구성원과의 지속적인 접촉을 유지할 것임을 알린다. 이렇게 함으로써 가족 구성원에게 문제를 긍정적인 방향으로 지속적으로 해결해 가야 한다는 적절한 압력을 줄 수 있다.

3. 위기개입의 일반지침

다음은 학교 현장에서 위기를 다루는 관계자를 위한 일반적인 권고사항이다.

- 자기 조절을 유지한다. 차분하고 안정적인 상태를 유지하며, 두려워하거나 불안정해 보이지 않도록 한다. 그리고 우쭐대거나 권위적으로 행동하지 않는다.
- 자기 자신의 감정 반응을 인지하고 그것을 먼저 안정화시킴으로써 다른 사람을 도울 수 있게 된다.
- 위기에 초점을 맞춘다. 위기관리 계획의 수행 시 다른 문제 때문에 주의가 분산되는 것을 피해야 한다.
- 긍정적인 태도를 취한다. 이 위기는 곧 끝날 것이며, 안정적인 학교 분위기가 우세하게 될 것이라고 생각한다.
- 위기 동안의 학생, 직원, 학부모의 감정을 인지한다.
- 항상 경계한다. 특히, 위기에 대해 신경을 쓰지 않는 것처럼 보이는 학생을 확인해야 한다. 그들은 자신의 감정을 억누르고 있다가 추후 행동화나 철퇴된 행동 등으로 표현할 가능성이 있다.

- 감정 표현은 개인과 문화적 차이에 따라 다양할 수 있음을 안식한다.
- 적절한 시기에 각각의 교실을 방문하여 연령에 맞는 용어로 상황에 대한 사실적인 정보를 제공한다. 또한 대화와 감정의 표현을 격려한다.
- 치유 과정의 일부로 추가적인 교실 내 토론을 계획한다.
- 학생, 교직원, 학부모에게 위기 상황을 발생시킨 원인에 대한 정보를 제공하기 위한 연수회(workshop)를 계획한다. 이러한 활동은 치유 과정의 일부이며, 향후 아동 학대, 학교폭력과 같은 비슷한 사건을 다루기 위한 예방적 방법 혹은 준비로서 도움이 될 수 있다.
- 소음, 힘든 운동 혹은 학업 경쟁, 시험과 같은 벅찬 학습 과업 등의 환경적 스트레스를 감소시킨다.

다음은 정신보건 전문가가 위기개입 기간에 학교 구성원을 돕기 위해 수행할 수 있는 임무의 예다.

- 학생, 교사, 학부모가 위기의 구성 요소(자살, 성폭력, 학교폭력 등)를 이해하는 데 도움이 될 만한 교육적 자료에 대해 의견을 제공한다.
- 학교장에 의해 소집되는 교직원 회의에서 학교 관계자와 사건에 대해 토의한다.
- 위기개입 팀에서 자신의 역할을 확인하고 명확히 한다.
- 위기관리 계획을 수행할 때 학교장을 비롯한 학교 관계자와

협력한다.

- 교사와 학교 관계자에게 사건에 대해 설명하고 질문에 답하며 감정적 지지를 제공함으로써 그들을 지도하고 의견을 제시한다.
- 교사와 함께 작업하여 위기 대처에 대한 도움을 받기 위해 위기개입 팀의 구성원을 개별적으로 만날 필요가 있는 학생을 확인한다.
- 필요시 학생, 교사, 학부모에게 짧은 상담 회기를 제공하여 감정의 표현을 촉진시킨다. 그리고 지지와 위안을 제공한다.
- 짧은 개별적 혹은 소집단 회기를 통해 적절한 시청각 교육 자료를 사용한다. 이야기책은 사실적 정보를 설명하는 데 도움이 될 수 있고, 치료적 동맹을 확립하며, 특히 어린 아동의 감정 표현을 돕는 자극제로 도움이 될 수 있다.
- 학교에서 제공되는 것보다 집중적이고 지속적인 도움이 필요한 학생, 교사, 학부모는 지역사회 기관에 의뢰한다.
- 필요한 장기 · 단기 서비스 계획을 수립할 때 학교장을 비롯한 학교 관계자와 협력한다.
- 계획, 선별 검사, 진행 중인 활동 등에 대한 일지를 적는다.
- 서비스를 평가하고, 교사와 같은 의뢰 집단으로부터 정보를 확보한다.

4. 위기 선별 면담 예시

면담자 ____________________ 날짜 ______________

확인된 문제 기술: ____

학생이 도움을 구하는가? 예/아니요

학생이 도움을 구하지 않는다면, 면담을 하게 된 배경은 무엇인가?

____

학생 이름 ______________ 나이 _____ 출생일 ______________

성별: 남/여 학년 ________ 반 ________

우리는 당신이 어떻게 지내는지에 관심이 있습니다. 오늘 우리의 대화는 무엇이 괜찮고 무엇이 좋지 않은지에 대해 토론하는 것을 도울 것입니다. 만약 당신이 우리가 대화한 것을 비밀로 하기를 원한다면 그렇게 할 것입니다. 다만 당신을 돕기 위해 다른 사람들과 토론할 필요가 있는 사항들은 제외합니다.

대답은 가능한 한 자세히 해 주세요. 때때로 우리는 당신의 생각과 느낌에 대해 조금 더 얘기하도록 요청할 것입니다.

1. 사건이 일어났을 때 어디에 있었나요? (사건 현장/근처/사건 현장 밖)

____

____

2. 사건에 대해 무엇을 보거나 들었나요?

3. 지금 기분은 어떤가요?

4. 사건과 관련된 사람을 얼마나 잘 알고 있나요?

5. 이러한 일이 자신 혹은 자신의 가족 중 누군가에게 이전에도 일어난 적이 있나요?

6. 앞으로 이 일이 자신에게 어떻게 영향을 미칠 것이라고 생각하나요? (자신의 삶이 지금과 어떻게 달라질까요?)

7. 앞으로 이 일이 나와 가족에게 어떻게 영향을 미칠 것이라고 생각하나요?

8. 사건의 어떤 점이 가장 힘들게 하나요?

9. 누군가가 사건을 막기 위해 무언가를 할 수 있었다고 생각하는지요?

예/아니요

그렇다면 누가 무엇을 할 수 있을까요?

____

____

10. 사건에 대해 다시 생각할 때,	전혀 아님	조금	상당히	매우
얼마나 화가 나나요?	1	2	3	4
얼마나 슬픈가요?	1	2	3	4
얼마나 죄책감을 느끼나요?	1	2	3	4
얼마나 두렵나요?	1	2	3	4

11. 사건 때문에 자신의 삶 혹은 일상에서 어떤 변화가 생겼나요?

____

____

12. 사건 이후 어떤 새로운 문제들을 겪은 적이 있나요?

____

____

13. 현재 자신을 가장 억누르는 문제는 무엇인가요?

____

____

14. 사건에 대해 누군가가 벌을 받아야 한다고 생각하나요?

예/아니요

그렇다면, 누가 벌을 받아야 한다고 생각하나요?

15. 이것은 공평하게 되기 위한 행동 또는 보복을 하기 위한 것인가요?

예/아니요

그렇다면, 누가 그 벌을 주는 일을 해야 할까요?

16. 사건에 대해 다른 어떤 정보를 원하나요?

17. 사건에 대한 자신의 마음을 누군가에게 이야기하는 것이 도움이 될 것이라고 생각하나요? 예/아니요

누구에게 이야기하고 싶나요? ______

언제 이야기하고 싶나요? ______

그것은 지금 우리가 얘기해야 하는 것인가요? 예/아니요

그렇다면, 무엇인가요?______

18. 개인적인 문제로 도움이 필요할 때 보통 어떻게 하나요?

19. 어떤 친구에게, 그리고 집에서는 누구에게 이 문제에 대해 얘기할 수 있나요?

20. 오늘 수업이 끝나고 학교를 나서면 무엇을 할 것인가요?
만약 확실하지 않다면, 당신이 무엇을 해야 하는지에 대해 얘기해 봅시다.

5. 위기에 대한 일반적인 반응

위기에 대한 반응은 개개인에 따라 다르지만, 예외적인 사건에 대해 정상적인 반응으로 간주되는 공통된 반응들이 있다. 스트레스 반응은 위기 이후에 즉각적으로 나타나지만, 어떤 경우에는 몇 시간, 며칠, 심지어 몇 달 후에 반응이 나타나기도 한다. 이러한 스트레스 반응은 생리적, 인지적/지적, 정서적, 행동적 증상으로 구분될 수 있으며, 각각 다음과 같은 증상을 포함한다.

생리적 증상

- 피로
- 오심
- 심한 발한
- 오한
- 이갈이
- 쇼크 증상
- 두통
- 미세한 진전(손떨림)
- 틱
- 근육통

- 어지럼증

인지적/지적 증상

- 기억력 저하
- 집중하기 어려움/산만함
- 실어증
- 주의력 감소
- 결정을 내리기 힘들어함
- 계산력 저하
- 사소한 일과 중요한 일을 혼동함

정서적 증상

- 불안
- 압도당하는 느낌
- 애도반응
- 희생자와의 동일시
- 우울
- 자극
- 자신이나 다른 사람들에게 위해가 가해질 것 같은 기분

행동적 증상

- 불면
- 쉽게 울음
- 물질 남용
- 짓궂은 농담
- 보행 변화
- 의식적/반복적 행동
- 과각성 상태
- 현장을 벗어나기 힘들어함

이러한 반응은 사건에 대한 정상적인 반응일 수 있지만, 위기에 대한 정신건강 서비스를 제공하는 사람들은 정신건강 전문가에게 의뢰해야 할 정도로 심각한 반응의 경우에 대하여 인지하고 있어야 한다.

6. 연령에 따른 위기에 대한 반응

1) 학령전기(1~5세)

감당하기 어려운 위기에 처했을 때, 학령전기의 아동은 스스로를 보호할 능력이 없기 때문에 무기력감과 강한 공포, 불안정감을 경험하게 된다. 대부분 이들은 갑작스러운 스트레스에 효과적으로 대처할 수 있는 언어적, 개념적 기술이 부족하다. 부모나 가족의 반응은 종종 아동에게 강한 영향을 미친다. 학령전기 아동의 가장 큰 걱정거리 중 하나는 버림받을 것에 대한 두려움이므로 장난감이나 애완동물, 가족을 잃은 아동에 대해서는 특별한 도움을 주어야 한다.

❂ 전형적인 반응

- 소변을 지림
- 어둠이나 동물을 무서워함
- 부모에게 매달림
- 야경증
- 대변이나 소변을 가리지 못하거나 변비가 생김
- 말을 더듬는 등의 언어적 문제
- 식욕 감소나 증가
- 울거나 소리를 지르면서 도움을 구함
- 떨거나 깜짝 놀란 표현을 하면서 움직이지 못함

- 어른을 향해서, 혹은 별다른 목적 없이 달림
- 혼자 남겨지는 것을 두려워하거나 낯선 사람을 두려워함
- 혼란스러워함

❊ 돕는 방법

- 놀이 재연을 통해서 감정 표현을 격려한다.
- 말로 안정을 주고 신체적인 편안함을 제공한다.
- 자주 관심을 보인다.
- 애완동물이나 장난감의 상실에 대한 표현을 격려한다.
- 취침시간이 편안하도록 해 준다.
- 위기 후에 아동이 자신의 방에서 공포감 없이 잘 수 있을 때까지 부모와 같은 방에서 자도록 한다.

2) 학령기(5~11세)

학령기 아동은 영구적인 변화나 손실을 이해할 수 있다. 이 연령에서는 공포감과 불안감이 주요 반응이다. 이들은 위기와는 무관한 것으로 보이는 가상의 공포감을 보일 수 있다. 그러나 몇몇 아동은 위기의 세부사항에 집착하고, 그것에 대해서 지속적으로 이야기하기를 원할 수도 있다. 이는 다른 활동에 방해가 될 수도 있다.

❊ 전형적인 반응

- 손가락 빨기

- 자극에 과민하게 반응함
- 흐느껴 욺
- 어른에게 매달림
- 집이나 학교에서 공격적인 행동을 보임
- 손아래 형제보다 부모의 관심을 더 받으려고 경쟁함
- 야경증/악몽/어둠을 무서워함
- 학교에 가는 것을 거부함
- 또래관계에서 위축됨
- 학교에서 흥미가 없고 집중을 못함
- 퇴행 행동을 보임
- 두통이나 다른 신체증상을 보임
- 우울해함
- 날씨나 안전에 대한 두려움을 느낌

돕는 방법

- 인내와 관용을 가진다.
- 어른이나 또래와 놀이시간을 가진다.
- 어른이나 또래와 위기에 관해 이야기한다.
- 학교에서나 집에서의 기대 수준을 낮춘다(일시적으로).
- 일상생활을 구조화하지만 집안일이나 집에서의 어떤 책임을 요구하지 않는다.
- 미래의 위기 시에 취할 수 있는 대처 방법을 연습하게 한다.

3) 사춘기 이전(11~14세)

이 연령에서는 또래의 반응이 특히 중요하다. 아동은 자신의 공포가 적절한 것인지 또는 다른 사람에게 이해될 수 있는 것인지 알고 싶어 한다. 긴장과 불안, 가능한 죄책감을 감소시키는 것을 목표로 아동을 도와야 한다.

전형적인 반응

- 수면 문제
- 식욕 문제
- 집에서 반항을 함
- 집안일 하기를 거부함
- 학교에서의 문제(예, 싸움, 위축됨, 흥미를 느끼지 못함, 관심을 받으려 함)
- 신체적인 증상(예, 두통, 모호한 통증, 발진, 위장장애 등 정신신체 증상)
- 또래와의 사회적 활동에 대한 흥미를 상실함

돕는 방법

- 일상생활 패턴을 회복하는 것을 목표로 한 단체활동을 하도록 격려한다.
- 같은 연령 집단의 단체활동에 참가하도록 한다.
- 위기를 회상하는 집단토론과 앞으로 일어날 수 있는 위기에 대처하는 적절한 행동에 대한 연습을 한다.

- 구조화된, 그러나 부담스럽지 않은 책임을 지게 한다.
- 성취에 대한 기대로부터 일시적으로 편안하게 해 준다.
- 부가적인 개인적 관심을 가져준다.

4) 사춘기(14~18세)

위기는 가족을 잃는 것과 관련된 공포나 자신의 신체와 관련된 공포를 불러일으킬 수 있다. 가족의 협력이 필요하기 때문에 때로는 자연스럽게 가족으로부터 독립하는 것이 어려울 수 있다. 또한 위기는 사춘기 아동의 또래관계와 학교생활을 파괴한다. 연령이 높을수록 위기에 대한 반응은 성인의 유형과 비슷하다. 또는 성인과 비슷한 반응과 아동이 보이는 반응이 혼합되어 나타날 수도 있다. 십대는 평상시보다 위험한 행동(예, 무모한 운전이나 약물의 사용 등)을 할 수 있고, 자신의 감정에 압도되어 이러한 감정에 대해서 가족 구성원과 이야기하기 힘들어할 수도 있다.

❁ 전형적인 반응

- 두통이나 다른 신체증상을 느낌
- 우울함
- 정신적 혼란을 느끼거나 집중력이 감소함
- 학업 능력 저하
- 공격적인 행동을 보임
- 위축되고 고립됨
- 또래집단이나 친구가 바뀜

- 정신신체 증상(예, 발진, 위장장애 증상, 천식)
- 식욕 저하나 수면장애를 보임
- 초조해하거나 에너지 수준이 저하됨
- 무관심함
- 무책임한 행동이나 비행 행동을 보임
- 부모의 통제에 대한 저항의 감소

❂ 돕는 방법

- 지역사회 재활 프로그램에 참여하도록 격려한다
- 사회적 활동이나 운동, 클럽 활동에 참여하도록 격려한다.
- 재난의 경험에 대해서 또래, 가족, 다른 중요한 사람과 이야기하도록 격려한다.
- 학업이나 전반적인 성취 수준에 대한 기대를 일시적으로 낮춘다.
- 가족 내에서 재난에 대한 두려움을 이야기할 수 있도록 격려하지만, 강요하지는 않는다.

7. 면담자의 태도

1) 일반적인 태도

위기개입 전문가는 의뢰인이 무엇 때문에 면담자에게 쉽게 실망을 느끼는지에 주의를 기울여야 한다. 감정적으로 지나치게 관여하는 것은 의뢰인을 자극하거나 거부당했다는 느낌을 들게 하여 면담자의 안전을 위협하는 행동을 야기할 수 있다. 이는 면담자의 안전을 위해 객관적이고 비판단적인 태도가 필요하다는 것을 의미한다. 다음은 면담자의 안전을 지킬 가능성을 높일 수 있는 방법이다.

- 자신과 소속 기관, 개입의 이유, 도와주려고 하는 의지를 밝혀야 한다.
- 능동적으로 듣고 적절한 때에 수용적인 태도를 보여 주어야 한다.
- 항상 의뢰인을 바라보아야 한다.
- 눈맞춤을 유지하고 인내심을 가져야 한다.
- 감정을 표현하도록 격려해야 한다.
- "계속해 보세요."와 같이 말하거나 고개를 끄덕인다.
- 부드러운 말로 한계를 설정하고, 현실적이라면 '희망'을 제공한다.
- 거짓된 확신을 주지 않는다.
- 분노에 대한 경계점(의뢰인이 얼마나 오랫동안 화가 나 있었는지, 그리고 얼마나 많은 사람에게 화가 나 있는지)을 찾는다.
- 분노를 줄이는 데 무엇이 도움이 되는지를 알아본다.
- 의뢰인이 말하고자 하는 것을 말을 바꾸어 설명하거나 반향하여 말해 주고 그것이 맞는지 물어본다.
- 긍정적인 내용이나 의뢰인에게 중요한 내용에 대해서는 칭찬한다.
- 면담자가 여러 가지 상황을 잘 이해할 수 있도록 의뢰인이 협

조한 것에 대해 감사한다.

• 앉아 있을 때는 관심을 보이기 위해서 앞으로 몸을 기울인다. 그러나 의뢰인에게 너무 다가가지 않도록 주의한다.
• 의뢰인의 말을 듣고 나면, "나는 당신이 최선을 다하려고 하는 것을 알고 있고, 나 또한 그렇게 하려고 합니다."와 같은 긍정적인 언급을 한다.
• "인생은 항상 쉽거나 공정한 것은 아닙니다. 그러나 우리는 그것을 다루는 방법을 찾을 수 있습니다"와 같은 말을 함으로써 일반화시킨다.
• "벽에 아름다운 그림이 있네요. 언제 그 그림을 마련하셨어요?"와 같은 말을 해서 주의를 돌리고 긴장을 감소시킨다.

긴장이 유발되는 몇몇 상황에서는 다음과 같이 말하는 것이 최선일 수도 있다. "나는 정말 당신을 도와주고 싶어요. 그러나 그렇게 하기 위해서 다른 사람이 더 필요할 것 같습니다." 그런 후에 위기개입 전문가는 다른 팀 구성원에게 연락을 하거나 그들을 데리러 가도 되는지 양해를 구해야 한다. 위기개입 전문가는 대개의 의뢰인이 자신의 감정을 조절할 수 있으면서 자신을 통제하려고 하지 않는 역할 모델을 찾으려고 한다는 것을 기억해야 하며, 당황하는 모습을 보이지 않도록 노력해야 한다.

2) 면담 시 유의사항

• 말하는 것에 대해 판단하지 않고 듣는다.

- "울지마." 혹은 "슬퍼하지 마."라고 말해서 아동을 위로하려는 유혹을 견뎌야 한다.
- 자신의 의견을 사실인 것처럼 말하지 않도록 주의한다.
- 의뢰인이 그렇게 해야 한다는 강요나 압박을 느끼지 않으면서 생각과 감정을 공유할 수 있도록 격려한다.
- 의뢰인과 그의 관심사에 집중한다.
- 의뢰인의 질문에 정직하게 대답한다. 또한 모르는 것에 대해 모른다고 말하는 것을 두려워하지 않는다.
- 모든 아동을 개별적인 존재로 존중한다.
- 아동 개개인의 애도 과정을 확인한다.
- 의뢰인이 자신을 편하게 여기는 것처럼 보인다면 안아 주거나 어깨에 팔을 두르는 것에 인색하지 않아야 한다.
- 상실의 주제가 다른 아동에게도 의미를 가질 수 있도록 한다.
- 자신의 직감을 믿는다.
- 의뢰인의 삶에서 긍정적인 영향을 미칠 수 있는 것들을 찾는다. 모든 것이 나쁜 소식은 아니라는 것을 알게 해 준다.
- 상실에 대해 말하지 않는다고 해서 그것이 없었던 일이 되는 것은 아님을 깨달아야 한다.
- 의뢰인이 서로에게 지지체계가 될 수 있도록 격려한다.
- 모든 감정은 허용될 수 있는 것이며 표현될 필요가 있다는 사실을 전달한다.
- 웃는 것이나 놀이를 하는 것이 상실한 사람에 대해서 의뢰인이 신경을 쓰지 않는다는 것을 의미하는 것은 아님을 인식하게 한다.

- 공감의 네 가지 T를 기억해야 한다. 즉, 이야기하고(Talk), 가벼운 신체접촉을 하고(Touch), 눈물을 보이고(Tears), 시간을 함께 보낸다(Time).

다음은 면담 시 하지 않는 것이 좋다고 알려진 것이다.

- 충고를 하거나 판단, 비평, 비난을 하지 않는다.
- 듣기보다 주로 말하는 것을 많이 하지 않는다.
- "이제 없어, 쉬고 있어, 잠들었어."와 같은 완곡어구를 사용하는 것보다는 죽었다고 직접적으로 표현한다.
- 면담자가 모든 대답을 알고 있는 것이 아님을 인정하기를 두려워하지 않는다.
- 의뢰인을 피하지 않는다.
- 상실을 축소하지 않는다.
- 주제를 바꾸지 않는다.
- "우리는 모두 언젠가는 죽어요."와 같은 상투적인 어구를 사용하지 않는다.
- "당신 기분이 어떤 줄 알아요."라고 말하지 않는다.
- 아동이나 청소년이 어른과 똑같이 생각할 것이라고 믿지 않는다.
- 죽은 사람을 대신하려고 하지 않는다.
- 아동이나 청소년의 분주한 활동 수준이 무례하거나 무관심해서 그렇다고 생각하지 않는다. 이들은 그냥 움직여야만 하는 것일 수도 있다.

8. 정신과 전문의에게 의뢰해야 하는 경우

사람은 위기에 처하고 나면 불가항력적인 위기의 경험과 목격에서 비롯되는 심리적 손상인 외상후 스트레스 장애(PTSD)를 경험할 수 있다. 이 장애를 가진 아동에게서는 외상적 사건을 재경험하는 에피소드가 반복될 수 있다. 아동은 반복적인 놀이(행동)를 통해 외상을 재경험할 수도 있다. 어린 아동의 경우 외상적 사건에 대한 고통스러운 꿈은 괴물이 등장하는 악몽이나 다른 사람을 구출하거나 자신 혹은 다른 사람이 위협을 당하는 악몽 등으로 변형되기도 한다.

외상 자체를 경험하는 중에 PTSD가 나타나는 경우는 드물다. PTSD 증상은 외상 후에 바로 나타날 수도 있지만, 대개 몇 달 후에 나타나고, 심지어 몇 년이 지나서 나타날 수도 있다. 부모는 다음의 변화에 민감해야 한다.

- 집에서 어머니와 아버지에게 그림자처럼 '매달리는' 행동을 보이고, 학교에 가는 것을 싫어할 때
- 위기와 관계되어 지속적인 공포를 느낄 때(예, 부모와 분리되는 것에 지속적인 두려움을 보일 때)
- 악몽, 잠자는 동안 소리 지름, 야뇨증과 같은 수면장애가 사건 후에 며칠 이상 지속될 때
- 집중을 못하거나 짜증을 낼 때
- 행동 문제, 즉 학교나 집에서 아동에게 어울리지 않는 품행 문제를 보일 때

- 뚜렷한 의학적 원인이 없이 신체적인 불편감(예, 소화불량, 두통, 어지러움 등)을 호소할 때
- 활동이 줄어들고, 생기가 없으며, 사건에 과도하게 집착하고, 가족이나 친구로부터 떨어져 혼자 있으려 할 때

위기에 따른 영향을 받은 아동(특히, 끔찍한 죽음이나, 파괴적인 손상 등을 목격한 뒤에 어려움을 겪는 아동)에 대한 전문가적 조언이나 치료는 PTSD를 예방하거나 최소화시킬 수 있다. 자녀가 이와 같은 어려움을 보이면, 부모는 학교나 지역사회의 자원을 통하여 정신과 전문의와 연결되어야 한다.

9. 발생 후 즉각적인 대처 및 치료

1) 스트레스 관리 및 해소 방법

- 되도록 자주 사건에 대한 당신의 생각과 느낌을 표현한다.
- 잘 들어주고 이야기할 수 있는 상대를 찾는다.
- 가족에게 사건에 대해 이야기하는 것을 통해 사건에 대해 지지적인 시각을 가질 수 있다.
- 가능한 한 일상적인 삶을 유지한다.
- 지지적인 사람과 많은 시간을 보낸다.
- 자기 통제의 느낌을 증가시키고 기분이 좋아지는 행동을 한다.
- 편안하게 느낄 수 있는 시간, 적절한 운동 및 식사 시간을 가

진다.

- 약물이나 술의 과용으로 심리적인 고통을 마비시키려고 하지 않는다.
- 필요하다면 동료 또는 전문가의 상담을 받는다.

2) 심리적 응급처치: 위기 상황에 처한 아동에 대한 대처

상황 다루기

정서적으로 혼란스러운 아동은 주변의 다른 아동도 혼란스럽게 할 수 있다. 이를 방지하기 위하여 위기개입 전문가는 다음과 같이 행동해야 한다.

- 조용하고 확신에 찬 태도를 보인다.
- 학급 내의 친구와 다른 사람들에게 그 아동이 혼란스러운 상태임을 분명히 알린다.
- 만일 가능하다면 그 아동이 혼란스러운 이유를 명시한다(소문과 왜곡된 정보를 정정한다.).
- 그 아동을 돕기 위해 어떤 조치가 취해질 수 있는지 알린다.

지지 활성화

정서적으로 혼란스러운 아동은 지지와 지도가 필요하다. 위기개입 전문가가 도울 수 있는 방법은 다음과 같다.

- 문제 해결적인 대화에 아동을 참여시키려고 노력한다.

–아동이 보이는 반응을 진정시켜 되도록 평상시의 상태로 되돌린다.

–정서적 표현을 하게 한다(예, 공감하기, 따뜻하게 대하기, 진심을 보여 주기)

–정보를 제공함으로써 인지적 이해를 돕는다.

–아동으로 하여금 스스로 행동할 수 있게 한다(예, 아동이 정서적 혼란을 줄이고 자신감과 확신, 그리고 사람들과의 관계에서 위협이 될 수 있는 것들을 최소화할 수 있는 무엇인가를 하도록 돕는다.).

• 혼란스러운 아동에게 친구들이 사회적 지지를 보내도록 격려한다.
• 아동의 가족과 연락하여 문제점과 해야 할 일을 논의한다.
• 아동을 특정 상담 자원으로 의뢰한다.

추후 관리

어느 정도 기간이 지난 후에는 다음 사항에 대한 추후 관리가 중요하다.

• 아동이 필요한 지원과 지도를 받았는가?
• 의뢰 자원과의 연결에 도움이 필요한가?
• 아동이 더 나아졌는가? 그렇지 않다면 어떤 추가적인 지원이 필요하며, 아동이 도움을 확실하게 받을 수 있도록 어떻게 도울 수 있는가?

추가적으로 필요한 응급처치는 아동과 그 가족 구성원이 응급 서비스를 제공하는 기관과 연락할 수 있게 도와주는 것이다. 이는 음식, 의복, 주택, 교통수단 등의 응급 서비스를 제공하는 기관과 연결해 주는 것을 포함한다. 이러한 기본적인 필요가 충족되지 않는다면 많은 아동은 주요 위기 상황을 경험하게 되고, 학습, 수행 및 등교 등에 위협을 받게 된다.

3) 집단 위기개입

집단 위기개입 시에는 집단 구성원이 상실 이후의 감정을 감당할 수 있도록 지도해야 한다. 따라서 집단 작업을 통해 개개인의 반응을 확인한 다음 교육을 시행하고 필요한 경우 다른 기관에 의뢰하도록 한다.

집단 위기개입 시 사용하는 질문

- 집단에 속한 학생들에게 각자 자신의 경험에 대해서 말하도록 요청한다.
  - 그 사건에 대해 알았을 때 어디에 있었나요?
  - 누구와 함께 있었나요?
  - 당시에 무엇을 보고, 듣고, 냄새 맡고, 맛보고, 만졌나요?
  - 무엇을 하였나요? 당시에 어떻게 반응하였나요? 무엇을 느꼈나요?
- 그 사건 이후로 어떤 일이 일어났는지 집단에 속한 학생들에게 묘사해 보도록 요청한다.

–마음속에 남아 있는 기억들은 무엇인가요?

–가장 기억에 남는 것이 무엇인가요?

–어떻게 반응해 왔나요?

Tip

"어떻게 느꼈는지, 얼마나 무서웠는지 나로서는 상상할 수가 없네요." 혹은 "다른 학생들이 그러한 것들을 이야기하는 것을 들었습니다."라고 이야기함으로써 그 상태를 인정해 준다. "어떻게 느낄지 이해할 만합니다."라고 먼저 말하지 말아야 한다. 왜냐하면 모든 경험은 유일하기 때문이다.

• 집단에 속한 학생들에게 그 사건 이후로 어떤 일이 일어났는지, 그리고 며칠이나 몇 주 사이에 어떤 일이 일어날 것인지 예상해 보라고 요청한다.

–그 많은 일을 겪은 다음에 학교, 친구들, 이웃들에게 며칠 혹은 몇 주 사이에 어떤 일이 일어날 것이라고 예상하나요?

–자신이 계속 그 일의 영향을 받을 거라고 생각하나요?

–앞으로 무슨 일이 일어날지에 대한 걱정을 하나요?

–미래에 대해 어떤 희망을 가지고 있나요?

Tip

10세 이상의 아동은 미래에 대해 이야기하는 것에 특히 민감하다.

추후 관리

- 부모, 면담자, 상담 기관 등과 같이 도와줄 수 있는 자원을 제시한다.
- 이러한 상실에 대처해 나가기 위해 누가 도움이 될 수 있을지 집단에 속한 학생들에게 물어본다.
- 지킬 수 없는 약속은 하지 않는다.
- 서로의 감정을 나눈 것에 대해 집단에 속한 학생들에게 감사를 전한다.

4) 해소 모델

목 적

- 생각을 정리한다.
- 안전을 위해 무엇이 필요한지 분명히 한다.
- 전문가, 즉 정신보건 전문가가 이끄는 토론을 통해 사건을 요약하고 정리한다.
- 공공보건적인 개입을 한다.

장 점

- 소외감을 감소시킨다.
- 이해를 증진시킨다.
- 공감대를 형성한다.
- 정신보건에 대한 정보를 제공한다.

※ 형 식

- 4~6명으로 집단을 구성한다.
- 원 형태로 둘러 앉는다.
- 한 명이 먼저 시작한다.
- 네 가지의 중요한 질문, 즉 사실, 생각, 느낌 및 평가에 대해 돌아가며 이야기한다.

※ 규 칙

- 비밀을 보장한다.
- 순서대로 이야기한다(시계방향).
- 한 번에 한 사람만 이야기한다.
- 시간 제한(예, 1분)을 둔다.
- 논쟁하거나 옳고 그름을 따지지 않는다.
- 주어진 시간에 말하지 않으면 침묵한다.
- 집단 구성원들은 경청해야 할 의무가 있다.

※ 위기 해소를 위한 질문의 실제

- 자신의 이름과 사건이 일어났을 때 어디에 있었는지 말해 주세요.
- 당시에 떠오른 첫 생각은 무엇이었나요?
- 가장 안 좋았던 느낌은 무엇이었나요?
- 지금 무엇이 스스로를 더 안전하게 느끼게 도와줄 것으로 생각하나요?

구체적인 형식과 과정

- 학교 기반 위기관리 팀(행정관, 보건교사, 상담교사 등)이 서로 만나 그날 어떤 일이 일어났는지 이야기하면서 해소 과정을 시작한다. 전반적인 사건에 대해 검토해 보고 누가 어디에 있을 것인지를 계획한다.
- 첫 번째 해소 과정은 학교 관계자와 함께 이루어져야 한다.
- 교사가 학생들을 상담에 보낼 수 있도록 해소 과정에 대해 알게 한다.
- 가능한 집단의 크기는 15~25명이다.
- 조용하고 개인적인 자유가 보장되는 방에서 이루어져야 한다.
- 의자를 둥그렇게 배열한다.
- 주 위기개입 전문가는 문 앞이 아니라 문을 보는 위치에 앉는다.
- 가능하다면 음식과 음료수를 제공한다.
- 부모와 함께할 수 있다.
- 화장지를 준비한다.
- 종이와 필기도구가 필요할 수 있다.
- 위기상담 일지를 작성한다.
- 일정 기간 추후 관리할 기관을 정한다.

(해소의 구체적인 예와 치료 기법은 부록을 참조하시오.)

10. 부모 및 교사에 대한 조언

1) 부모에 대한 조언

아동은 종종 부모의 행동을 모방한다. 부모가 상황에 잘 대처하면, 아동도 잘 대처할 수 있는 좋은 기회를 갖게 된다. 문제가 숨겨지거나 공개되어 논의되지 않는다면 아동은 굉장히 무서운 일이 진행되고 있다고 해석할 수 있으며, 심지어 상황을 실제보다 더 나쁘게 해석하는 경우도 있다.

아동이 대처하도록 부모가 도와줄 수 있는 방법

- 자녀를 자주 안아 주고 쓰다듬어 준다.
- 안전하며 가족과 함께 있다는 것을 자주 확인시켜 준다.
- 위기에 대한 서로의 감정에 대해서 이야기하고 그 감정을 공유한다.
- 자녀가 이해할 수 있는 정보를 제공한다.
- 일어난 상황에 대해서 이야기한다.
- 잠들기 전에 더 많은 시간을 함께 보낸다.
- 잃어버린 소중한 것에 대해서 애도할 수 있도록 자녀에게 장난감, 담요, 집과 같은 것을 허용한다.
- 또 다른 위기가 닥치면 어떻게 할 것인지에 대해 자녀와 이야기한다. 자녀가 다가올 위기에 대해서 준비하고 계획할 수 있도록 돕는다.

• 가족 활동을 늘려 공포를 즐거운 기억으로 대체하도록 노력한다.
• 학교에서 문제가 있다면 교사와 상의하여 함께 자녀를 도울 수 있도록 한다.

아동들은 일상생활, 즉 일어나서 아침을 먹고, 학교에 가고, 친구들과 노는 것을 통해 안정감을 경험한다. 응급 상황이 이러한 일상생활을 침범하면 아동은 불안을 느낀다. 위기 상황에서 아동은 부모나 다른 어른이 도와주기를 기대한다. 부모가 위기 상황에 대응하는 방법은 아동이 어떻게 반응해야 하는지를 알려 주는 단서가 된다. 만일 부모가 놀란다면, 자녀는 더 무섭다고 느낄 것이다. 이때 아동은 공포를 위험이 실재하는 증거라고 믿게 된다. 만일 부모가 상실의 감정에 압도당하는 것으로 보인다면, 자녀 역시 상실의 감정을 더 강하게 느끼게 될 것이다.

또한 아동의 공포는 자신의 상상에 기반한 것이다. 하지만 부모는 이러한 그들의 느낌을 진지하게 받아들여야 한다. 두렵다고 느끼는 아동은 두려운 것이다. 이때 부모의 말과 행동은 자녀에게 확신을 줄 수 있다. 부모가 자녀와 이야기할 때는 솔직해야 하며, 다룰 수 있는 현실적인 상황을 제시해야 한다. 공포의 감정은 아동과 성인 모두에게 건강하고 자연스러운 감정이다. 그러나 성인인 부모는 그 상황을 통제할 필요가 있다. 위험이 지나갔다고 확신하면 아동에게 가장 먼저 떠오르는 것이 무엇이냐고 질문함으로써 아동의 정서적인 필요에 집중한다. 가족회복 활동 등에 참가하는 것은 아동으로 하여금 자신의 생활이 '정상'으로 돌아왔다고 느끼는

데 도움을 준다. 이렇게 되기까지 부모의 반응은 자녀에게 지속적인 영향을 미칠 것이다.

다음은 재난 이후에 아동이 가장 두려워하는 것이다.

- 이 사건이 다시 일어날 것이다.
- 누군가가 다치거나 죽을 것이다.
- 가족들로부터 떨어지게 될 것이다.
- 혼자 남겨질 것이다.

재난에 대한 부모의 대비

부모는 재난 발생 시 가족이 어떻게 해야 하는지에 대한 계획을 수립할 수 있다. 우선, 자신이 사는 지역에 어떠한 위험이 있는지 알아 두고, 각각에 대해서 대처할 수 있는 방법을 배워 두어야 한다. 그리고 각각의 상황별로 가족 구성원 각자가 무엇을 할 수 있고 집단으로서는 무엇을 할 수 있는지 가족과 함께 논의한다. 다음에는 비상전화번호를 써서 붙여 두거나, 지역에서 벗어난 가족 구성원이 모일 장소를 정하거나, 재난 발생 시 필요한 물건을 담을 작은 가방을 꾸리거나, 연기 감지기를 설치하는 등 각각의 상황에 대한 준비를 한다. 마지막으로, 재난이 일어났을 때 가족이 수행해야 할 일들을 기억할 수 있도록 재난 발생 시의 가족 계획을 실제 연습해 본다.

준비과정

- 재난 발생 시 가족 계획을 개발하고 연습한다. 지역의 재난 상황 관리기관 등과 접촉하여 재난 시 가족 계획을 세우는 데 도

움이 되는 자료를 요청한다. 아동을 포함한 모든 가족 구성원이 재난 대응 및 재건 노력에 참여한다.

- 사전에 아동이 위험 신호에 대하여 인지할 수 있도록 가르친다. 아동이 연기 감지기, 화재 경보기 그리고 지역의 재난예방 시스템(예, 사이렌 등)에 대해서 알도록 한다.
- 도움을 요청하기 위해 어떻게 전화해야 하는지 설명한다. 아동에게 언제 어떻게 도움을 요청하는 전화를 할지 알린다. 전화번호부에서 응급전화번호를 확인하고 모든 전화기에 번호를 붙여 놓는다.
- 아동이 중요한 가족 정보를 기억하도록 도와준다. 아동은 가족 이름, 주소, 전화번호 등을 외우고 있어야 한다. 또한 위기 상황에 어디서 만날지에 대해서도 알고 있어야 한다. 어떤 아동은 정보를 기억하지 못할 정도로 어릴 수 있다. 이들은 작은 카드에 정보를 적어서 가지고 다닐 수 있게 한다.

재난 이후: 회복을 위한 시간

재난 이후 즉시 아동의 공포와 불안을 줄이도록 노력해야 하는데, 다음과 같은 사항을 실천한다.

- 가족이 함께 있는다. 부모에게 첫 번째로 떠오르는 생각은 아마도 아동을 친척이나 친구에게 맡기고 도움과 주거 등을 찾기 위해 외부로 나가는 것일지도 모른다. 하지만 그렇게 하는 것은 좋지 않으며, 되도록 가족이 함께 있고, 부모가 가족을 제자리로 돌려놓기 위해 일하는 동안에도 자녀와 함께하는 것

이 좋다. 그렇게 하지 않으면 아동은 불안해하고, 부모가 다시 돌아오지 않을 것이라고 걱정하게 된다.

• 아동에게 조용하고 단호하게 상황을 설명한다. 최선을 다해 부모가 그 재난에 대해 알고 있는 것을 말하며, 다음에 어떤 일이 일어날 것인지 설명한다. 예를 들면, "오늘밤 우리는 피난처에서 머무르게 될거야."라고 아동에게 말해 주어야 한다. 아동과 이야기를 할 때는 아동의 눈높이에 맞추어 이야기한다.
• 아동이 이야기를 할 수 있도록 격려한다. 아동이 재난에 대해서 이야기하고 그들이 원하는 만큼 질문을 할 수 있도록 한다. 아동이 어떻게 느끼는지 묘사해 보도록 격려한다. 아동이 이야기하는 것을 들어주고, 가능하다면 가족 모두가 함께 이야기해 본다.
• 재건을 위한 활동에 아동을 참여시킨다. 아동이 책임질 수 있는 작은 일을 맡긴다. 이는 아동이 자신도 재건 과정에 한 몫을 할 수 있다는 것을 느끼도록 도와준다. 감당할 수 있는 어떤 역할을 하는 것은 모든 것이 괜찮아질 것이라는 안도감을 가지는 데 도움이 된다.

부모는 무엇이 자녀의 불안과 공포를 야기하는지 이해함으로써 자녀가 대처할 수 있도록 도울 수 있다. 그리고 부모는 사랑과 확신으로 자녀를 안심시켜야 한다. 아동은 결국에는 정상적인 생활로 돌아갈 것이라는 것을 깨닫게 될 것이다. 만일 아동이 지금까지 제시한 제안에 따라 반응하지 않는다면 소아정신과 전문의의 도움을 구할 수 있다.

2) 교사에 대한 조언

☼ 위기 상황에서의 교사의 역할

- 발달 수준에 맞게 학생에게 정확한 정보를 제공한다.
- 교실 토론을 이끌고 도움을 준다.
- 왜곡된 소문을 바로잡는다.
- 학생의 질문에 적절히 대답한다.
- 반응에 대한 적절한 역할 모델이 될 수 있도록 노력한다.
- 감정(침묵, 눈물, 부정적 감정 등)을 표현하는 것을 허용한다.
- 학생들 중 누가 상담이 필요한지 확인한다.
- 심리적 외상을 감소시키고 감정의 표현을 도울 수 있는 미술, 음악, 글쓰기 등의 활동을 제공한다.
- 필요에 따라 교과과정은 잠시 미룰 수 있다.
- 경우에 따라 예법이나 복장 등이 포함된 장례식 절차에 대해 논의한다.
- 아동과 함께 장례식에 갈 수 있도록 부모를 격려한다.

교사는 죽음이나 강간 등과 같은 특정한 위기 상황에 대한 자신의 감정이나 편견에 대해 잘 알고 있어야 한다. 또한 교사는 학급에서 토론 및 활동을 이끌 수 있는데, 토론과 활동을 하는 것의 목표는 정서적 긴장을 줄이고 사건에 대한 수용을 촉진하기 위함이다. 집단 토론을 이끌 때에는 다음의 규칙을 활용하면 도움이 될 것이다.

교실 내의 토론을 이끌어 나가는 것에 대한 제안

- 표현된 감정을 존중해야 한다.
- 토론 중 교실 안에서 나온 표현이나 말, 비평 등은 교실 밖에서 다른 학급의 아동들과 논의되지 않아야 한다는 것에 대한 동의가 있어야 한다.
- 한 번에 한 명씩 이야기하고, 나머지는 경청한다.
- 다음과 같은 질문을 한다. 무엇을 아는가? 어디서 들었는가? 그 일에 대해서 들었을 때 어디에 있었는가? 피해자를 어떻게 아는가? 피해자는 어떤 사람인가? 그 사건에 대해 알았을 때 어떻게 느꼈는가? 지금은 어떻게 느끼고 있는가?
- 만일 적절하다면 고인에 대한 이야기를 이끌어 낼 수 있는 질문을 한다.

학생을 참여시킬 수 있는 활동

- 가족에게 편지쓰기
- 가족을 위해 그림 그리기
- 적절하다면 정치인에게 편지 쓰기
- 학교위원회나 학교장의 승인에 따라 의식을 거행하기

3) 아동이 죽음에 대처할 수 있도록 돕는 방법

- 죽음을 경험한 이후 최대한 빠른 시간 내에 아동과 따로 이야기할 수 있는 시간을 마련한다
- 아동에게 사실을 간단하게 말한다. 세부사항을 자세하게 말하

지 않도록 조심해야 한다. 만일 아동이 더 많은 정보를 원하면 질문을 할 것이다.

- '죽음' '죽었다' 등의 정확한 단어를 사용한다. '잠들었다' '멀리 떠났다' 등의 정확하지 않은 표현은 사용하지 않는다.
- 특히 교사인 당신이 울고 있을 때 아동에게 자신의 감정을 설명하여 아동으로 하여금 우는 것이 괜찮다는 것을 알게 한다. 교사는 아동에게 역할 모델이다. 자신의 감정을 나누면서 교사의 슬픔을 보게 하는 것은 좋은 일이다.
- 아동과 함께 연령에 맞는 상실과 관련된 책을 읽는다.
- 의식과 장례식에 대해서 이야기한다. 이러한 의식 중에 어떤 일이 일어나는지 설명하고 아동에게 참여하고 싶은지 묻는다.
- 아동이 죽은 사람에게 작별을 말할 수 있는 방식에 대해서 생각해 본다(예, 편지, 시, 카드 쓰기 등).
- 아동의 행동적 변화를 관찰한다. 만일 걱정되는 점이 있다면 도움을 구한다
- 갑작스러운 죽음, 폭력적인 죽음, 젊은 사람의 죽음은 특히 더 애도하기 어렵다. 따라서 죽음을 경험한 아동에게서 수면과 일상생활에서의 지장, 식욕 상실 등이 나타나는 것은 비정상적이고 비극적인 사건에 대한 정상적인 반응이다.

4) 아동이 공포와 불안에 대처할 수 있도록 돕는 방법

아동의 말에 귀를 기울이기 전에는 아동이 불안을 경험하고 있는지 알 수 없다. 아동은 자신의 감정을 각기 다른 방식으로 표현

한다. 어떤 아동은 혼란스러워하다가도 잠시 후에는 아무 일도 일어나지 않은 것처럼 행동하기도 한다. 또 어떤 아동은 위축되고 말을 할 수 없는 것처럼 반응을 보일 수도 있다. 그리고 아동이 큰일을 경험하고도 아무렇지 않아 보이는 것에 대해서 놀라서는 안 된다. 모든 사람이 즉각적인 반응을 보이는 것은 아니다. 어떤 사람은 지연된 반응을 보이며, 어떤 사람은 전혀 반응이 없기도 한다.

다음의 질문은 아동이 어떻게 느끼고 있는지 알 수 있는 기회를 만드는 데 매우 유용할 것이다.

- 가장 걱정되는 것은 무엇인가요?
- 자신을 가장 혼란스럽게 하는 것은 무엇인가요?
- 지금 가장 힘든 것은 무엇인가요?
- 더 낫게 느끼는 데 무엇이 도움이 되나요?
- 더 안전하다고 느끼는 데 무엇이 도움이 되나요?
- 일어났던 혹은 일어나고 있는 일에 대해 질문할 것이 있나요?

다음의 방법을 통해 아동 및 청소년에게 그들이 안전하다는 것을 확신시켜 주어야 한다.

- 아동의 말을 경청한다.
- 일상생활을 유지할 수 있도록 격려한다.
- 또래와 자신의 감정을 나눌 수 있는 시간을 장려한다.
- 아동으로 하여금 자신이 보고 들은 것에 대해 토의하게 한다.
- 음식이나 안정을 구하는 것, 퇴행 행동 등에 대해서 비판하지

않는다.

- 아동이 슬퍼하거나 두려워하도록 허락한다. 그러나 교사가 그들을 돌보고 있고 공포가 곧 사라질 것이라고 확신시켜 준다.
- 먹고 입는 것에 대해서 결정을 내리게 함으로써 아동이 자기 통제감을 회복하고 연습할 수 있도록 격려한다.
- 함께 시간을 보냄으로써 가족의 중요성을 재확인한다.
- 신체적 활동 등 아동의 기분을 더 나아지게 할 수 있는 활동들을 격려하라.
- 걱정을 하는 것은 당연하지만 모든 사람이 안전을 위해 노력하고 있다고 설명한다.
- 과장하거나 추측하지 않는다.
- 만일 아동의 질문에 대답할 수 없다면 정직하게 이야기하고, 아동으로 하여금 삶에서 정답이 없는 일도 일어날 수 있다는 것을 알게 한다.
- 당신이 심하게 마음이 상해 말하고 싶지 않다면 잠시 시간을 두고 믿는 가족이나 친구에게 도움을 요청한다.
- 특별히 사랑해 주고 지지적으로 대한다.

아동의 회복력과 대처 능력에 초점을 두어야 한다. 일상생활이나 어려울 때 보여 주었던 그들의 능력에 초점을 두어 혼란스럽거나 무서울 때 이를 극복하기 위해 과거에 했던 행동들을 떠올릴 수 있도록 도움을 준다. 또한 위기에 처했지만 그것을 극복한 다른 사례에 대해서도 이야기한다.

부록 1. 해소-정상적인 애도에 대해 배우기

- 목적: 정상적인 애도 과정을 아동이 이해하도록 돕기
  감정과 생각을 표현할 수 있는 기회 제공
- 재료: 연필과 자료
- 구성: 교실 내 소집단
- 방침: 정상적 애도 과정은 다음과 같이 세 단계로 이루어진다고 설명한다. 즉, 충격(shock) 단계, 혼란(disorganization) 단계, 재편성(reorganization) 단계다. 그리고 경험할 수 있는 전형적인 감정을 설명해 준다(예, 부인, 분노, 타협, 우울, 죄책감). 추후에 더 나아지기 위해 애도의 감정을 경험해야 할 필요성을 논의한다.
- 다양성: 다양한 감정을 반영하는 문장을 나열하고 이 목록을 아동에게 제공한다. 아동으로 하여금 표현한 감정이 무엇인지 분명하게 알도록 한다.

〈예〉

- 부인(denial): 그럴 리가 없다. OO는 한 번도 아픈 적이 없었다. 아버지가 돌아오시면 우리는 ~할 예정이었다.
- 분노(anger): 인생은 공평하지 않아! 왜 나에게 이런 일이 일어나야 하지? 이건 모두 간호사의 잘못이다. 간호사는 나의 여동생을 잘 돌보지 않았다.
- 타협(bargaining): 만일 내가 내 방을 매일 청소한다면 우리 부모님은 이혼하지 않을지도 모른다. OO와 내가 상황이 바뀌었으면 좋겠다. 내가 OO 대신 아팠으면 한다.
- 우울(depression): 왜 내가 신경을 써야 하지? 아무것도 내가 바꿀 수 있는 건 없다.

- 죄책감(guilt): 내가 그렇게 비열하지 않았더라면 좋았을 텐데. 내가 더 좋은 친구였더라면 좋았을 텐데. 만일 내가 늘 그랬듯이 그녀를 바래다주었더라면 이런 일이 일어나지 않았을 텐데…….
- 수용(acceptance): 힘든 일이지만 매일매일 잘 지내면서 내 생활을 예전처럼 만들기 위해 노력할 것이다. 가끔은 화가 나고 가끔은 슬프다. 하지만 내 인생을 받아들이고 변화에 적응할 것이다.

〈질 문〉

- 아동에게 애도 단계를 반영하는 문장을 만들라고 요청한다.
- 아동에게 애도 단계의 순서대로 들어맞지 않았던 예에 대해서 논의해 보도록 요청한다.
- 재편의 단계에 있었다가 다시 혼란이나 충격 단계로 돌아간 적이 있었는지 질문한다.

부록 2. 일기쓰기

일기쓰기는 아동의 감정을 표현하는 좋은 방법이다. 이는 아동의 생각, 감정, 느낌 등을 기록하기 좋은 방법으로, 자신을 발견하는 치료적 수단이 될 수 있다.

일기를 작성하는 방법은 다양하다. 전통적인 일기는 아동의 정서적 상태에 대한 기록이다. 일기는 자유연상일 수 있으며, 그림, 시, 기도처럼 창의적인 형식일 수도 있다. 정확한 철자법이나 문법 등에 얽매일 필요는 없다. 아동은 고인이나 친구, 자기 자신, 신 혹은 다른 영적인 존재에게 편지를 쓰는 형식으로 작성할 수도 있다.

다음의 공간을 아동이 선택한 방식으로 일기를 쓰는 데 사용해 보자.

부록 3. 가장 소중한 기억

당신이 사랑했던 사람에 대한 소중한 기억에 대하여 그림을 그리거나, 편지나 시를 적어 보자.

부록 4. 사진으로 기억하기

__________________________ 을 기리며

사 진

만든이 __________________________

날 짜 __________________________

부록 5. 수필로 기억하기

- 사망한 특별한 사람의 이름 ________________
- 사망한 날짜 ________________
- 사망 원인 ________________
- 생일 ________________ • 나이 ________________
- ________________ 이 내게 특별한 이유: ________________

____

____

____

- 기억나는 것: ______________________________

____

____

- 그와 함께 했던 즐거운 일들: ________________

____

____

- 그를 생각할 때 가장 그리운 것: ______________

____

____

____

부록 6. 카드 만들기

- 목적: 애도하는 급우에게 정서적 지지를 제공한다.
  애도하는 아동에게 다른 학생들이 지지를 제공하고 감정을 나눌 수 있는 기회를 제공한다.
- 재료: 종이, 크레용, 펜, 풀, 반짝이 등의 미술 재료
- 구성: 가족의 죽음으로 급우가 학교에 나오지 않는 상황에 대해 교실 내에서의 활동으로 이루어진다. 이는 아동들로 하여금 지지적인 공감대 속에서 애도의 감정을 표현하게 하고 애도에 대한 논의를 활성화시킬 수 있다.
- 방법
  - 누군가가 죽었을 때 느끼는 분노, 부인, 슬픔, 죄책감, 혼란 등의 감정에 대해서 반 학생들과 논의한다. 애도하는 급우에게 할 수 있는 적절한 말에 대해서 논의하고, 이를 카드에 쓴다.
  - 미술 재료와 종이를 학생들에게 나누어 주고 급우에게 보내는 위로의 카드를 만들도록 한다.
  - 나이가 어린 학생이라면 하나의 큰 카드에 반 학생들이 기록하고 이름을 쓰는 형식으로 변형할 수도 있다.
  - 다른 형태로는 급우가 심각한 질병으로 학교에 나오지 못하는 동안 이러한 활동이 이루어질 수 있다. 교실 내에서 이루어지는 논의는 급우가 앓고 있는 특정 질병에 대한 정보와 어떻게 치료되는지가 포함될 수 있다. 심각한 질병을 앓는 급우에게 할 수 있는 적절한 말도 논의 주제로 포함될 수 있다.
  - 대상: 전 학년 가능

부록 7. 가정통신문의 실례 I (학생의 죽음)

친애하는 OO학교 가족 여러분

저희 OO학교는 OOO 학생의 죽음에 애도를 표합니다. OOO 학생은 O학년 O반 OOO 선생님의 학생이었습니다. 친구의 죽음을 경험한 학생들을 돕기 위해 전문가가 학급을 방문하였습니다.

다음의 내용은 상담교사와 담임교사가 학급에서 의논한 사항입니다.

- 우리가 사실로 알고 있는 것: 우리는 아동들과 항간에 떠도는 소문에 대해 이야기했습니다. 이와 같은 상황에서는 다른 이야기를 만들어 내지 않는 것이 매우 중요합니다. 아동은 추측보다는 사실을 알기 원합니다. 따라서 아동에게 추측보다는 사실을 말해 주어야 합니다. 아동이 무서운 장면을 상상하도록 방치하지 말고 사실만을 전해야 합니다.
- 감정: 우리는 모든 감정이 적절하다고 굳게 믿습니다. 많은 아동이 친구를 잃은 상실감에 슬픔과 분노를 느끼고 있습니다. 또한 아동들은 이와 같은 일이 자신에게도 생길 수 있다는 것에 두려움을 느끼기도 합니다. 이 모든 감정은 정상적인 반응입니다. 이러한 감정을 탐색하고 받아들이는 일은 우리에게 중요합니다. 악몽은 일반적인 현상으로 아동들이 보거나 들은 일의 결과로 나타납니다. 여러분의 사랑을 아동에게 확인시켜 주고 그들을 지지해 주시기 바랍니다. 아침에 지난 밤의 꿈에 대해서 아동과 함께 이야기하는 것도 좋은 방법입니다.
- 죽음에 대해서: 아동이 죽음의 개념을 이해하는 것은 어려운 일입니다. 하지만 그들도 죽음이 삶의 한 부분임을 알아야 합니다. 여러분의 개인적인 믿음이 이 혼란스러운 개념을 명확하게 하는 데 도움이 될 것

입니다.

- 기념: OOO 학생의 가족에게 카드를 보내고 싶어 하는 아동들도 있습니다. 이것은 애도의 중요한 과정이므로 이를 장려해 주시기 바랍니다. 죽은 사람을 기억하는 방법을 아동과 함께 의논해 보시기를 권합니다.

첨부한 가이드라인은 학부모 여러분이 아동을 돕는 일에 더욱 도움이 되고자 준비하였습니다. 문의사항이 있으시면 담당자 OOO(전화번호)에게 연락주시기 바랍니다.

OO학교장 배상

부록 8. 가정통신문의 실례 II (학생의 죽음)

친애하는 학부모님께

본 OO학교 OOO 선생님의 O학년 O반 학생 OOO의 부고를 전합니다. 그의 가족, 친구 그리고 교사 모두 OOO를 그리워할 것입니다. 이번 일은 OO학교 가족 여러분에게 너무나 슬픈 일입니다.

OOO 학생의 죽음으로 충격을 받은 학생들을 돕기 위해 상담교사, 청소년상담센터 상담원, 정신보건센터 직원, 정신과 전문의들이 대기하고 있습니다. 이 어려운 시기에 교직원 모두는 학생들에게 지속적인 도움을 제공할 것입니다.

성인은 사랑하는 사람이나 친구를 잃었을 때의 커다란 정서적 충격에 대해 어느 정도 알고 있습니다. 그러나 어린 나이에 사랑하는 사람이나 친구의 죽음을 처음으로 경험한다는 것은 혼란스러울 것이며, 이 일에 압도될 수도 있을 것입니다. 지금 학생들에게는 부모님의 정서적인 지지가 무엇보다도 절실합니다.

첨부한 가이드라인은 여러분이 학생들을 돕는 일에 더욱 도움이 되고자 준비하였습니다. 학교 교직원 모두는 이 어려운 시기에 학생들을 도울 것입니다.

문의사항이 있으시면 학교 상담교사에게 연락주시기 바랍니다(상담교사 이름 및 전화번호).

OO학교장 배상

부록 9. 가정통신문의 실례 III(교사의 죽음)

친애하는 학부모님께

우리 교직원과 학생은 지난밤에 있었던 O학년 OOO 교사의 죽음을 애도하고 있습니다. 이번 일은 OO학교 학생과 교직원 모두에게 너무나 슬픈 일입니다.

학생들에게 도움을 제공하기 위해 지역 위기관리 팀(또는 지역사회 전문가)을 이용하였습니다. 학생들을 돕기 위해 상담교사와 학교 교직원이 대기하고 있습니다.

첨부한 가이드라인은 여러분께서 학생들을 돕는 일에 더욱 도움이 되고자 준비하였습니다.

문의사항이 있으시면 학교 상담교사에게 연락주시기 바랍니다(상담교사 이름 및 전화번호).

OO학교장 배상

부록 10. 학생에게 알리는 글

오늘 우리는 학생/교직원인 OOO의 사망 소식을 들었습니다(너무 자세한 내용은 게재하지 말고 기본적인 정보만 알린다.). 이렇게 슬프고 유감스러운 상황에서 우리는 여러 가지 반응을 보일 것이며 매우 다양한 감정을 경험할 것입니다. 어떤 사람은 OOO를 기억하기 위해 조용한 시간을 갖기를 원할 것이고, 어떤 사람은 자신의 감정에 대해 다른 사람에게 말하고 싶을 것입니다. 또 어떤 사람은 계속 공부하기를 원할 수도 있습니다. 우리는 이런 다양한 반응을 존중해야 하며 서로를 도와야 합니다.

학교 시간표는 그대로이지만 선생님들은 정규 활동 대신 이야기하는 시간을 가질 수 있도록 할 것입니다. 상담을 하고 싶은 학생은 선생님에게 알리기 바랍니다. 차후 새로운 사실이 알려지면 여러분께 알리도록 하겠습니다.

부록 11. 언론보도 자료의 실제

현재 입수된 내용은 다음과 같습니다(O월 O일 사망. 추측된 원인은 적지 않는다. 기밀 사항은 누설하지 않는다.).

우리 교직원과 학생들은 이번 일에 애도를 표합니다. 우리는 학생과 교직원을 돕기 위해 필요한 조치를 취하고 있습니다. 학교 위기대응 팀(지역 위기대응 팀, 지역사회의 전문가)이 대기하고 있습니다. 이러한 상황과 관련하여 부모님들은 학생들에게 어려움이 있는지 잘 살펴봐 주시기 바랍니다.

이번 사건에서 우리 학생들에게 보여 주신 관심에 감사하며, 협조에 감사드립니다.

〈참고: 언론 대응 지침〉

학교에서의 처리 과정

- 한 사람을 지정하여 공식 성명서를 제공하고 보도를 위한 기초적인 규정에 관해 의사소통을 하는 역할을 맡도록 한다. 언론 브리핑은 학생의 일과를 방해하지 않는 장소에서, 이상적으로는 학교를 방문한 모든 언론을 대상으로 한 번 이루어져야 한다.
- 언론과 적절한 정보를 공유하는 것은 중요하지만, 학업, 행실에 관한 이야기나 가족/사생활/건강 정보와 같은 기밀이 유지되어야 하는 주제는 정보공개의 동의를 받지 않는 이상 공개해서는 안 된다.
- 학교장은 언론이 지켜야 할 규칙을 결정할 권한을 가지고 있다. 학생의 안위가 최우선임을 기억한다. 학교의 일정에 방해되는 일을 최소한으로 하도록 노력하는 것이 중요하다. 학생과 교직원의 개인적 인터뷰는 삼간다.

- 문의 전화는 특정 장소에서 특정인이 전담하도록 한다. 담당자에게 전화에 응답할 내용을 제공한다.
- 회의나 전자우편, 메모 등을 통해 향후의 계획이나 새로운 소식 등을 교직원들과 공유한다.

대한불안장애학회 재난정신의학위원회(2004). 재난과 정신건강. 서울: 지식공작소.

Adelman, H., & Taylor, L. (2000). *School-based Crisis Intervention*. Los Angeles, CA: UCLA Center for Mental Health in Schools.

American Academy of Child and Adolescent Psychiatry (1998). Practice parameters for the assessment and treatment of children and adolescents with posttraumatic disorder. *Journal of the American Academy of Child and Adolescent Psychiatry, 37,* S4-S26.

Brooks, B., & Siegel, P. (1996). *The Scared Child: Helping Kids Overcome Traumatic Events*. New York: John Wiley & Sons.

Daley, R. M. (2005). *Crisis Intervention Services. Procedural Manual*. Chicago: Chicago Board of Education.

Dixon, S. L. (1987). *Working with People in Crisis* (2nd ed.). Columbia, OH: Merrill.

Gentry, C. E. (1994). Crisis Intervention in Child Abuse and Neglect. *The User Manual Series*. Washington, DC: National Center on Child Abuse and Neglect.

Moltane, L., Hall, A., Martin-Morgan, D., Myers, M. A., Filippi, R., Booth, L., & Schouburgh, N. (2006). *Crisis Intervention Manual*. Volusia County, FL: School District of Volusia.

New South Wales Health (2000). *Disaster Mental Health Response Handbook*. New South Wales.

New York State Office of Mental Health (2000). *Crisis Counseling Guide*

to Children and Families in Disasters. New York.

Puryear, D. A. (1979). *Helping People in Crisis*. San Francisco: Jossey-Bass.

Pynoos, R. S., & Nader, K. (1988). Psychological first aid and treatment approach to children exposed to community violence. *Journal of Traumatic Stress, 1*, 445-473.

Rapoport, L. (1970). Crisis intervention as a mode of brief treatment. In R. W. Roberts & R. H. Nee (Eds.), *Theories of Social Casework*. Chicago: University of Chicago Press.

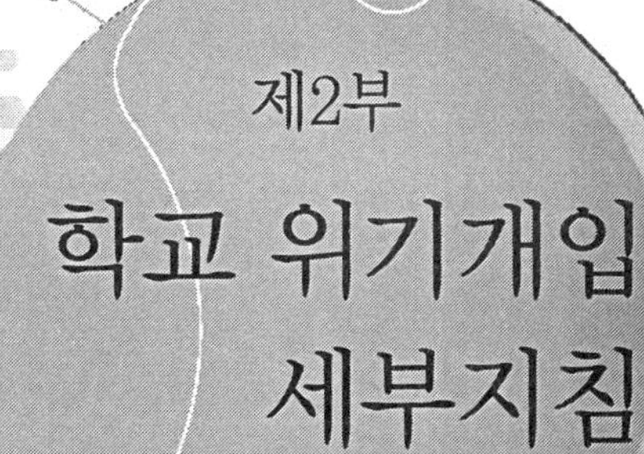

제2부
학교 위기개입 세부지침

03. 학교폭력 위기개입
04. 성폭력 위기개입
05. 자살 위기개입
06. 자연재해 위기개입
07. 학교 내 사고에 의한 외상후 스트레스 장애에 대한 접근

03
학교폭력 위기개입

1. 학교폭력에 대한 이해

학교폭력(school violence)은 1990년대 초 집단따돌림〔'왕따'[1], bullying, いじめ(이지메)〕에 비관한 학생들의 자살이 급증하면서 주목을 받기 시작하였다. 그 이전까지는 주로 개별 사례의 문제나 학생들 간의 다툼 등으로 취급되어 왔다. 하지만 현 시점에서는 이러한 문제는 더 이상 개별적인 문제가 아닌 커다란 사회문제, 특히

---

* 이 장은 안동현이 집필하였다.

1) '왕따돌림'의 준말로 1997년 중 · 고등학교 폭력 관련 언론보도에 처음으로 등장하여 널리 사용하게 되었다. 관련된 대표적인 말로 '왕따' 외에도 '은따(은근히 따돌림을 당하는 것)' '전따(전교에서 따돌림을 당하는 것)' '반따(반 안에서 따돌림을 당하는 것)' '대따(드러내 놓고 따돌림을 당하는 것)' '뚱따(뚱뚱해서 따돌림을 당하는 것)' '찐따(찌질해서 따돌림을 당하는 것)' 등이 있다(위키백과, http://ko.wikipedia.org, 2009.2.21).

아동 · 청소년기의 발달 과정에서 발생하는 주요한 문제라는 관점에서 이해되어야 한다.

1) 학교폭력의 정의

학교폭력이 학령기 아동 및 청소년에게서 발생하는 주요 관심사로 등장하게 된 것은 1972년 스웨덴 의사인 Heinemann(1972)의 보고에 의해 시작되었다. 그는 학교폭력을 '폭도와 같은 행동(mobbing)' 이라고 하였다. 그의 보고 이후 1983년 노르웨이에서 Dan Olweus는 전국적으로 스칸디나비아 국가들의 학교에서 13만여 명에 달하는 학생들에게 발생하는 학교폭력의 성격, 회수, 장기효과 등에 대한 체계적인 연구를 수행하여 약 15%가 가해학생 혹은 피해학생으로 관여됨을 보고하였다(Rivers, Duncun, & Besag, 2009). 그는 2,500명의 학생들을 대상으로 심층연구를 수년간 수행하여 학교폭력이 연령 및 성별에 따른 차이가 있음을 밝혀냈다. 1990년대 들어 핀란드, 영국 등에서도 이에 대한 연구가 수행되었고, 미국을 포함한 다른 여러 나라에서도 점차 이에 대해 관심을 가지게 되었다. 용어 또한 초기에는 'mobbing' 이라는 표현에서 점차 'bullying' 으로 정착하게 되었고, 이 가운데 물리적, 신체적 폭력을 주로 'school violence' 로 표현하고 있어 우리나라에서 표현하는 것과는 다소 차이를 보인다.

학교폭력은 일반적으로 세 가지 유형으로 구분하고 있는데, 이 같은 유형 구분은 국내에서도 동일하다(서울시교육청, 2002). 첫째, 신체적 유형(direct physical aggression)으로, 신체적 · 물리적 폭력,

흉기 등으로 위협하거나 금품을 갈취하는 것 등이다. 둘째, 언어적 유형(direct verbal aggression)으로, 모욕적인 말, 별명 부르기, 협박, 전화 등으로 위협하는 것 등이다. 셋째, 정서적 유형(indirect/relational aggression)으로, 나쁜 소문 퍼뜨리기, 공개적으로 망신 주기, 지속적으로 귀찮게 하기, 따돌리기 등이다.

연구자나 관점에 따라 학교폭력과 집단따돌림은 일부 겹치기도 하지만 다르게 규정될 수도 있다. 특히 학교 현장에서는 이들이 엄격하게 구분되어 일어나는 것이 아니라 대개 병행하여 발생하는 경우가 많기 때문에 그 구분이 매우 어렵다.

2) 학교폭력의 현황 및 양상

학교폭력의 범위 혹은 개념의 차이가 있기 때문에 연구자에 따라 그 현황에는 다소 차이가 있지만, 대체로 약 15~30% 정도의 학생이 한 학기 동안 폭력을 경험하였고, 그보다 다소 낮은 비율이 폭력을 행사한 적이 있는 것으로 조사되었다. 그리고 집단따돌림을 조사한 연구에서는 5.4%가 집단따돌림을 경험하였고, 9.3%가 행사한 것으로 조사되었다(권준모 외, 2002).

폭력은 교실 및 교실 외의 교내에서 주로 발생하였고, 고학년이 될수록 폭력을 행사하기보다는 정서적 유형의 집단따돌림을 더 많이 하는 것으로 나타났다. 또한 과거에는 폭력 서클에 속한 학생에 의한 폭력과 금품갈취가 주된 문제였으나, 최근에는 일반 학생들 혹은 소그룹에서 발생하는 폭력이나 집단따돌림/괴롭힘 등이 더 문제가 되고 있다.

최근에 발생하고 있는 학교폭력의 변화된 양상에 대해 문용린(2008)은 청소년폭력예방재단의 실태조사(2006, 2007)와 동 재단의 학교폭력 상담통계분석(2007. 6.~12.)의 결과를 토대로 다음과 같이 정리하고 있다.

- 학교폭력 피해 경험률이 16.2%로 나타나고 있고, 여학생 폭력 경험률(41.2%)이 꾸준히 증가하고 있다.
- 학교폭력 피해자 중 2명 이상에 의한 집단폭력 피해자가 59.5%로 그 비중이 크다.
- 학교폭력 발생 연령과 학년이 점점 낮아져서 초등학교 4~6학년의 비중이 47.5%로 가장 높으며, 초등학생 피해자가 전체 피해자 학생의 56.8%를 차지한다.
- 학교폭력 피해 유형 중에서 신체의 직접적인 고통을 수반하는 폭행의 비중이 24.6%로 여전히 가장 높다.
- 학교폭력 피해학생 중 신고하는 학생은 38.1%에 불과하며, 61.9%는 피해당한 사실을 남에게 알리지 않는다.
- 학교폭력을 목격한 학생들은 보고만 있거나 모른 척하는 등 35%가 아주 소극적으로 행동한다.
- 장난삼아 재미로 학교폭력에 가담하는 학생이 41.2%로 의외로 많다.
- 학교 내에 불량 서클이 존재하는 것으로 믿는 학생이 20.4%나 된다.
- 영상매체가 학교폭력 가해 행동에 영향을 주고 있다고 인지하는 학생이 56.7%로 상당히 높다.

• 학교폭력이 심각한 상황이라고 인지하는 학생의 비율이 42.4%로 상당히 높다.

이러한 전통적 학교폭력과 함께 최근 인터넷 및 휴대폰의 보급에 따라 UCC 등을 통한 학교폭력 혹은 집단따돌림의 동영상이 확산되면서 사회적으로 큰 파문을 일으키기도 하였다. 피해학생은 물론 가해학생과 학교명 등이 실명으로 전국적으로 알려지게 되었고, 수많은 네티즌이 무차별적으로 가해학생 및 학교를 비방하면서 피해학생은 물론 가해학생, 교사, 학교도 크게 곤혹을 치루고 있다.

이와 같이 최근에는 직접적인 물리적 폭력 행사나 금품 갈취 등과 같은 폭력도 있지만, 사이버폭력(정보통신윤리위원회, 2007)이라는 새로운 형태의 폭력이 등장하고 있다. 이러한 현상은 학교를 넘어 '개똥녀' '된장녀' 같은 신종어를 만들어 내고 있으며 이에 따른 막대한 피해가 발생하고 있다. 게다가 한 개인에 대한 인신공격성 사이버폭력과 관련하여 유명 연예인의 자살과 관련한 문제도 대두되고 있다.

3) 학교폭력과 관련된 요인

학교폭력은 단지 피해학생이 생겨나는 것뿐만 아니라, 그 피해학생이 가해자가 되기도 하며, 때로는 가해학생이 피해자가 되기도 한다. 그리고 학생들뿐만 아니라, 그 학생들을 담당하는 교사 및 학교, 부모, 그 외에 이를 방관하거나 수동적으로 따돌림에 관여한 많은 학생 및 교사에게도 크게 영향을 미친다. 최근에는 이러한 학교폭력이나 집단따돌림에 동창생이나 지역사회 내의 서클 구성원들이 복잡하게 관여되고 있어서 여러 학교의 구성원들이 이에 개입해야 한다. 그리고 앞에서 언급한 인터넷 등을 통해 매우 광범위한 지역으로 혹은 전국적으로 이러한 현상이 빠르게 확산되기도 한다. 이와 더불어 최근에는 교사에 의한 학생폭력, 반대로 학생 혹은 학부모에 의한 교직원폭력 등도 대중매체의 주목을 자주 받고 있다. 이와 같이 학교폭력과 관련해서는 매우 다양한 요인이 영향을 미치고 있다.

리버스 등(Rivers, Duncun, & Besag, 2009)은 학교폭력(bullying)을 사회정체성이론(social identity theory)[2]과 탈개별화이론(deindividuation theory)[3]을 바탕으로 설명하고 있다. 그 외에도 개인적 특성의 차이, 발달과정에서 나타나는 현상, 사회문화적 현상, 사회적 맥락 등으로 설명하는 이론적 관점도 있다(임영식, 2006). 다른 한편으로 학교폭력은 체계위기개입 모델[4]로 설명되기도 한다(임재연 외, 2008). 다음에서는 임영식(2006)과 Rigby(1996)의 설명을 중심으로 중요한 관련 요인을 간략하게 제시하고자 한다.

---

2) Henry Tajfel이 1972년에 제안한 이론으로, 인간의 사회정체성의 출현은 특정 사회집단에 대한 소속감(belonging)에 대한 지식과 이해 그리고 그 집단 구성원이 제공하는 정서적 중요성 및 가치와 연관된다.

3) 집단행동에 대한 설명 가운데 폭력을 부추기는 동력을 설명하기 위해 제안된 것으로, 다음과 같은 특징이 있다. ① 개별적으로보다 집단적으로 가해하는 경우 개별적인 억제에서 풀려나기 때문에 더욱 과격해질 수 있다. ② 태도, 신념 혹은 행동은 상황적 규준으로 지각되기 때문에 방관자가 학교폭력에서 정체성을 찾거나 혹은 가담할 수 있다.

(1) 개인적 요인

개인적 요인은 우선 아동 · 청소년의 기질 혹은 생물학적 요인을 들 수 있다. 이들은 〈표 3-1〉과 같이 피해학생과 가해학생으로 나누어 볼 수 있는데, 때에 따라서는 피해학생이 가해자로, 반대로 가해학생이 피해자가 되기도 하기 때문에 이러한 구분이 반드시 적절한 것은 아니다.

〈표 3-1〉 학교폭력의 개인적 요인

가해학생	피해학생
• 평균보다 몸집이 크거나 강함	• 다른 아이들보다 신체적으로 강하지 않음
• 공격적	• 소심함, 자기주장이 적음
• 충동적	• 내성적
• 공감을 잘하지 못함	• 자존감이 낮음
• 협동심이 부족	• 친구가 적음

출처: Rigby(1996), pp. 72-73.

〈표 3-1〉과 같이 가해학생의 특성 중에 공격성과 관련한 전두엽의 실행기능(executive function) 저하는 가장 자주 논의되는 것이다. 이와 관련한 정신질환으로 품행장애, 반항장애, 주의력결핍 과잉행동장애(ADHD)가 있다. 불안 및 우울과의 연관성에 대해서는 일반적으로 가해학생에서는 불안 및 우울 수준이 높지 않은 반

4) 미국 학교폭력 위기개입의 대표적 모델로, James와 Gilliand의 위기개입 모델과 청소년폭력예방재단의 위기개입 모델을 제시하고 있다.

면, 피해학생에서는 높은 연관이 있는 것으로 알려져 있다.

(2) **가정적 요인**

가정적 요인은 크게 가정의 구조적 특성과 기능적 특성으로 나누어 볼 수 있다. 먼저 구조적 특성으로는 학교폭력과 관련이 높은 것으로 빈곤(poverty)을 들 수 있다. 이와 함께 가정의 주변 환경, 특히 경제적 수준이 낮은 지역, 범죄 위험이 높은 이웃과 인접해 있는 것 등이 학교폭력과 깊은 관련이 있음을 보여 준다. 또한 부모의 실직 상태 등도 학교폭력과 연관된다.

가정의 구조적 특성도 중요하지만 보다 더 중요한 것은 기능적 특성이라고 할 수 있다. 임영식(2006)은 가정의 기능적 특성에 대해서 부모의 양육 행동, 부모-자녀관계, 부모-자녀 간 의사소통 수준으로 나누어 설명하고 있다. 임영식(2006)은 각각에 대해 부모의 애정과 관심의 결여, 자녀의 공격적 행동에 대한 방임적인 태도, 신체적 처벌과 같이 힘을 사용하는 양육방식의 특성을 Olweus의 연구를 인용하여 설명하였다. 그 밖에 갈등적인 부모-자녀관계, 개방적인 의사소통의 부재 그리고 부모의 지시와 감독 역할의 부재 등이 학교폭력과 관련한 가정의 기능적 특성에서 중요한 것으로 제시되고 있다.

(3) **학교 및 친구 관련 요인**

학교와 관련한 요인으로 학교 규모, 학급 내 학생 수, 학교 내 경쟁 상황 등은 학교폭력과 크게 관련되지 않는 것으로 알려져 있다. 대신 주요한 연관 요인으로 학교생활과 학업 수행이 매우 밀접한 연관을 맺는 것으로 알려져 있다. 가해학생은 물론 피해학생도 학교생활에 대한 만족감이 낮은 경향이 많고, 학교생활에서 겪는 스트레스가 매우 높은 것으로 알려져 있다. 따라서 이들의 불만족이나 높은 스트레스 경험을 줄여 줄 수 있는 적절한 대책이 수립되어야 한다. 이에 따라서 학교 기풍(school ethos)은 매우 중요하다. 물론 학교장의 학교운영 방침도 중요하지만, 특히 교사의 태도는 학교폭력에 미치는 영향이 매우 크다. 교사의 학생에 대한 애정과 긍정적 관심의 부족, 학생의 반사회적 행동에 대한 적절한 규제의 부재, 문제 행동과 규칙 위반에 대해 체벌과 같은 특성 등이 학교폭력의 위험요인으로 알려져 있다. 따라서 학교의 운영 목표에 대한 적극적인 천명과 함께 구체적으로 이를 실천하기 위한 학교 차원의 적극적인 노력은 학교폭력을 줄이는 매우 효과적인 방법이다.

이와 함께 또래집단과의 관계와 같은 친구 관련 요인도 중요하다. 이미 살펴보았듯이, 가해학생은 또래에 비해 신체적으로 강하고, 공격성이 높고 충동적이며, 협동심이 부족한 경향을 보인다. 이러한 특성 때문에 이들은 또래관계에서도 거부를 당하는 경우가 많으며, 따라서 또래관계에서 부적응적이고 공격적인 방법으로 대처하면서 악순환에 빠질 위험이 있다. 또한 이들은 학교생활에도 불만족하며, 학업성취도도 낮기 때문에 교사로부터도 거부당하기 쉽다. 물론 피해학생도 신체적으로 왜소하고, 자존감이 낮고, 소극적이고, 고립되어 지내는 경우가 많다. 따라서 이들 또한 또래관계에서 거부당하거나 소외되어 지내기 때문에 피해자가 되기 쉬울 뿐 아니라 학교폭력을 당하더라도 주변으로부터 도움을 받기가 어렵다.

(4) 사회문화적 요인

가정과 학교를 제외한 사회문화적 요인 가운데 학교폭력과 밀접한 연관이 있는 것으로 대중매체의 영향을 꼽을 수 있다. 전통적으로는 TV, 만화, 컴퓨터게임 등이 거론되었지만, 가장 강력한 매체로는 인터넷을 들 수 있다. 특히 학교폭력의 가해학생에 대한 인터넷의 영향은 매우 큰 것으로 알려져 있다.

그 밖에 논의할 문제로는 아동 · 청소년이 생활하는 지역사회의 환경, 특히 폭력 수준과 소위 '유해환경' 여부 등이 거론되고 있다.

2. 개별 사례

1) 사례 1

A양은 고등학교 1학년에 재학 중인 여학생으로, '친구들에게 맞아서 잠도 오지 않고, 무섭고, 심하게 구토하는' 등의 문제로 2006년 11월 초 H대학병원 정신과 외래진료소를 방문하였다. A양은 10월 말 중학교 동창인 다섯 명의 친구들로부터 거짓말을 했다는 이유로 말다툼을 하다가 2~3시간 동안 이들로부터 집단 구타를 당했다. 이후 같은 학교에 있는 친구들로부터 비슷한 이유로 다시 두 차례 정도 더 맞았고, 이후 배가 아프고 소변을 보기가 힘

들어지게 되어 교사와 어머니에게 이 사실을 이야기하였다. 정확한 신체 손상을 알기 위해 가까운 병원에 입원하여 치료를 받던 중에 앞서 언급한 정신적 증상이 나타나 정신과를 찾아오게 되었다. A양을 면담하면서 가해학생들에 대해 질문하자, 여러 명의 가해학생 가운데 가장 심하게 때린 한 명에 대해서는 법적으로 처벌받기를 원하였고, 다른 학생들에 대해서는 사과를 받고 화해한 후 그들이 다른 학교로 전학가기를 원하였다. A양이 동 병원 정신과에서 입원치료를 받는 중에, 가해학생들과 그 부모들이 병원으로 찾아와 A양에게 사과하고 진료비 등을 보상하기로 하였다. 그리고 A양의 의견대로 이들이 가능하면 법적으로 처벌받지 않도록 학교당국 및 사법기관에 의견을 주도록 A양의 어머니에게도 권고하였다. 하지만 다섯 명의 가해학생 가운데 한 명은 끝내 사과 및 보상을 하지 않겠다고 하여 A양과 어머니가 매우 분노하고 있었으나, 퇴원 후 약 두 달이 경과하면서 그 일은 자연스럽게 별 다른 문제없이 해결되었다.

하지만 두 달 후 학교에 등교하여 시험을 치루고 방학을 맞이할 무렵, 인터넷 홈페이지 게시판에 가해학생의 일부가 A양을 욕하고 비방하는 글을 올리자, A양은 그 내용을 캡처(capture)하여 증거물로 확보하고 대응할 계획을 세우고 있었다. 다행히 다른 친구들이 나서서 다시 사과를 요구하였고, 게시판에 게재된 글을 삭제하는 것으로 일단락 지어졌다. 가해학생 중 사과를 하지 않았던 한 명은 학교에서 전학을 요구했지만 자퇴하였고, 다른 한 명은 전학을 하였다. 다른 학교에 재학 중이던 세 명의 학생들 중 두 명은 한 달간 사회봉사를, 다른 한 명은 교내 처벌 및 상담을 받았다. 이후 A양은 방학 동안 아르바이트 등을 하면서 지냈고, 약 복용도 점차 줄어 들었으며, 정신적 증상과 불안감도 서서히 회복되고 있어 수개월 후 종결하였다.

2) 사례 2

B군은 초등학교 3학년 남학생으로, 친구들에게 충동적으로 욕을 하고, 수업시간에 여기저기 돌아다니고, 차례를 기다리지 못하고 불쑥불쑥 끼어들기를 잘하고, 집중을 잘 하지 못하는 등의 문제로 H대학병원 정신과를 찾아오게 되었다. B군은 초등학교 1학년이던 2년 전 같은 문제로 동 병원 정신과에서 주의력결핍 과잉행동장애(ADHD)로 이미 진단을 받고 치료를 권유받았지만, 경제적 곤란 등을 이유로 치료를 받지 않은 채 지내고 있었다. B군이 3학년이 되었을 때 초등학교에서 시행하던 학교정신건강사업 중에 이러한 문제가 발견되면서 치료 권유를 받게 되었고, 이를 계기로 다시 병원을 찾게 되었다. B군은 '우리 반 친구들 중 내 생일파티에 초대하고 싶은 세 사람' 을 적는 설문지에서, 단 한 명의 친구로부터도 초대받지 못하였다. B군은 또래관계에서 '잘 삐져서 운다' '친구들이 바보라고 놀린다' 고 표현되었다. 동 병원을 재차 방문하여 치료를 시작하면서 약물치료, 부모상담, 놀이정신치료 등을 시행하였다. 이와 함께 학교에서 '친구 사귀기' 라는 사회기술훈련 프로그램이 반 전체 학생을 대상으로 시행되었는데, 치료 시작 후 약 한 달이 지나자 "애들하고 잘 지내요. 이제는 안 싸워요." 라고 말하는 등 호전된 모습을 보이기 시작하였다. 여름방학 직전 '친구 사귀기' 프로그램

이 3개월에 걸쳐 시행된 다음, B군은 한 명의 친구로부터 생일파티에 초대받았고, 학교에서도 자신감을 가지고 잘 지내게 되었다.

3) 사례 3

C군은 스무 살의 대학교 1학년 휴학 중인 남학생으로, '군대에 가서 잘 적응할 수 있을까' 의 문제와 '친구가 없고, 학교생활뿐 아니라 집에서도 적응을 잘하지 못 한다' 는 이유로 아버지와 함께 상담을 오게 되었다. C군은 초등학생 때부터 소극적이고, 자기주장을 잘 내세우지 못하고, 특이한 행동을 하며, 친구와 잘 어울리지 못하였다. 중학교에 진학한 후에는 점점 급우들과 잘 어울리지 못하였으며, 소극적이고 자신의 세계에 빠져 지내는 경향을 보였다. C군은 이때부터 급우들로부터 따돌림과 구타를 당하며 지냈으나, 아무도 자신을 도와주지 않아 절망적인 상태로 지냈다고 회상하였다. 중학생 때는 공부도 거의 하지 못하여 성적이 하위에 머물렀다. 미술을 전공하는 예술계 고등학교로 진학한 후 1학년 때는 다소 성적도 오르고 비교적 안정적으로 지냈으나 여전히 친구들과 잘 어울리지 못하다가, 3학년 여름 수업 도중에 학교를 뛰쳐나간 적도 있었다. 이런 문제로 담임교사가 정신과 치료를 권유하면서 소견서를 보냈는데, "……이상으로 볼 때 지나치게 자기중심적이고, 친구들을 믿지 못하면서도 친구들의 관심을 받길 원하며, 관심을 못 받거나 상처받으면 심하게 자학하고, 자신의 자학을 알려 친구들에게 관심을 받으려 하나 이것이 오히려 친구를 잃게 만드는 요소가 되고 있다는 것을 알 수 있습니다……."라고 기술하고

있다. C군은 1년이 넘게 상담치료와 약물치료를 병행하고 있는데, 다소 호전되고는 있지만 여전히 대인관계에서의 불신, 자신에 대한 열등감과 자학에서 벗어나지 못하고 있다. C군의 경우를 보면, 물론 자신의 문제가 따돌림을 유발한 요인일 수도 있지만, 초등학교와 중학교 시절의 집단따돌림이 매우 밀접한 관련이 있다.

3. 학교폭력의 대책

1) 법적, 제도적 접근

국내에서는 법적 체계로 형법과 형사특별법 그리고 소년법 등의 법률과 함께 학교폭력 및 집단따돌림을 예방, 조기발견, 근절하기 위한 「학교폭력 예방 및 대책에 관한 법률」(이하 학교폭력법)과 같은 특별법(2004년)[5)]이 마련되어 있다(이진국, 2008). 대부분의 학교폭력은 징계법 성격의 학교폭력법에 의해 자치위원회로부터 가해학생은 선도 · 징계 조치를 받고, 피해학생은 보호받도록 한다. 하지만 소년법은 일종의 형사법으로 경찰이 개입하게 되고 소년검찰

---

5) 2008년 3월 14일 전면 개정되어 9월 15일부터 시행되었으며, 주요 개정 내용은 ① 학교폭력에 성폭력 포함, ② 학교폭력대책기획위원회의 구성, ③ 일선학교에서의 학교폭력 문제를 담당하는 담당하는 전담기구의 구성 및 행 · 재정적 지원의 근거 명시, ④ 피해학생의 보호, ⑤ 가해학생 보호자에 대한 교육 등이다. 이후 2009년 5월 8일(동년 8월 9일 시행) 일부 개정되었는데, 장애학생의 보호, 피해사실 확인을 위한 전담기구에 조사 요구, 피해학생에 대한 보복행위 금지, 학교폭력 신고 및 상담을 위한 긴급전화의 설치 등의 내용이 개정 및 신설되었다.

및 소년법원을 거쳐 사법체계의 절차를 따라 처리된다. 아직 이 두 법률 간에 발생하는 문제에 대해서는 명확한 기준이 없는 상태다.

이와 함께 범정부적인 노력으로 '학교폭력 예방 및 대책 5개년 기본계획(2005~2009)' 을 수립[6]하여 학교폭력에 대한 제도적 접근을 시도하였다(현재는 2차 '학교폭력 예방 및 대책 5개년 기본계획(2010~2014)' 이 수립되었다.). 물론 민간단체, 전문가, 각급 개별 학교와 교사들의 노력도 있었으며, 어느 정도 성과도 이루고 있다. 미국의 경우도 뉴욕을 중심으로 창조적 갈등 해결 프로그램(Resolving Conflict Creatively Program: RCCP)과 같은 프로그램이 수행되면서 학교폭력이 다소 감소하고 있는 것으로 보고되고 있다.

(1) 학교폭력법의 내용

학교폭력과 관련하여 가장 주된 법적 근거가 되는 학교폭력법에서는 국가 및 지방자치단체의 책무를 다음과 같이 규정하고 있다.

① 국가 및 지방자치단체는 학교폭력을 예방하고 이를 근절하기 위하여 조사 · 연구 · 교육 · 계도 등 필요한 법적 · 제도적 장치를 마련하여야 한다.

② 국가 및 지방자치단체는 청소년 관련 단체 등 민간의 자율적

---

6) 여기에는 교육과학기술부를 비롯하여 국가청소년위원회, 행정안전부, 문화체육관광부, 지식경제부, 여성가족부, 대검찰청, 경찰청 등 행정부의 각 부처가 합동으로 참여할 정도로 범정부적 노력을 기울여 왔다(행정 부처의 명칭은 2010년 현재를 기준으로 함).

인 학교폭력 예방활동과 피해학생의 보호 및 가해학생의 선도 · 교육활동을 장려하여야 한다.

③ 국가 및 지방자치단체는 제2항에 따른 청소년 관련 단체 등 민간이 건의한 사항에 대하여는 관련 시책에 반영하도록 노력하여야 한다.

④ 국가 및 지방자치단체는 제1항부터 제3항까지의 규정에 따른 책무를 다하기 위하여 필요한 예산을 확보하여야 한다.

하지만 이 법의 내용을 면밀하게 살펴보면, 국가(교육과학기술부) 및 지방자치단체는 법적, 제도적 장치 마련과 예산 확보만을 수행하고, 나머지는 청소년 관련 단체 등 민간단체 활동에 이 책무를 맡겨 놓고 있다. 이러한 법률 조항에 따라 중앙정부에는 학교폭력대책기획위원회(이하 '기획위원회'), 시 · 도지역에는 학교폭력대책지역위원회(이하 '지역위원회') 그리고 각 학교에는 학교폭력대책자치위원회(이하 '자치위원회')를 설치하도록 하고 있고, 그 업무는 다음과 같다.

① 학교폭력의 근절을 위한 조사 · 연구 · 교육 및 계도
② 피해학생에 대한 치료 · 재활 등의 지원
③ 학교폭력 관련 행정기관 및 교육기관 상호 간의 협조 · 지원
④ 학교폭력의 예방과 피해학생 및 가해학생의 치료 · 교육을 수행하는 청소년 관련 단체(이하 '전문단체'라 한다) 또는 전문가에 대한 행정적 · 재정적 지원
⑤ 그 밖에 학교폭력의 예방 및 대책을 위하여 필요한 사항

그리고 교육청에는 관련 부서를, 각 학교에는 책임교사와 전문상담교사를 두도록 하고 있다.

또한 각 학교의 자치위원회의 업무는 다음과 같다.

① 학교폭력의 예방 및 대책을 위한 학교의 체제 구축
② 피해학생의 보호
③ 가해학생에 대한 선도 및 징계
④ 피해학생과 가해학생 간의 분쟁조정
⑤ 그 밖에 대통령령이 정하는 사항

앞에서 이야기한 책임교사와 전문상담교사가 이 업무들을 직접 담당하도록 하고 있다.

각각 피해학생에 대해서는 ① 심리상담 및 조언, ② 일시보호, ③ 치료를 위한 요양, ④ 학급교체, ⑤ 전학권고, ⑥ 그 밖에 피해학생의 보호를 위하여 필요한 조치를 하도록 하고 있다. 이와 함께 가해학생에 대하여 학교장에게 다음의 조치를 요청할 수 있다. 다만 의무교육 과정에 있을 때는 퇴학을 할 수 없다. 그 내용은 ① 피해학생에 대한 서면사과, ② 피해학생에 대한 접촉, 협박 및 보복행위의 금지, ③ 학급교체, ④ 전학, ⑤ 학교에서의 봉사, ⑥ 사회봉사, ⑦ 학내외 전문가에 의한 특별교육이수 또는 심리치료, ⑧ 10일 이내의 출석정지, ⑨ 퇴학처분이다.

(2) 학교폭력법에 대한 논의

학교폭력에 대한 이러한 예방 및 대책에 대한 비판의 목소리도

높다. 그 가운데 한상철(2004)은 학교폭력 대책이 지금까지 주로 소수의 가해자를 관리하거나 처벌/선도하는 방향에만 초점이 맞추어져 왔다는 점을 지적하였다. 그리고 가해 청소년들도 심각한 수준의 청소년 문제와 학교 중퇴 및 탈락 등 학교부적응 문제를 보이는데, 이런 청소년에 대한 대책이 매우 부족하다는 점을 지적하였다. 이는 학교폭력의 관점에서 다루다 보니 비폭력적이고 간접적인 집단따돌림과 주로 학교 내 학생의 문제들에만 제한되어 있기 때문이다.

그리고 또 하나의 문제는 피해학생이나 가해학생을 전학시킨 이후, 이들에 대한 적절한 조치가 매우 미흡하다는 점이다. 또한 학교를 포기한 학생에 대해서는 별다른 보호나 대책이 제도적으로 갖추어지지 못하고 있다. 단지 청소년 관련 단체 등 민간단체의 활동에 기대하고 있을 뿐이다.

앞의 개별 사례에서 볼 수 있는 것처럼, 학교폭력은 아주 어린 초등학교, 심지어 유치원 시절부터 발생할 수 있다. 그리고 그 발생 요인으로는 개별 학생의 선천적 요인부터 가정, 학교 및 사회의 여러 요인이 복잡하게 관련되어 있다. 또한 피해학생뿐 아니라 가해학생 및 학부모, 담임교사, 학교당국 그리고 일반 학생 및 교사들에게도 상당한 영향을 미칠 수 있다. 게다가 그 후유증은 사례 3에서와 같이 아주 오랫동안 지속될 수도 있다. 따라서 초기의 예방적인 차원에서부터 청소년기를 지난 성인기까지 장기간의 치료가 필요할 수 있다.

최근에는 인터넷의 보급 등으로 이러한 문제가 한두 명의 당사자에만 국한되지 않기 때문에, 특히 실명이나 얼굴, 학교명의 공개

등과 같이 청소년의 인권보호와 관련된 문제에도 매우 민감하게 대처해야 할 것이다. 우리나라에서 이런 문제로 이미 학교명을 변경한 사례도 있다.

2) 학교에서의 개별적 지도

예를 들어, 서울시교육청(2008)에서 발간한 『정신건강 위기관리 매뉴얼: 정신건강 위기에 놓인 아동 · 청소년 그들과 마주하다』에서 '도망치고 싶은 마음-학교폭력' (pp. 60-71)을 보면, ① 사례 제시, ② 학교폭력을 당하는 학생들의 증상 및 증후, ③ 이들과 관련한 피해학생 및 가해학생의 정신병리, ④ 그들을 도와주기 위한 흐름도(flow sheet), ⑤ 학교 교내 및 교외 구성원들의 역할, ⑥ 피해학생을 대할 때의 주의점(초기 상담), ⑦ 학교폭력의 예방을 위한 점검표, ⑧ 도움을 받을 수 있는 기관명 및 연락처, 관련 법령 등이 제시되어 있다.

이 가운데 초기 상담은, ① 사실 확인하기, ② 안전 확보하고 지지하기, ③ 부모에게 알리고 면담하기, ④ 학교폭력대책자치위원회의 개최 및 처리, ⑤ 긍정적인 활동에 참여하기 등으로 구성되어 있다.

이뿐 아니라, 교육인적자원부(2005)에서는 『2005 학교폭력 유형별 대처 사례집』이라는 자료집을 발간하여 학교폭력이 발생했을 때, 그리고 예방을 위한 활동 등에 대해 매우 자세하게 제시하고 있다. 이 자료집은 학교폭력 예방, 실제적 대처 방법, 법률의 적용 방법, 관련 법 및 판례에 대해 여러 사례를 제시하고 설명하고 있다. 따라서 학교폭력의 행태를 매우 구체적으로 알 수 있고, 그 예방 및 대책, 법적 처리까지 생생하게 살펴볼 수 있다. 따라서 이러한 구체적인 사항에 대한 이해를 위해서는 이 자료집이 매우 도움이 된다.

그 밖에 유용한 자료집으로 정보통신윤리위원회(2005)에서 발간한 『사이버폭력 피해사례 및 예방 안내서』는 사이버폭력에 대한 개념, 실태, 유형은 물론 여러 사례를 제시하면서 이에 대한 대응책과 예방에 대해 자세하게 제시하고 있어 매우 유용한 도움을 주고 있다. 이 지침서에서는 사이버폭력 피해자의 대응책으로 다음과 같은 사항을 제시하고 있다. ① 상대방의 글에 감정적으로 대응하지 않는다. ② 가해자의 행위를 원하지 않는다는 의사를 밝힌다. ③ 피해사실에 대한 증거자료를 수집한다(예, 화면 캡처). ④ 정보통신윤리위원회에 피해구제를 요청한다. ⑤ 정보통신사업자에게 해당 글의 삭제를 요청한다. ⑥ 발생된 사이버 성폭력에 대하여 시스템관리자 및 경찰 등에 신고하고, 시스템관리자, 경찰 등과 통신한 내용도 저장해 둔다. ⑦ 해당되는 범죄가 있다면 형사 고소할 수 있다. ⑧ 가해자에게 손해배상 책임을 물을 수 있다. 또한 사이버폭력 피해자가 되지 않기 위한 예방책으로 다음과 같은 사항을 제시하고 있다. ① 중성 ID를 사용한다. ② 개인정보를 철저히 관리한다. ③ 원하지 않는 메일에 답하지 말고, 필터링 소프트웨어를 사용한다. ④ 온라인상에서 대화를 할 때 자신의 비밀 개인정보를 알리지 않는 등의 주의를 한다. ⑤ 온라인상에서 만난 사람을 직접 만나는 일은 신중히 한다. ⑥ 상대방의 성적 유혹에 반응하지 않는다. ⑦ 내용선별 프로그램을 이용한다. ⑧ 불법 · 유해 사이트에 접속하는 것을 피하고 건전한 사이트를 이용한다.

4. 정신의학적 개입

1) 학교폭력 사례분석을 통한 개입의 이해

이 부분은 2006년 7월 1일부터 2006년 12월 31일 사이에 청소년폭력예방재단 학교폭력상담센터에 접수되었던 146건의 전화상담 사례를 분석한 장맹배(2008)의 자료를 중심으로 학교폭력의 구체적 개입을 위한 이해를 돕기 위한 것이다.

먼저 일반적 특성을 보면, 상담을 의뢰한 사람은 대부분 부모(어머니 65%, 아버지 13%, 합계 78%)이고, 본인이 직접 상담접수한 사례는 단 6건(4.1%)에 불과하다. 그리고 97.9%가 피해자 상담이다. 학교폭력 발생 장소는 학교 내의 피해가 80.1%, 동년배에 의한 피해가 77.7%였고, 학교폭력을 당한 기간은 1년 이상이 16.6%나 되었다.

상담을 신청하게 된 동기 및 욕구의 분석은 다섯 가지 하위 범주로 이루어졌는데, 이는 정신의학적 개입의 경우에도 매우 유용한 것으로 판단하여 보다 자세하게 설명하고자 한다. 먼저 가장 높은 비율을 보이는 가해학생 및 부모에 대한 대처 방법에 대한 문의가 54%를 차지하는데, 구체적으로 보면 가해학생 측에 어떻게 대처해야 하는가(15%), 가해학생 법적 처리 고소 및 고발(14%), 가해학생 및 부모의 사과 및 재발 방지 요구(10%), 가해학생 및 부모의 무관심과 반성의 기미가 없고 무지하며 막무가내인 대응 태도(8%),

가해학생에 대한 처벌 관련 문의(7%), 가해학생에 대한 전학 관련 문의(6%), 치료비 배상 및 합의에 관한 문의(6%) 순이다. 두 번째는 20건(16.3%)의 도움 요청으로, 어떻게 해야 하는가(조언) 11건, 구체적인 정보 요청 5건, 위기사항에 대한 도움 요청 4건 순이었다. 세 번째는 피해자녀의 치료 및 지도 방법 문의가 18건(14.7%)으로, 피해자녀 지도 방법(전학 요구와 신변 안전조치) 8건, 피해자녀 치료 방법 5건, 면접상담을 통한 전문적 도움 요청 5건 순이었다. 네 번째는 학교 측(담임교사)에 대한 대처가 13건(10.6%)이었는데, 가해학생 처벌이나 피해보상에 무책임한 태도를 보이며 사건에 무관심(무능력)함 5건, 담임과 학교 측에 어떻게(단순, 법적) 대처해야 하는가 4건, 학교에 책임을 묻고 싶다(자녀 불이익 우려)가 2건, 전학 요구 2건 순이다. 마지막으로 분노 및 하소연이 5건(4.1%)이었다.

이와 같은 분석을 통해 이 자료에서는 학교폭력과 관련한 상담에서 주의할 점으로 '학교, 가해학생, 피해학생의 어느 쪽에도 치우치지 않는 객관적인 제3자의 입장에서 상담' 에 임할 것을 강조하였다. 그리고 '사건 초기와 종결 단계에서 가해학생의 진심 어린 사과' 가 중요함을 제시하였다. 또한 중요한 것으로, '피해학생 부모의 분노를 가라앉혀서 보복 폭행으로 이어지는 사건 확대를 막고 차분하고 이성적으로 사건을 해결하도록 돕는 것' 을 강조하였다. 이와 함께 학교 측에는 '사건 초기에 사건의 진실 규명에 최선을 다할 것' 을 강조하였다. 따라서 학교폭력이 발생했을 때 피해학생은 즉각적으로 이를 주위에 알리거나 도움을 요청할 수 있어야 하고, 피해학생 부모는 분노와 감정적 대응으로 해결을 어렵게 하지 않아야 한다. 학교는 이러한 사실이 드러나게 되면 지체 없이 적극적으로 진실 규명과 함께 재발 방지를 위한 노력과 피해 학생 및 부모, 가해학생 및 부모와 상의하여 사건이 원만하게 해결되도록 적극적이고 성의 있는 노력을 기울여야 한다. 그리고 가해학생 및 부모는 재발 방지를 위한 노력, 필요한 경우 손해배상과 함께 '진심어린 사과'를 해야 한다. 학교폭력에 임하는 상담자는 이러한 것이 먼저 이루어질 수 있도록 조언하거나 상담, 조정 역할을 수행하는 데 어느 한편에 치우침이 없이 객관적인 입장에서 공정한 태도를 유지해야만 한다.

2) 소아청소년 정신과 전문의로서의 역할 및 자문

학교폭력에 대한 법적, 제도적 장치는 적어도 외형상으로는 잘 갖추어진 것으로 판단된다. 그리고 이러한 노력이 어느 정도 성과를 보이는 것 또한 사실이다. 이미 제시된 몇 가지 자료와 같이 여러 정부 부처, 민간단체 등에서 학교폭력과 관련하여 많은 자료집, 프로그램, 발표회 등이 있어 왔다. 따라서 정신과 전문의가 개입할 여지는 그리 많아 보이지는 않지만, 실제로는 여전히 정신과 전문의가 개입할 여지가 많이 남아 있다.

미국소아청소년정신의학회(American Academy of Child & Adolescent Psychiatry: AACAP)에서 발간한 진료가이드(Practice Parameter)에서는 다음과 같이 정신과 전문의가 알아 두어야 할 몇 가지 주의 사항을 권고하고 있다.

첫째, 학교폭력법과 제도를 어느 정도 숙지하고 있어야 한다. 이와 함께 학교 체계(system)와 특성을 이해하는 것이 필요하다. 왜냐하면 보건/의료 영역에서 이해하고 접근하는 것과 교육 현장에서 이해하고 수용하는 것에는 상당히 차이가 있을 수 있기 때문이다.

둘째, 학교폭력이 학생 1~2명에 그치는 문제가 아니라는 점이다. 피해학생이 있다면 가해학생이 있고, 가해학생도 한 명이 아니라 여러 명이 될 수 있으며, 또한 가해학생도 직접적으로 폭력이나 따돌림에 참여한 학생이 있는가 하면 간접적으로 참여하거나 방관적인 위치에 있는 학생도 있기 때문이다. 또한 교사의 입장도 매우 다양할 수 있고, 교내에서 교사의 위치나 역할에 따라 그 의견이나 입장이 다를 수 있다. 경우에 따라서는 한 학교가 아니고 여러 학교가 관련될 수도 있다. 이와 함께 학교폭력과 관련된 부모들의 의견이 다양할 수도 있다. 한편, 누가 피해학생이고 누가 가해학생인지가 불분명할 수도 있다. 따라서 이러한 여러 복잡한 역동을 잘 살피고 접근하는 것이 필요하다.[7)]

셋째, 학교폭력이 발생했을 때 학교폭력에 의한 결과나 과정도 중요하지만 이와 함께 그 원인과 관련 요인도 매우 중요하다. 학급

---

7) 교육과학기술부는 관련 정책 수립, 추진 상황 평가 및 대국민 계도의 역할을 하고, 각 시 · 도 교육청은 학교폭력대책 전담부서 운영, 관련 세부 추진계획 수립 및 추진, 학교 지도 · 평가 · 지원 업무를 담당하고, 지역교육청(시 · 군 · 구 단위)은 각 시 · 도교육청의 지침을 학교에 전달하고 감독하는 중간 역할을 하며, 각 학교가 최종 책임을 지고 있다. 즉, 각급 학교는 자체적으로 '학교폭력대책자치위원회'를 구성하여 관련 교육의 실시, 폭력 가해 및 피해 학생의 선도 및 보호를 담당한다. 그리고 각급 학교에서는 전담교사 및 전문상담교사가 지정되어 이 업무를 담당하며, 최종적인 것은 학교장이 위원장이 되고 학생생활 경력교사, 학부모 대표 및 법조인, 경찰관 등으로 구성된 위원회(5~10인)에서 논의 및 결정된다. 향후 위원회에서 가장 중요한 피해 및 가해 학생들의 선도 및 보호에 대한 견해를 제시할 수 있도록 구성원에 상담전문가 혹은 정신과 전문의의 참여가 필요하다.

에서 반장과 몇몇 학생이 한 학생을 집단으로 폭행했는데, 일 년 내내 그 학생이 많은 급우를 괴롭히고 힘들게 한 것이 원인이 되어 반장의 주도로 거의 대부분의 반 학생이 합심하여 연말 방학 직전에 그 학생을 혼을 내 준 사례도 있다. 이런 경우 학생 지도를 소홀히 한 담임교사의 책임인지, 반장을 포함한 전 학급원의 잘못인지, 또는 맞은 그 학생에게 문제가 있는지를 판별하는 것은 매우 어려운 문제일 수 있다. 이때 만일 맞은 학생이 비교적 경미한 후유증에도 불구하고 강력하게 정신적 후유증을 호소하며 진단서를 요구한다면 정신과 전문의로서는 매우 난감할 수밖에 없다.

넷째, 법적 처리와 임상적 진료를 어떻게 병행할 것인지의 여부다. 물론 대부분의 경우 진료를 하는 가운데 필요할 경우 진단서 발부 등 적절한 조치를 취하면 별 문제는 없지만, 앞에서 논의한 사례의 경우에는 결정을 내리기가 매우 어렵다. 그리고 이런 사안에 관여하게 되었을 때 어디까지 개입할 것인지의 여부도 어려운 문제다. 단지 학교폭력과 관련한 최소한의 개입만으로 그칠 것인지, 아니면 피해학생이든 가해학생이든 밑바탕에 내재한 학생들의 문제, 예를 들어 비행 혹은 공격 성향, 사회성 부족, 정서적 문제 등을 더 깊이 개입할 것인지 등이다.

마지막으로 학교, 관련 단체 혹은 기관, 기타 사법적 자문 등에 관한 사항이다. 이를 위해서는 정신과 전문의로서 법률적 내용이나 제도 등에 대해 어느 정도 숙지하고 있어야 한다. 그리고 그들이 원하는 자문 내용과 목적을 분명히 하는 것이 필요하다. 또한 자문을 서면으로 할 것인지, 방문을 필요로 하는지, 학생, 부모 혹은 교사 등 구체적인 자문 대상이 누구인지 등을 사전에 명확하게 하는 것이 필요하다. 그러고 나서 자신이 그 자문에 응할 수 있는지 없는지를 판단하고 요청의 수락 여부를 결정해야 한다.

5. 결 론

모든 학교폭력이 반드시 정신질환에 의해 발생하는 것은 아니다. 하지만 학교폭력은 비행을 포함한 많은 정신질환과 직·간접적으로 관련을 갖는다. 여러 정신질환을 앓는 학생이 그 질환 때문에 학교폭력의 대상이 되기도 하고, 때로는 가해자가 되기도 한다. 경우에 따라서는 학교폭력으로 정신질환이 발생하기도 한다. 그리고 학교폭력에는 단지 학생 간의 문제를 넘어서 부모, 교사, 학교당국, 심지어 지역사회까지 관여하기도 한다.

국내에서는 학교폭력법과 기획위원회, 자치위원회 등 제도적 정비가 비교적 잘 되어 있다. 하지만 학교폭력이 점점 잘 드러나지 않는 간접적인 형태로 나타나기 때문에 단지 드러난 문제만 가지고는 이를 해결할 수 없다. 따라서 법적, 제도적 장치에도 불구하고 여전히 학교폭력 문제는 남아 있다.

소아청소년 정신과 전문의는 아동 및 청소년 환자를 진료하기 때문에 직접적이든 혹은 간접적이든 학교폭력에 관여할 수밖에 없다. 심지어는 성인도 오래 전에 일어났던 학교폭력의 후유증에 시달리는 경우도 있다. 따라서 학교폭력의 이러한 기제를 잘 이해하고 전문의로서의 적절한 역할을 찾아야만 한다.

참고문헌

강윤주(2005). 초등학생 집단따돌림의 평가와 관리. 학생 위한 초등교원 직무연수 자료집. (pp. 61-82). 서울특별시학교보건원.
고성혜 외(2003). 학교폭력 가해학생 선도 · 교육프로그램 모형 개발. 청소년보호위원회.
고성혜 외(2003). 학교폭력에 관한 실태조사. 자녀안심운동 서울협의회.
교육인적자원부(2005). 2005 학교폭력 유형별 대처 사례집. 교육인적자원부.
교육인적자원부(2005). 학교폭력 예방 및 대책 5개년 기본계획(2005–2009). 교육인적자원부.
권준모 외(2002). 인터넷을 이용한 학교폭력 정기실태조사 도구개발연구. 청소년보호위원회.
김경준 외(2005). 청소년 인권정책 기본계획. 국가청소년위원회.
김대유, 김현수(2006). 학교폭력, 우리아이 지키기. 서울: (주)노벨과 개미.
김영신(2002). 한국 학생의 집단 따돌림의 실태. 대한의사협회지, 45(4), 445-453.
문용린, 홍성훈, 박종효(2002). 학교폭력 피해학생 치료/재활프로그램 개발. 청소년보호위원회.
문용린(2008). 학교폭력 위기개입의 필요성과 과제. In 문용린 외. 학교폭력 위기개입의 이론과 실제. (pp. 13-27). 서울: 학지사.
서울시교육청(2008). 정신건강 위기관리 매뉴얼: 정신건강 위기에 놓인 아동 · 청소년 그들과 마주하다. 서울시교육청.
서울특별시(2005). 2005년 학교폭력 실태조사. 자녀안심운동 서울협의회.
안동현(2007.2.24.). 집단따돌림 보호현황 및 과제. 아동권리총합연구소 세미나 자료집.
이진국(2008). 학교폭력 청소년에 대한 사법정책. In 문용린 외. 학교폭력 위기개입의 이론과 실제. pp. 195-215. 서울: 학지사.
임영식(2006). 학교폭력과 관련된 위험요인. In 문용린 외. 학교폭력 예방과 상담. (pp. 47-66). 서울: 학지사.

임재연, 이유미, 강주현, 김태희, 김충식(2008). 학교폭력 위기개입과 전략. In: 문용린 외. 학교폭력 위기개입의 이론과 실제. (pp. 29-113). 서울: 학지사.

장맹배(2008). 학교폭력 위기사례 내용분석. In 문용린 외. 학교폭력 위기개입의 이론과 실제. (pp. 369-392). 서울: 학지사.

정보통신윤리위원회(2005). 사이버폭력 피해사례 및 예방 안내서.

Am Acad Child Adolesc Psychiatry (2005). Practice Parameter for Psychiatric Consultation to Schools. *J Am Acad Child Adolesc Psychiatry, 44*, 1068-1084.

Atkinson, M., & Hornby, G. (2002). *Mental Health Handbook for Schools(Bullying)*. (pp. 187-198). New York: Routledge Falmer.

Chicago Board of Education (2005). *Crisis: Intervention Services Procedual Manual*. Chicago Public Schools Office of Specialized Services School Support Services.

Heinemann, P. P. (1972). *Mobbning-gruppvald bland barnoch vuyna*. Stockholm: Natur och Kultur.

Rigby, K. (1996). *Bullying in Schools: And what to do about it*. London: Jessica Kingsley Publishers.

Rivers, I., Duncun, N., & Besag, V. E. (2009). *Bullying: A Handbook for Educators and Parents*. c2007, Praeger, accessed on NetLibrary at April 2009 via Hanyang University Library eContent Collection.

관련 웹사이트

교육과학기술부 http://www.mest.go.kr

사이버 경찰청 http://cyber112.police.go.kr

청소년폭력예방재단 http://www.jikim.net

청소년희망재단(구, 자녀안심운동서울협의회) http://www.safeschool.or.kr
학교폭력피해자가족협의회 http://www.uri-i.or.kr

시청각 자료

EBS(2006). 부모교육파일(79회, 80회). 한국교육방송공사.

EBS(2006). 집단따돌림 극복하기. EBS 미디어센터.

MBC 프로덕션 편(2008). 지구촌 리포트(361회, 2008.3.29. 방영). MBC 프로덕션.

MBC 프로덕션 편(2008). 지구촌 리포트(364회, 2008.4.19. 방영). MBC 프로덕션.

04
성폭력 위기개입

중학교 1학년인 미경이는 또래에 비해 신체적으로 더 성숙하다. 미경이는 남학생들이 자신의 가슴 크기에 대해 놀리는 것 때문에 너무 속상하다고 한다. 최근에는 누군가 학교 화장실과 벽에 미경이 이름과 가슴을 그려놓는 일까지 발생했다. 미경이는 너무 창피해서 학교도 가기 싫어하고 다른 사람이 쳐다보면 죽고 싶은 생각까지 든다고 한다. 고민 끝에 미경이는 보건실 선생님을 찾아가서 이러한 일을 털어놓았다.

초등학교 3학년인 경희는 원래 공부도 잘하고 성격도 활발하던 아이였는데, 최근에는 얼굴에 표정이 없어지고 의기소침하며 잘 놀지도 않는다. 담임교사가 그런 경희를 불러서 따로 면담을 실시하였는데, 경희는 2주 전 학원에서 집으로 가는 길에 발생한 일을 아주 어렵게 털어놓았다. 30대 초반으로 보이는 모르는 남자가 차에 안 타면

---

* 이 장은 이소영이 집필하였다.

죽이겠다고 위협을 해서 경희가 차에 타게 되었고, 그 후 차 안에서 여러 차례 맞고 실신한 상태에서 성폭행을 당했다고 하였다. 경희는 울면서 살려 달라고 애원을 해서 풀려났고, 너무 무서워서 아무에게도 말하지 못했다고 한다.

1. 성폭력에 대한 이해

성에 대한 개념이 완전하게 인식되지 않은 아동과 청소년에게 발생하는 성 관련 폭력에 대해 개입하기 위해서는 우선 성폭력에 대한 정의부터 이해하고 시작하는 것이 필요하다.

1) 성폭력의 정의

성폭력은 상대방의 의사나 동의에 관계없이 강제적으로 성적 행위를 하거나 성적 행위를 하도록 강요 혹은 위압하는 일체의 유형·무형의 강제적 행사다. 여기에는 가벼운 형태의 희롱부터 가장 심한 강압적인 성행위까지 모든 신체적, 언어적 그리고 정신적 폭력을 포괄한다.

미국국립아동학대예방센터(National Center for Child Abuse and Neglect: NCCAN)에서 규정하는 성학대는 '성인의 성적 욕구나 욕망을 위해 아동과 성인 사이에 일어난 신체적 접촉이나 상호작용'을 말한다. 18세 이하의 가해자일 경우 의미 있게 나이 어린 아동(5세 이하의 연령 차이가 나는 아동)과 성적 상호 관계가 있을 경우, 혹은 가해자가 힘을 행사할 수 있을 경우, 가해자가 부모, 보모, 교사, 그 외에 아동을 돌보는 위치에 있을 때로 규정하고 있다.

우리나라 「아동복지법」은 성학대를 '성인의 성적 충족을 위해 아동과 성인 사이에 일어난 신체적 접촉이나 상호작용으로 아동에게 성적 수치심을 주는 성희롱, 성폭행 등의 학대 행위' 로 규정하고 있다. 여기서 성적 충족이란 친밀감의 표현이거나 성적 충족의 목적이 아닌 기타 성적 유희를 배제함을 뜻한다. 또한 신체적 접촉이나 상호작용이라 함은 성기나 기타 신체적 접촉을 포함하여 강간, 아동에게 혐오감을 주는 성적 행위, 예를 들면 성기 노출, 자위행위 등을 모두 포함한다.

우리나라 「성폭력 특별법」 제8조 2항에서는 어린이 성폭력의 개념을 '만 13세 미만의 미성년자에 대한 강간, 강제추행' 으로 규정하고 있다. 아동 보호 및 아동이 성적 도구로 전락할 위험성으로부터 아동을 보호하려는 데 그 입법 취지가 있다. 신체장애 또는 정신상의 장애로 항거불능인 상태에 있음을 이용하여 성폭행한 자에 대해서도 처벌을 하고 있는데, 이들은 모두 성적 의식이 희박하기 때문에 잘못된 성격의 어른이나 가해자의 성적 도구로 전락할 위험성을 소지하고 있기 때문이다.

2) 성폭력의 구분

성폭력 피해자를 면담할 때 어떤 구체적인 행위가 있었는지를 알아내야 하므로 성폭력의 범주에 어떠한 것이 포함되는지를 알아 둘 필요가 있다.

(1) 성폭행

성폭행은 강간을 의미하는 법률적으로도 통용되는 용어로서, 강간은 상대의 동의 없이 성기, 손가락 혹은 물체를 이용하여 구강, 질 그리고 항문을 통해 삽입을 시도하는 행위를 일컫는다. 여기서 강간을 시도하였거나 강간이 성립되지 않은 경우를 강간미수, 만 13세 미만에 대한 성폭행인 경우를 미성년자 강간, 강간과 함께 상대자를 상해하거나 상해에 이르게 한 경우를 강도강간이라고 한다. 가해자와 피해자의 관계에 따라 가해자가 피해자의 친족인 경우를 근친상간, 결혼한 부부간에 상대의 동의 없이 강제로 이루어진 경우를 배우자 강간, 아는 사람에 의한 강간, 연인들이 데이트 중 강제적이거나 원치 않는 성관계를 강요받는 데이트 강간 등이 있다.

(2) 성추행

성추행은 일반적으로 성적 수치 또는 혐오를 느끼게 하는 일체의 행위, 가령 키스를 하거나 성기를 만지는 등의 행위를 의미하는 용어다. 폭행이나 협박과 같은 강제력이 사용되는 경우를 강제추행이라고 하며, 경미한 성추행을 성희롱이라고 한다. 간음의 경우 강간과는 달리 행위 시에 폭행이나 협박이 사용되지 않은 경우다.

(3) 성희롱

앞서 설명한 바와 같이 성희롱은 보다 경미한 성추행으로 이해되고 있으나, 일상생활에서 성희롱에 대한 개념이 아직까지 충분히 공유되고 있지 않아 성추행과 구분하여 성희롱을 보다 자세히 설명할 필요가 있다.

우리나라 「남녀차별금지 및 구제에 관한 법률」 제2조에서는 성희롱을 '직장, 학교, 공공기관 등에서 상대방이 원치 않는 성적 언행으로 노동권, 학습권, 교수권 등을 침해하는 행위'로 정의하고 있다. 여기서 성희롱은 업무, 고용, 기타 관계에서 공공기관의 종사자, 사용자 또는 근로자가 그 지위를 이용하거나 업무 등과 관련하여 성적 언동 등으로 성적 굴욕감 또는 혐오감을 느끼게 하거나, 성적 언동 및 기타 요구 등에 대한 불응을 이유로 고용상의 불이익을 주는 것까지 포함한다.

성희롱은 넓은 의미에서 성별 차이에 근거한 괴롭힘으로 이해된다. 여기서 희롱(harassment)은 단순한 '희롱'이라기보다 성가시게 함, 걱정을 끼침, 괴롭힘 등에 가까운 말이다. 보다 구체적으로 성희롱은 집단 내에서 성별의 차이와 관련된 권력 관계의 불균형으로 발생하는 것이 일반적이다. 따라서 성희롱을 규제하는 까닭은 그것이 단순한 행위에 그치는 것이 아니라 단체생활에서 성차별을 가중시키고, 근로 및 학습 조건이나 환경을 더욱 불평등하게 만드는 데 영향을 미치기 때문이다.

우리나라의 경우 「성폭력 범죄의 처벌 및 피해자 보호 등에 관한 법률」에서 강간뿐 아니라 성추행을 성폭력 범죄로 규정하고 있으며, 이에 해당하는 사안일 경우는 형사처벌을 받을 수 있도록 되어 있다.

3) 성폭력의 유형

(1) 육체적 성폭력

강간, 강간미수 그리고 강제추행 외에도 입맞춤이나 포옹, 뒤에서 껴안기 등 상대방이 원치 않는 신체적 접촉, 가슴이나 엉덩이 등 특정 신체 부위를 고의적으로 만지기, 손을 잡거나 어깨동무를 하는 등의 필요 이상의 과도한 신체 접촉, 안마나 애무 및 춤추기를 강요하기 등이 여기에 속한다.

(2) 언어적 성폭력

언어적 성희롱에는 성적 농담, 외설적 논평, 음담패설을 늘어놓기, 성경험이나 성생활에 대해 질문하기, 외모에 대해 성적인 비유나 평가하기, 음란한 내용의 전화 통화, 외설적이고 도발적인 소리와 음성 혹은 술좌석에서 무리하게 옆에 앉혀서 술 따르기를 강요하는 것 등이 포함된다.

시각적 성희롱을 따로 구분하기도 하는데, 여기에는 외설적인 사진, 그림, 글 등을 붙이거나 보여 주기, 성과 관련된 특정 신체 부위를 고의적으로 노출하거나 만지기, 음란하거나 불쾌감을 주는 눈빛으로 상대방의 특정 신체 부위를 유심히 쳐다보기, 인터넷 음란 사이트를 보거나 보여 주기, 팩스나 컴퓨터 혹은 전자우편 등으로 음란 그림, 사진, 성적 내용의 글을 보내기 등이 포함된다.

그 밖에 성차별적 발언이나 행동, 성적 비하 및 스토킹 등도 성희롱에 포함된다.

4) 학교에서의 성폭력

학교는 학생을 위험으로부터 보호할 법적, 윤리적 책임이 있다. 따라서 학교에 종사하는 모든 사람은 어떤 것이 학교에서 발생할 수 있는 성폭력에 해당되는지를 정확히 이해할 필요가 있다.

성인이 성인에게 하는 성희롱이 불법이고 범죄행위에 해당되듯이, 학생이 학생에게 하는 성희롱은 물론, 학생이 성인에게 하는 성희롱도 불법이다. 특히 성인이 학생에게 하는 모든 성적 행위는 성학대로 간주된다. 이 경우 학생이 '원하든 원치 않든' 이라는 개념은 적용되지 않는다. 어떤 성적인 행위이든 간에 학교 내에서 성인과 학생 사이에 발생하는 행위는 성학대로 간주된다. 교사와 학생의 나이 차이가 많지 않은 경우라 하더라도 성적인 행동은 성학대로 간주된다. 왜냐하면 교사와 학생의 연령 차이보다는 교사와 학생의 역할 기능을 더 우선시하기 때문이다.

(1) 유형에 따른 분류

※ 조건형 성희롱

조건형(quid pro quo) 성희롱이란 성적 호의나 서비스의 제공 여부를 고용, 업무, 학업 평가의 조건으로 삼아서 이익 또는 불이익을 주는 행위를 말한다. 가령 모종의 '이익' 을 암시하며 성적 요구를 하거나(대가형), 이런 요구를 수용하지 않고 거부할 경우 '불이익' 을 받을 수 있다는 것을 암시하거나 실제로 불이익을 주는 행위(보복형)가 여기에 포함된다.

대체로 조건형 성희롱은 고용인–피고용인, 상급자–하급자, 교수–학생처럼 지위 격차가 있는 위계 관계에서 발생하기 쉬운 성희롱의 유형인데, 학교에서의 조건형 성희롱은 성적인 호의에 대한 대가로 좋은 성적이나 상을 주는 등 학생이 무엇인가 이득을 받는 것을 말한다. 여기에는 다음과 같은 행위가 포함된다.

- 교사가 성관계를 요구하며 학생에게 좋은 성적을 주겠다고 제안하는 행위
- 운동 코치가 성관계를 요구하며 운동을 더 할 수 있는 기회를 주겠다고 제안하는 행위
- 성적 호의에 대한 보상으로 학생회에서 권위적인 위치나 이득을 약속하는 행위

적대적 환경형 성희롱

적대적 환경형(hostile work environment) 성희롱이란 어떤 성적인 말이나 행동이 상대방에게 성적 굴욕감이나 혐오감을 불러일으킴으로써 고용, 업무, 교육 및 학습 환경을 악화시키는 것을 말한다. 상대방에게 혐오감을 주는 음담패설, 외모에 대한 성적 평가, 여성을 비하하는 차별적인 언행 등이 지속적으로 반복된다면 직무 수행이나 학업 성취를 저해하는 적대적 환경을 구성한다고 볼 수 있다. 이러한 적대적 환경형 성희롱은 지위상의 위계와는 무관하게 동료들 사이에서도 흔히 일어나며, 때로는 상급자가 여성이라는 이유로 피해자가 되기도 한다. 학교 내에서 적대적 환경형 성희롱은 교실 등에서 배움에 참여하려는 학생의 노력이나 학업

능력을 방해하거나 거부감을 주는 학업 분위기를 만들어서 적대적이고 불쾌한 환경을 만들게 되는 것을 말한다. 여기에는 다음과 같은 행위가 포함된다.

- 교사가 반복적으로 더러운 농담을 하거나 성적인 이야기를 하는 행위
- 명백하게 성적이거나 성을 암시하는 낙서를 책상, 사물함, 화장실 벽에 써 놓는 행위
- 남자들이 자신의 성기에 대한 암시를 하거나 크기에 대해 허풍을 떠는 행위

(2) 학교 성희롱의 예

교사는 어떤 행위가 성희롱이나 성학대에 해당되는지 보다 구체적으로 알아야 하며, 이러한 행위나 말이 법적 처벌 대상이 된다는 것을 학생들에게 알려 주어야 할 의무가 있다.

그간의 경험적 연구에 따르면, 학교 내에서 학생 간의 성희롱은 일반적으로 외모, 말투, 몸짓, 농담, 원하지 않는데 잡거나 건드리는 등의 형태로 나타난다고 한다. 학생 간에 발생할 수 있는 성희롱의 구체적인 예는 다음과 같다.

- 다른 학생의 성적 과성숙이나 미성숙에 대해 못살게 구는 행위
- 여학생을 돼지, 매춘부, 걸레, 정신병자 등으로 부르는 행위
- 남학생을 동성애자, 호모 등으로 부르는 행위
- 성적 공상을 묘사하는 행위

- 여학생에게 휘파람을 불거나 음란하게 소리치는 행위
- 성폭행을 하겠다고 협박하는 행위
- 상대 학생의 성적 경험이나 미경험에 대해 놀리는 행위
- 게이나 레즈비언으로 부르는 행위
- 여학생에게 성적 행위를 묘사하는 이야기하기
- 더러운 농담이나 성적인 비평
- 학생의 신체적 외모나 매력에 대해 점수를 매기는 행위
- 성적인 방법으로 건드리기, 잡기, 몰아붙이는 행위
- 강제로 키스하기
- 성관계 행위를 묘사하는 행위
- 다른 학생에게 가운뎃손가락 들어 보이기
- 성적인 묘사가 된 노트나 쪽지 보내기
- 칠판이나 화장실 벽, 책상에 성적인 그림이나 내용 적기
- 성적 루머를 퍼뜨리기

(3) 일반적인 사항

성희롱은 모든 형태의 학교에서 발생하는 것으로 알려져 있다. 일반적으로 가해자는 남학생인 경우가 많고, 피해자는 여학생인 경우가 많다. 여학생은 모든 유형의 성희롱을 당하는 것으로 알려져 있다.

여학생은 성희롱을 당했을 때 대개 아무런 대응을 하지 않거나 그만 하라는 말도 하지 않은 채 그냥 가 버리는 식으로 행동하는 경우가 많았다. 특히 같은 학생으로부터 성희롱을 당했을 때보다는 교사나 다른 성인으로부터 성희롱을 당했을 때 무대응으로 반

응하는 경우가 많다. 막상 여학생이 교사나 학교 관계자에게 성희롱에 대해 말을 하더라도 가해자에게 어떤 일도 일어나지 않은 경우가 허다하다. 특히 교사가 성희롱을 한 경우에는 학교 측에서 어떤 형태의 수습도 하지 않는 경우가 많았다. 성희롱을 당한 여학생에 대한 미국의 한 조사에 따르면, 성희롱에 대해 학교에서 어떤 지침 에 따라 수습을 한 경우가 10% 미만에 불과하였다.

일반적으로 성희롱은 일회적으로 발생하는 것이 아니라 반복된다. 지난 1년 동안 학교생활에서 일상적으로 성희롱을 당했는지에 대해 조사한 한 연구에서 여학생이나 젊은 여성의 약 40%가 그렇다고 대답하였다.

학생들 간에 가장 흔히 발생하는 성희롱은 언어적 성희롱이다. 여학생은 외모, 대개 몸매나 가슴 크기에 관련된 성희롱을 가장 많이 당하고, 남학생은 자신이 하는 행동과 관련해서 성희롱을 가장 많이 당한다. 즉, 남학생은 소위 남성적인 기준에 부합되지 않는 행동을 할 때 비난을 받게 된다. 흔히 여학생에게는 '매춘부' '걸레'로, 남학생에게는 '동성애자' '호모' 라고 부른다. 남녀 모두에게 가장 큰 모욕은 비하적인 성적 발언이나 모습에 비유하는 것이다.

한 조사에 따르면, 학생이 학교 내에서 자신이 당하는 성희롱이 중단되도록 교사나 성인에게 도움을 요청해도 별 소용이 없다고 느낀다는 것이 가장 큰 문제점이다.

2. 성폭력의 피해

1) 성폭력을 부정하는 이유

아동이나 청소년은 성폭력에 관해 자발적으로 이야기하는 경우도 있지만, 때로는 사실을 부인 혹은 은폐, 또는 한 번 털어놓은 사실을 철회하기도 한다. 따라서 아동이 성폭력과 관련된 어떤 사실을 갑자기 부인하더라도 그것을 그대로 받아들이지 말고 보다 자세히 알아보아야 한다. 반대로 아동은 여과 없이 성적 행위를 표현할 수도 있다. 어떤 아동은 별다른 수치심이 없이 성적 행위를 표현하거나 적나라하게 드러내서 가족을 당황하게 만들기도 한다.

일반적으로 대부분의 아동이나 청소년은 성폭력과 관련해서 다음과 같이 특징적으로 대처한다.

- 처벌이나 발생할 일에 대해 걱정을 한다. 아동이 사건을 이야기했을 때 그로 인해 발생하게 될 어떤 원치 않는 일을 두려워하거나 또는 자신이 혼날 것을 걱정할 수 있다.
- 자신이 거절 또는 유기될 것을 두려워한다. 아동은 사건이 알려짐으로써 부모에게 버림받지 않을까 두려워할 수 있다. 이러한 경우 아동은 더욱 부모에게 매달리게 된다.
- 자기중심적인 사고를 한다. 아동은 성학대의 책임이 자신에게 있다고 믿을 수 있고, 어떤 다른 형태의 잘못되거나 비논리적인 생각을 할 수 있다.

- 사건과 관련하여 자신에 대해 부정적인 이미지를 키워 나갈 수 있다. 피해아동은 점차 자신에 대한 부정적인 이미지를 만들어 나갈 수 있다.

2) 성폭력을 의심해야 하는 상황

앞에서 언급한 여러 가지 이유 등으로 아동이나 청소년은 성학대나 성폭력을 부정할 수 있기 때문에 다음과 같은 증상을 보일 경우에는 성학대나 성폭력을 의심해 봐야 한다.

(1) 신체적 징후

❋ 성학대 가능성이 높은 두 가지 신체적 지표

- 아동의 임신
- 아동의 성병

❋ 생식기의 증거

- 아동의 질에 있는 정액
- 찢기거나 손실된 처녀막
- 질에 생긴 상처나 긁힌 자국
- 5mm보다 더 큰 질 입구
- 음경이나 음낭에 생긴 상처
- 질의 홍진
- 확장된 혈관

- 유착
- 음순고착
- 외음부 질염
- 만성 요로감염

항문 증후

- 항문 괄약근의 손상
- 항문 주변의 멍이나 찰과상
- 항문내장이 짧아지거나 뒤집힘
- 항문 입구에 생긴 열창
- 둔근 지방이 쇠약해짐
- 항문이 좁아짐
- 항문 주변의 홍진
- 항문 주변의 착색 증가
- 항문 주변의 정맥 충혈
- 항문반사근육의 팽창

구강 증후

- 입천장의 손상
- 인두임질

단정하지 못한 외모

- 의복에 대소변 묻히기
- 얼룩지거나 피 묻은 속옷

- 개인 위생을 챙기지 않는 태도

❋ 식욕의 증가나 감소

- 급작스러운 식욕의 증가
- 급작스러운 식욕의 감소

❋ 수면 양상의 변화

- 야뇨증
- 악몽
- 혼자 자는 것을 두려워함
- 불을 켜고 자는 것을 고집함
- 수업 중에 피로감을 나타냄

(2) 행동상의 징후

- 학령 전기 아동: 주로 신체증상과 퇴행증상이 나타난다. 손가락 빨기나 야뇨증, 특정한 사람, 장소 또는 사건에 대한 불안이나 공포, 지나치게 매달리는 행동, 악몽과 같은 수면의 변화, 해리증상, 또래를 완력이나 협박으로 학대하는 공격적인 행동 등이 나타날 수 있다. 아동이 나이에 맞지 않는 성행위에 대한 지식이나 관심을 갖고 있거나 성적 놀이나 도발 또는 성에 대한 지나친 두려움을 보일 수 있고, 반복적으로 자위행위를 하거나 주위 사람의 사생활을 침범하거나 성학대를 재현할 수도 있다.

- 학령기 아동: 주로 정신지체 증상과 행동장애가 나타난다. 신경질, 불신감, 수면장애, 야뇨증, 학업부진, 학교 거부, 무단결석, 친구 관계의 어려움, 우울증, 자살시도, 공격적 행동, 식사장애, 가출, 성에 대한 과도한 지식, 해리증상 등이 나타날 수 있다.
- 청소년: 자아 손상과 관련한 증상이 나타난다. 반항 또는 자해, 그 밖에 신경질, 불신감, 우울증, 수면장애, 학업부진, 잦은 다툼, 친구 관계의 어려움, 가출, 약물 남용, 성에 대한 혼란 또는 탐닉, 임신, 자살, 신체증상 그리고 반복적인 회상이나 기억상실과 같은 해리증상이 나타날 수 있다.

〈표 4-1〉은 성학대 피해아동 및 청소년의 연령 및 성별에 따른 징후를 요약한 것이다.

〈표 4-1〉 성학대 아동 및 청소년의 연령 및 성별에 따른 징후

	6~11세	12~17세
소녀	• 다른 아동과 노골적인 성적 놀이 • 성학대 경험에 관한 언어적 묘사 • 성인과의 성적인 관계 • 비밀스러운 부분에 대해 과도한 관심이나 집착 • 특별한 장소나 성인 남성이나 여성에 대한 갑작스러운 두려움이나 불신 • 성인의 성행위에 대해 나이에 어울리지 않는 지식 • 수면장애: 악몽, 야경증	• 어린 아동을 성적으로 이용 • 성적으로 문란하거나 완전히 회피 • 섭식 문제 • 죄책감, 부끄러움, 수치심으로부터 벗어나기 위해 노력 • 가출

소년	• 다른 아동과 노골적인 성적 놀이 • 특별한 장소나 성인 남성이나 여성에 대해 갑작스러운 두려움이나 불신 • 수면장애: 악몽, 야경증 • 갑작스러운 공격적 행동이나 행동화 • 흥미 상실 • 퇴행 행동	• 어린 아동을 성적으로 이용하거나 어린 아동에 대한 공격적인 행동 • 퇴행 행동 • 행동화 혹은 위험한 행동 • 죄책감, 부끄러움, 수치심으로부터 벗어나기 위해 노력

3. 성폭력의 평가

1) 면담의 개시

성학대나 성폭력을 당한 것으로 추정되는 아동의 진단을 위해서는 세심한 배려와 접근이 필요하다. 성폭력 피해아동의 경우 아동의 발달과 관련된 신체적, 심리적, 가족적 및 사회환경적 요인 모두가 평가되어야 한다. 여기서 아동의 발달학적 특성에 대한 이해가 아동을 평가하고 치료하는 데 중요하다.

우선 성학대나 성폭력이 의심되는 상황에서 가장 먼저 해야 할 일은 아동을 즉시 면담할 것인지 말 것인지를 결정하는 일이다. 왜냐하면 여러 전문가가 반복적으로 아동에게 질문을 하면 처음 내용이 더 확대되거나 혼선이 초래될 수가 있고, 아동에게도 이롭지 않기 때문이다. 그러므로 이미 전문가 면담이 실시되었거나 아동이 말하기를 원하지 않거나 혹은 아동이 너무 어릴 경우에는 아동과의 면담을 유보하는 것을 고려해야 한다. 하지만 성학대나 성폭력 사실에 대한 자세한 병력을 아무도 알지 못하거나 해당 기관에 신고가 아직까지 이루어지지 않은 경우에는 즉시 면담을 하는 것이 필요하다. 일단 아동을 만나기로 결정하였다면 면담자는 부모나 담당 교사 혹은 담당 의사와 면담을 하거나 각종 기록을 검토하여 가능하다면 많은 것을 먼저 알아본 후에 아동을 만나는 것이 좋다.

2) 단계별 면담

면담에 들어가기에 앞서 면담자가 이 면담을 적절하게 할 수 있는지 여부를 생각해 보아야 한다. 가령, 적은 횟수의 집중적인 면담으로 원하는 내용을 충분히 얻어 낼 수 있는지, 반복되는 면담에서 아동이 암시를 받거나 거짓 진술을 하는 가능성을 줄이기 위해 녹음이나 녹화가 준비되어 있는지, 되도록 독립된 공간에서 방해받지 않고 편안하게 면담을 할 수 있는지 여부를 검토해 보고 최선의 결정을 해야 한다.

아동과 성학대나 성폭력에 대해 이야기를 하는 동안 면담자는 기본적으로 아동의 행동, 사회적 기술, 인지 능력 등을 관찰해야 한다.

미국 소아청소년정신의학회 등을 중심으로 제시된 체계적인 진단 및 평가 지침 중에 Yullie 등(1993)의 단계별 면담은 다음과 같다.

(1) 라포 형성

아동과 성학대 혹은 성폭력에 관해 면담을 하는 전 과정에서 아동과 신뢰할 수 있는 관계, 즉 라포 형성이 중요하다.

(2) 두 가지 특별한 사건에 대해 묘사하기

면담자는 아동에게 생일 파티나 소풍 등 두 가지 과거 경험에 대해 묘사하게 함으로써 면담자가 유도하지 않고 개방형 질문으로 아동을 위한 면접 형식 모델을 만든다.

(3) 진실 말하기

면담자는 아동이 진실을 말할 수 있도록 일반적인 질문으로 시작하여 필요할 때 점차 구체적인 질문을 함으로써 단계적으로 면담을 해 나가야 한다. 아동이 진심으로 면담에 대해 동의하게 되면 처음에는 마치 ○○인 척 이야기하거나 상상인 것처럼 이야기하다가 점차 진실을 말하게 될 것이다.

(4) 주제로 들어가기

"오늘 네가 왜 여기서 나와 얘기하는지 아니?"와 같은 일반적인 질문으로 시작한다. 필요하다면 점차 "너에게 어떤 일이 일어났니?" 혹은 "누가 너에게 어떤 일을 했니?"와 같은 구체적인 질문을 한다.

때로 그림을 그리는 것이 면접 초기에 아동이 의사를 표현하는데 도움이 되기도 한다. 그림을 통해 아동뿐만 아니라 면담자도 관련된 사람의 윤곽을 잡고 이해하는 데 도움이 된다.

아동의 경우 각 신체 부위의 이름을 말할 수 있고 그 기능을 알고 있는지 확인해야 한다. 만일 성학대가 의심이 되면 성기가 묘사될 경우, 면담자는 아동이 다른 성인의 성기 부분을 보았거나 만졌는지 그리고 누가 아동의 성기 부분을 보았거나 만졌는지를 질문해야 한다.

(5) 자유롭게 이야기하기

일단 성학대나 성폭력 주제로 들어서게 되면, 면담자는 어떤 사소한 것이라도 빠뜨리지 말고 처음부터 각각의 사건을 묘사하도록 아동을 격려해야 한다. 아동의 말을 정정하거나 아동의 언급을 방해하지 말고 아동 자신의 페이스대로 말할 수 있도록 해 주어야 한다. 만일 성학대나 성폭력이 오래 전에 발생한 것이라면 면담자는 일반적인 패턴의 묘사와 구체적인 에피소드를 설명하도록 질문할 수 있다.

(6) 일반적인 질문

면담자는 더 상세한 것을 이끌어 내기 위해 일반적인 질문을 하기도 한다. 하지만 이 질문들은 아동을 유도하거나 암시하는 방식으로 해서는 안 되고, 아동의 회상 능력이나 지식이 부족하다는 인식하에 질문이 구성되어야 한다. 예를 들면, "삼촌이 네 밑을 만졌지, 그렇지?" 라고 묻는다면 이것은 유도하는 질문에 해당되고, "삼촌이 네 밑을 만졌니?" 라고 묻는 것은 암시적인 질문에 해당된 것이다.

(7) 구체적인 질문하기(필요시)

아동이 일관되지 못한 말을 할 경우 구체적인 질문을 통해 사건의 명확성을 높여야 할 때도 있다. 이때 면담자는 부드럽고 비위협적인 태도를 취해야 한다. 구체적인 질문을 할 때 면담자는 반복해서 같은 질문을 하는 것을 피해야 한다.

(8) **면담 보조 자료(필요시)**

해부학적 인형(anatomical doll)은 성기의 표상을 지닌 특수 인형인데, 아동으로 하여금 어떤 종류의 학대 행동이 일어났는지를 정확히 표현하도록 하는 데 유용하게 쓰이기도 한다. 인형은 진단을 하는 데 사용되는 것이 아니라 어떤 일이 일어났는지를 명백히 하기 위해 사용된다.

(9) **면담 결과**

면담을 끝내기 위해 면담자는 사건과 관련이 없는 사항, 예를 들면 "여기 택시 타고 왔지, 그렇지?"와 같은 소수의 유도 질문을 하기도 한다. 만일 아동이 암시에 민감한 것으로 나타나면, 면담자는 이전에 얻은 정보가 혼란한 상태에서 나온 것이 아니라는 것을 명확하게 해 둘 필요가 있다. 마지막으로 아동에게 면담에 협조해 준 것에 대해 감사의 말을 한다. 면담 과정에서 면접자가 지킬 수 없는 약속은 하지 않는 것이 좋다.

3) 구체적 면담 방법

(1) 면담자의 대화 방식과 기본적인 태도

- 인내심 있고 부드러운 방식으로 대한다.
- 공감적이면서도 상세하게 질문한다.
- 아동이 말하기를 꺼리는 사항에 대해서도 구체적으로 질문한다.
- 감정을 드러낼 수 있는 대화를 한다.
- 판단적이거나 도덕적인 언급은 피한다. 모든 과정에서 면담자 자신의 개인적인 감정이나 판단을 드러내는 것이 바람직하다.
- 아동의 자율성 회복에 초점을 맞추어 대화한다.
- 아동이 의사결정을 하도록 돕는다.
- 가능하다면 아동이 말한 것을 있는 그대로 기록한다.
- 즉각적으로 행동한다. 아동이 피해 사실을 말할 수 있도록 조용한 장소에서 무슨 일이 있었는지를 쉬운 말로 물어본다. 아동의 말을 믿어 주고, 책망하지 말고, 필요하다면 기다려 준다. 이때 아동이 말한 것을 믿는다고 말해 주고, 아동이 말한 용기를 칭찬한다.
- 아동을 안심시킨다. 아동을 따뜻하게 대하고, 보호해 주겠다고 말해 준다. 그리고 성폭력과 관련한 아동의 감정을 이해하고 받아들인다.

(2) 도구를 이용한 평가

유아나 아동을 면담하는 데는 특별한 기술이 필요한데, 초기 면담에서는 아동에게 직접적인 질문을 하기보다 다른 아이를 빗대어 질문하는 방식이 도움이 되기도 한다.

아동의 경우, 놀이, 대화, 그림, 해부학적 인형 등 모든 방법을 동원해 평가해야 한다.

※ 그림을 이용한 평가

성학대를 평가하기 위해 아동에게 그림을 그리게 하는 것은 평가 단계에서 매우 유용하다. 특히 아동에게 자발적으로 그리도록 하는 것이 법적 평가에서 매우 중요한데, 예를 들면 남자와 여자를 그리게 하거나, 무엇인가를 하고 있는 가족을 그려 보라고 하거나, 어떤 일이 발생했는지 혹은 어디서 발생했는지 그림을 그리도록 하거나, 심지어 범인을 그리도록 요구할 수도 있다. 이는 사건에 대한 정보를 제공하고, 동시에 아동의 감정을 파악하는 데 도움이 되며, 치료적인 요소도 갖는다.

※ 해부학적 인형을 이용한 평가

해부학적 인형은 사람의 신체를 본뜬, 특히 성과 관련된 인체 부위가 갖추어진 부드럽고 푹신한 천으로 만들어진 인형이다. 이 인형은 구체적인 성학대 부위를 회상할 수 있는 자극제로 활용되는데, 아동이 정확한 해부학적 용어를 사용하거나 사건의 내용에 대해 설명할 수 없을 때 도움이 된다. 실제로 아동의 경우 인형으로 표현하는 것이 말로 표현하는 것보다 더 정확하고 편안하게 느껴

질 수 있다.

사용 방법은 다음과 같다. 먼저 인형을 보여 주고 자세한 설명을 해 주는데, 인형의 옷을 벗기고 성기에 관련된 중요한 부분들을 보여 줌으로써 아동이 이 부위들을 자연스럽게 알게 한다. 인형을 사용해서 면담을 할 때에는 아동이 사용한 용어(예, 찌찌, 잠지 등)로 대화하는 것이 좋다. 아동에게 지시를 하거나 가르쳐 주는 식으로 하면 안 된다. 인형은 진단을 내리는 데 사용되는 것이 아니라 어떤 일이 일어났는지를 명백히 하는 데 사용된다는 것을 유념한다.

〈표 4-2〉 해부학적 인형 놀이 체크리스트(김명하, 김혜림, 2003)

해부학적 인형 놀이 체크리스트		
옷을 벗기는 태도	조사자가 아동에게 옷을 벗기도록 격려한다.	
	인형에 옷을 벗기도록 치료사에게 요구한다.	
	아동이 인형의 옷을 벗긴다(아동 여자, 성인 여자).	
	아동이 인형의 옷을 벗긴다(아동 남자, 성인 남자).	
	아동이 인형의 옷 벗기기를 거부한다. (아동 여자 · 남자, 성인 여자 · 남자)	
	아동이 팬티 벗기기를 거부한다.	
생식기에 대한 태도	인형의 생식기 부분을 탐색한다.	
	인형의 생식기를 보고 당황한다.	
	인형의 생식기를 보고 낄낄거리며 웃는다.	
	인형의 생식기를 만져 본다.	
	인형의 생식기를 대신 만져 달라고 요구한다.	
	인형의 생식기를 보지만 무시한다.	
성 행동	인형끼리 안는 시늉을 한다.	
	인형끼리 마주보게 하여 뽀뽀시킨다.	
	인형과 아동이 뽀뽀하는 시늉을 한다.	

성 행동	인형의 팬티 안에 아동이나 인형의 손을 넣는다.	
	인형의 입, 직장, 질 안에 손가락을 넣는다.	
	성관계를 갖는 자세를 취한다.	
	성행위 중 내는 것과 같은 소리를 낸다.	
	한 인형의 성기를 다른 인형의 성기에 삽입한다.	
	인형이 다른 인형에 '쉬' 하는 척한다.	
	인형의 성기를 자신의 몸에 댄다.	
공격적 행동	인형이나 인형 성기를 때린다.	
	인형의 성기나 가슴을 절단하려고 시도한다.	
	인형을 바닥에 던진다.	
언어	생식기 부분과 관련된 언어	
놀이	(아동이 실제로 하는 놀이의 예 제시) 아동이 놀이를 한다.	
	아동이 방을 배회한다.	
	아동이 아무것도 안하고 가만히 앉아 있는다.	
기타		

(3) 심리검사

심리검사를 통해 아동의 현재 심리 상태를 보다 상세히 알아볼 수 있다.

(4) 면담 내용의 기록

일련의 면담 과정을 녹음이나 녹화를 통해 기록해 두는 것이 좋다. 기본적으로 녹음이나 녹화를 하기에 앞서 부모와 아동의 동의가 있어야 한다. 녹음이나 녹화가 불가능하거나 혹은 부모 동의가 없는 상태에서 이루어지는 면담인 경우에도 서면 기록은 해야 한다. 이 경우에 먼저 아동에게 자세한 내용을 기록하겠다고 동의를 얻는다.

기록을 하는 것은 아동의 초기 진술을 확보하고 이후에 여러 평가자들이 정보를 공유함으로써 아동에게 반복적인 질문을 피할 수 있게 하기 위함이다.

〈표 4-3〉은 아동의 성학대 평가보고서 양식의 예다.

〈표 4-3〉 아동 성학대 평가보고서(미국정신과학회, 1997)

1. 성명, 생년월일 등의 인적 사항
2. 의뢰에 대한 사항
   1) 의뢰받은 기관, 성명
   2) 의뢰 시의 상황
   3) 의뢰된 사례의 현재 상태
   4) 평가의 특별한 목적에 대한 서술
3. 평가를 위한 절차에 관한 자료
   1) 평가자의 역할과 비밀유지의 어려움에 대한 기록
   2) 평가를 위한 면담이나 회의에 대한 기록과 참석자
   3) 사용된 심리검사
   4) 참고한 외부 정보
4. 시간 경과에 따른 관점에서 본 현재의 상황
   1) 추정된 학대의 상황(누가, 무엇을, 언제, 어디서, 어떻게)
   2) 추정된 학대와 연관된 것으로 보이는 증상
   3) 어떻게 노출되었는지에 대한 사항
   4) 그 후 어떤 일이 생겼는지에 대한 사항
5. 과거력(특히 추정된 학대와 관련되어 있을 것 같은 정보)
6. 가족 (특히 추정된 학대와 관련되어 있을 것 같은 정보)
7. 발달력
8. 사법적 평가를 위한 소아과 검사 소견을 포함한 병력
9. 증언 능력과 신뢰도에 관한 언급이 포함된 정신상태 검사
10. 심리 검사
    1) 언제, 어디서, 누가, 어떤 검사를 시행하였는지를 기록
    2) 검사 결과의 요약

11. 진단
    1) DSM-IV에 근거: 아동의 상태를 가장 잘 반영하는 진단을 사용
    2) 부인 혹은 거짓 주장인 것으로 보일 경우 다른 가능한 해석에 대해 언급
12. 결론
    1) 보고서 자료에 근거하여 평가 소견을 차례로 서술
    2) 학대 사실 여부와 확실성의 정도에 대한 의견을 표명
13. 현실성 있는 권고사항

---

4) 학교에서의 평가

(1) 관계에 대한 이해

교사-학생 간의 성폭력

일반적으로 교사-학생 관계는 가르치고 가르침을 받는 공적인 관계에 근거하면서 동시에 개인적인 존경이나 믿음을 기초로 한다. 그러나 바로 이러한 사실 때문에 대부분의 성학대 혹은 성폭력 피해학생들이 가해자인 교사의 행동에 대해 처음부터 경계심을 갖지 않는다. '성적을 잘 주겠다.' 혹은 '상담할 것이 있다.' 라는 식으로 가해교사가 접근을 하는 경우 학생은 성폭력에 노출된다는 것을 모르고 피해를 입는 수가 있다. 학생의 경우 가해교사의 성적인 언급이나 접촉에 대해 불쾌감을 느끼면서도, 이를 성폭력으로 생각하기보다는 주관적인 불쾌감이나 혹은 친밀함의 한 표현으로 해석할 수도 있다.

학교 내에서 성적이나 수행평가 등이 졸업 이후의 진로 문제에서 중요하기 때문에 학생에 대한 교사의 영향력이 높다는 점 또한

교사에 의한 성폭력의 한 요인이 될 수 있다. 특히 교사의 자율권이 크게 주어지는 과목의 경우 더욱 그러하다. 피해학생은 교사의 이러한 영향력 행사와 협박 때문에 교사의 성폭력에 대해 적극적인 거부 의사를 표하거나 저항하기 어려워할 수 있다. 앞으로의 학교생활이나 성적 문제, 혹은 졸업 이후의 문제나 소문이 날 것에 대한 두려움 등으로 어떻게 대응해야 할지 모르는 경우가 많다. 또한 가해교사에 대한 처벌이 이루어진다 하더라도 감봉이나 인사고과에서 탈락되는 정도의 미미한 수준에 불과한 경우가 많아서 실제로 피해학생의 대응 이후에도 피해자에 대한 가해자의 영향력 행사가 제대로 제한되지 못하는 경우도 있다. 이러한 특수한 상황 때문에 교사-학생 간의 성폭력은 여러 가지 어려움을 내포하고 있어 특별한 도움이 필요하다.

학생 간의 성폭력

학생 간의 성폭력 사건은 교사에 의한 성폭력 사건의 특징과 유사한 점이 많다. 즉, 동아리나 학생들 간의 인간관계에서 살펴볼 때 선배가 후배에 대해 갖는 권위나 영향력은 교사-학생 관계에서 나타나는 것 못지않게 크게 나타나고, 이는 교사의 경우보다 더 직접적으로 작용하기 마련이다.

선후배 간에 발생하는 성폭력은 우리나라의 공동체적 문화 배경, 혹은 남학생을 우선시하는 불평등적 구조가 요인이 될 수 있다. 즉, 학교 문화 자체가 이미 권위적이고 왜곡된 남성 중심의 성문화를 바탕으로 하고 있다는 의미다. 따라서 여학생은 자신에게 주어지는 성희롱이나 성추행 등을 인식하지 못하거나 무시하게 된다. 또한 학교에서 학생은 놀이 문화를 즐길 때 남녀 구별 없이 행동할 것을 요구받는 경우도 있어서 보다 많은 여학생이 성폭력에 노출되기도 한다. 또한 학생들은 인간관계 집단에서 소외되거나 거부당하지 않기 위해 성희롱이나 성폭력을 당해도 이를 부정하거나 사실을 감추는 수도 있다. 심지어 피해학생의 주변 사람이나 부모조차도 성폭력의 심각성과 그에 따른 피해자의 괴로움보다는 집단의 분열과 대외적 망신을 더 우려하고 이에 초점을 맞추는 경우도 있다.

데이트 성폭력

데이트 성폭력이란 14세 이상의 남녀 쌍방이 이성의 감정으로 서로 인정하고 만나는 관계 속에서 발생하는 성폭력을 말하는데, 주로 10~20대에 집중되어 발생한다. 피해당사자조차 강간으로 인식하기 어려운 경우도 있는데, 데이트 성폭력은 단순히 한순간의 열정에 의한 범죄가 아니라 한 여성과 한 남성의 인간적인 관계를 파괴하는 행위다. 왜냐하면 다른 사람을 존중하는 사람은 상대가 원하지 않는 것을 하도록 강요하지 않기 때문이다. 데이트 성폭력의 또 다른 특성은 피해자와 가해자와의 사적인 관계 때문에 법적 처벌을 하는 데 어려움이 많다는 점이다.

일반적으로 사회적으로 요구되는 전통적인 여성성과 남성성이 데이트 성폭력을 발생시키는 한 요인이 된다. 또한 여성과 남성 사이의 의사소통의 불일치도 문제가 되는데, 여성은 단지 친절하게 행동했을 뿐인데 남성은 이러한 친근함을 '성관계를 해도 좋다' 라는 신호로 해석을 하는 것이다. 때로 어떤 남성은 여성이 "싫어요." 라고 말하는 것을 "괜찮아요." 라고 해석하기도 한다.

(2) 성폭력의 구성요소

성폭력 피해자의 인식이나 진술 능력, 피해자와 가해자 간의 특수한 관계 등 앞에서 언급한 여러 가지 이유 때문에 성학대나 성폭력의 발생 여부에 대해 혼선이 있을 수 있다. 때로는 면담자조차도 이에 대해 정확한 판단이 서지 않는 경우가 있다. 따라서 면담자는 성학대나 성폭력을 구성하는 요소가 무엇인지 정확하게 이해하고 그 여부를 판단해야 한다.

Conte(1986)는 성학대나 성폭력이 발생했는지 여부를 결정하기 위해 고려되어야 할 사항을 다음과 같이 제안하였다. 그는 다음의 여섯 가지 징후 중에 한 가지 혹은 그 이상의 경우에 해당된다면 보다 확대해서 조사할 필요가 있다고 하였다.

- 동의의 결여: 아동은 성인의 성적 접촉에 대한 동의를 할 수 없기 때문에 근본적으로 아동이 성행위에 참여했다고 해서 동의가 있었다고 볼 수 없다. 또한 아동이 성학대나 성폭력에 대해 이야기를 하지 않는다고 해서 이것이 이에 대해 동의하고 있다는 것을 의미하지는 않는다. 즉, 아동이 침묵하는 것을 동의하는 것이라고 여겨서는 안 된다. 학교에서 아동은 교사에게 자신의 행동에 대해 어떤 것도 말할 수 없다고 느낄 수 있다.
- 양가감정: 성학대나 성폭력을 당한 아동은 이를 긍정적으로 받아들이는 수가 있다. 예를 들면, 성학대나 성폭력의 대가로 아동이 학교에서 특별한 관심이나 보상 혹은 특혜를 받을 수 있는데, 성적을 잘 받거나 교사의 귀여움을 받는 것은 좋은 일이라고 생각하는 것이다. 교사가 “너는 내가 아끼는 제자다.” 혹

은 "나는 네가 가장 좋다."라는 이야기를 아동에게 하면 아동은 성학대나 성폭력을 긍정적으로 받아들이게 된다.

- 착취: 성학대나 성폭력은 종종 윗사람의 지식, 기술, 통제력이나 강요를 통해 아동을 이용하는 것이다. 예를 들면, 교사가 아동을 통제하기 위해 아동의 사적인 문제나 가족 내 어려움과 관련된 정보를 은밀하게 사용할 수 있다.
- 힘: 성학대나 성폭력의 경우 힘이 사용되는데, 신체적인 힘이나 정신적인 힘을 이용하여 아동에게 접근하고 또한 아동을 침묵하게 만든다. 어떤 경우, 학생은 교사로부터 보복을 당할 것에 대해 두려움을 갖고 침묵할 수도 있다.
- 의도: 행동이 의도적이었는가의 여부가 그 행위가 학대였는지 아닌지를 결정하는 데 중요하다. 행위의 의도가 성인의 성적 만족을 위한 것이라면 이는 성학대나 성폭력에 해당된다. 예를 들면, 학생에게 문란한 영화나 포르노를 보여 주는 시각적 요소도 성인의 성적 욕구 충족을 목적으로 했기 때문에 성학대에 해당하는 것이다.
- 비밀: 가해자는 관계에 대해 침묵을 유지하기 위한 전략을 가지고 있다. 힘, 강압, 뇌물, 신체적 · 정신적 협박 등이 여기에 해당된다.

(3) 성희롱과 장난의 차이

때로는 교내에서 일어나는 성희롱과 학생들 간의 시시덕거림 등의 장난이나 농담과 구분하기 어려운 경우도 있다. 〈표 4-4〉는 이 두 가지 경우를 구분하는 데 도움이 되는 사항이다.

〈표 4-4〉 성희롱과 장난이나 농담의 차이(Resnick-Sandler & Paludi, 1993)

장난이나 농담	성희롱
• 기분이 좋다.	• 기분이 나쁘다.
• 상호작용의 일부다.	• 일방적이다.
• 상대를 매력적이라고 느낀다.	• 상대를 매력이 없다고 느끼게 한다.
• 칭찬이다.	• 자존심을 상하게 한다.
• 상대방의 통제력을 유지시킨다.	• 상대방을 무기력하게 만든다.
• 동등한 관계다.	• 힘에 의한 관계다.
• 긍정적인 스킨십을 포함한다.	• 불쾌한 스킨십을 포함한다.
• 원하는 것이다.	• 원하지 않았다.
• 합법적이다.	• 불법적이다.
• 개방되어 있다.	• 침범적이다.
• 기쁘게 한다.	• 품위를 떨어뜨린다.
• 상대를 행복하게 만든다.	• 상대를 슬프고 화나게 만든다.
• 긍정적인 자존감을 유지하게 한다.	• 부정적인 자존감을 유지하게 한다.

4. 성폭력에 대한 개입

1) 초기 접근

- 일차적으로 아동과 보호자의 폭력에 대한 피해적 인지를 교정하는 것이 중요하다. 여기서 실패하면 향후 치료를 진행하는 데 결정적으로 문제가 되며, 치료가 조기에 중단될 가능성이 있다.
- 피해아동이나 보호자 대부분에게서 관찰되는 죄책감에 대해 '누구에게나 일어날 수 있는 사건이며, 가해자의 전적인 잘못이다.' 라는 점을 여러 번 강조해야 한다.

- 피해아동이 오랜 시간이 지난 후에 성폭력 사건을 보고하는 경우, 부모와의 관계가 악화되는 경우가 있다. 이런 경우 아동은 "엄마가 울 것 같아서요." 또는 "부모님이 힘들어할 것 같았어요."라고 대답할 수 있다. 이런 식의 생각은 아동의 인지구조의 특징이라고 설명해 주어야 부모-자녀 관계가 호전되고, 부모가 자녀의 고통을 이해하게 된다.
- 아동의 증상과 보호자의 고통이 성격적인 결함이나 무언가 부족해서 발생하는 것이 아니라 유사한 피해를 받은 사람들에게 일반적으로 발생할 수 있는 것이라고 설명해 준다. 이렇게 하면 정서적으로 회복되고 자존감이 회복되는 데 도움이 된다.

2) 단계별 치료 전략

다음은 성학대나 성폭력 피해아동의 치료에 특별히 포함되어야 할 몇 가지 요소다.

- 관련된 분노 혹은 양가감정과 같은 정서적인 감정을 표현하도록 돕는다.
- 원인에 대해 정서적인 감정을 표현하도록 돕는다.
- 원인에 대해 잘못된 귀인을 하지 않도록 돕는다.
- 사회적 낙인이나 소외감으로부터 벗어날 수 있도록 돕고, 향후 발생할 수 있는 학대에 대해 방어할 수 있는 기술을 가르친다.

3) 치료 목표

성학대나 성폭력 피해아동의 치료에서 가장 중요한 주제는 '손상된 신뢰감의 재확립' 이다. 발달 단계별로 다음과 같은 사항이 중요하게 다루어져야 한다.

- 걸음마기 아동: 자발적인 기능의 회복과 수치심
- 학령 전기 아동: 자립심과 적극성의 회복
- 학령기 아동: 열등감, 죄책감 및 수치심의 극복
- 청소년기: 자기보호, 자아개념, 성에 대한 가치관의 확립

4) 가족치료

가족 내 성학대의 경우 가족치료는 필수적이다. 왜냐하면 가해자가 가정을 떠나든 떠나지 않든 아동은 보호를 받아야 하고, 만일 가해자가 집을 떠나 아동이 직접적인 학대의 위협에서 벗어났다고 하여도 남아 있는 다른 가족 구성원과의 갈등이나 가족관계의 변화에 따른 문제들을 다루어야 하기 때문이다. 가족치료 중에서도 어머니의 참여는 가족 내 성학대가 폭로된 즉시 즉각적으로 이루어져야 한다. 여기에는 단순한 정서적 지지뿐 아니라 양육, 가계수입과 같은 현실적인 곤경에 대한 보조도 포함이 되어야 한다. 그러나 대부분의 가해자(주로 아버지)는 스스로 치료에 참여하는 경우가 거의 없고 대부분 사법기관의 강제집행에 의해 이루어지기 때문에 단순한 가족치료적 접근만으로는 한계가 있다.

Dickstein, Hinz 그리고 Eth(1991)는 가족치료에서 다루어야 할 사항을 구체적으로 다음과 같이 제시하고 있다.

- 무엇이 일어난 것인지 모든 가족 구성원이 알도록 한다.
- 가족 내 성학대는 더 이상 일어나지 않을 것이며, 가정 내에서 아동의 안전이 유지되어야 한다. 그러기 위해서 가해자는 일시적으로 문제가 해결될 때까지 가정을 떠나는 것이 좋다.
- 폐쇄된 가정에 제삼자가 개입함으로써 가정이 개방되어야 한다.
- 신뢰감의 재확립이 목표가 되어야 한다. 아동은 자신이 학대받고 보호받지 못했다는 사실에 대해 나머지 가족 구성원에게 분노하고 원망할 수 있다. 하지만 앞으로는 변화할 것이라는 신뢰감이 회복되어야 한다. 이것은 개인치료의 목표에서도 매우 중요한 과제다.
- 변화를 받아들이도록 해야 한다. 대부분의 가족들은 가정이 변화함으로써 파괴되지 않을까 두려워한다. 하지만 변화를 통해 새로운 가족관계가 수립되고 건강해질 수 있도록 도움을 받게 될 것이라고 확신을 준다.
- 아동의 발달 수준을 고려해야 한다. 일반적으로 가족치료는 나이가 어린 아동이거나 정서적으로 매우 미숙한 청소년의 경우에 더 적합하다. 어떤 경우에는 모든 가족 구성원의 참여보다 예를 들면 모녀의 치료가 우선되기도 한다.
- 어머니에게 책임을 지우거나 비난하지 않고 앞으로 아동의 보호에 적극적인 태도 변화를 보일 것과 새로운 역할을 수용할

것을 강조한다. 왜냐하면 어머니도 같은 피해자일 수 있고 피해자가 아니더라도 매우 무기력하고 절망적이고 의존적인 경우가 많기 때문에 많은 지지가 필요하다.

- 가해자가 아버지인 경우 가해자는 성학대나 성폭력 사실을 부정하고 치료 참여를 거부하는 경우가 많다. 따라서 아버지에 대해서는 가정 내에서 치료하기보다 강제 또는 반강제적인 지역사회 프로그램의 일부로 다루어야 한다.
- 다른 형제들도 흔히 죄책감에 시달리는 경우가 많기 때문에 이들도 집단치료 등을 통해서 스스로의 감정을 환기시켜 주어야 한다. 피해아동이나 나머지 가족 구성원 간의 신뢰감을 회복하고 가족 간의 새로운 역할이나 관계의 변화를 수용하고 참여하도록 돕는다.

5) 의학적 치료

내과, 외과, 소아청소년과, 산부인과, 정신과 그리고 외상에 따라 기타 다른 과에 진료를 의뢰해야 하는 경우가 있다. 여기서는 교사나 부모의 이해를 돕기 위해 의학적 치료에 대해 간단히 살펴보고자 한다.

(1) 의사의 역할

- 심각한 성학대나 성폭력에 의한 징후가 나타났다면 병원에서 응급치료를 받아야 한다.
- 성학대나 성폭력에 의한 손상이나 후유증에 대한 의학적 진단

및 치료를 담당한다.

- 법에 따라 아동 성학대나 성폭력이 의심되는 경우, 의사는 아동보호전문기관이나 경찰에 신고해야 한다.
- 성학대나 성폭력을 받은 아동이 더 심한 손상을 입지 않도록 빠른 조치를 취한다.
- 정확하고 철저한 의학적 평가를 시행하고 기록을 남긴다.
- 아동과 보호자 그리고 다른 형제자매를 대상으로 객관적이고 전문가적인 입장에서 살펴보고, 필요한 경우 가족 구성원도 함께 치료를 받도록 한다.
- 성학대나 성폭력에 의한 아동의 의료적 및 심리적 욕구를 판단해서 아동의 치료를 위해 필요한 서비스를 계획하는 데 자문을 해 준다.

(2) 증거 확보

- 성폭력 피해를 입은 장소는 가능하면 그대로 보존한다.
- 절대 몸을 씻거나 옷을 갈아입지 말고 바로 병원으로 가는 것이 중요하다.
- 입, 항문, 질, 손톱 밑 등의 조사, 머리카락 수거, 음모 빗질 등을 통해서 증거를 수집할 수 있다.
- 피해 당시에 생겼던 상처나 멍든 곳 등을 사진 촬영(가능하면 얼굴과 함께 찍는다)하여 보관해 두어야 한다. 피해 직후에는 나타나지 않다가 시간이 지나면서 외상이 나타나기도 하므로 24~48시간 후에 다시 검진하고 사진을 찍기도 한다.
- 증거물을 보관하거나 병원, 경찰서 등으로 가지고 갈 때는 코

팅되지 않은 종이 봉투를 사용한다.

• 강간 피해 직후에는 술이나 약을 절대 먹지 않는다. 기억이 흐려지거나 피해를 증명할 수 있는 증거가 없어질 수도 있다.

(3) 약물치료

약물치료는 초기 치료에서 매우 중요한 역할을 한다. 모든 피해자와 보호자에게 약물을 사용할 필요는 없지만, 급성 스트레스장애가 분명한 아동에게는 도움이 된다.

실제로 사건의 의미를 잘 이해하지 못하는 아동보다 그 부모의 심리적 반응이 더 심각한 경우가 흔하다. 여기서 부모의 심리적 안정은 향후 피해아동의 회복에 중요한 역할을 하기 때문에 급성 스트레스장애 또는 외상 후 스트레스장애에 해당되는 보호자는 약물치료를 하는 것이 좋다.

5. 부모를 위한 권고

자녀가 성폭력을 입은 경우 부모는 매우 놀라고 당황스러워하기 때문에 피해아동뿐 아니라 그 부모에 대한 개입도 필요하다.

다음은 부모로서 취해야 할 태도에 관한 권고다.

부모는 마음의 평정을 유지하도록 노력해야 한다.

부모가 아동 앞에서 심하게 걱정하거나 흥분하면 아동은 더욱 불안해하고, 자신이 피해 사실을 이야기한 것이 뭔가 잘못한 일이라는 느낌을 받는다. 그래서 이후에는 자신의 피해 내용을 자세히 이야기하기를 꺼리거나 자신의 힘든 속마음을 드러내지 못하게 된다. 따라서 부모는 스스로의 감정을 절제하도록 노력해야 한다.

※ 절대로 아동을 탓하지 말고 가해자가 나쁘다는 것을 분명히 말해 준다.

부모는 속상한 마음에 무심코 "왜 조심하지 않았니?" 라거나 "왜 도망가지 않았니?" 라고 아동을 질책할 수 있다. 그러면 아동은 성폭력이 자신 때문에 일어났다는 잘못된 생각을 가지게 되어 더 많은 죄책감과 우울감을 경험하게 된다. 따라서 아동의 잘못이 아니라고 다독여 주고 안심시켜 주어야 한다. 아동 앞에서 가해자에 대한 심한 말도 가급적이면 삼가는 것이 좋다.

※ 아동을 데리고 병원에 간다.

아동의 외상 여부를 병원에 가서 확인해야 한다. 이때 아동이 두려움 없이 병원에 갈 수 있도록 잘 타이르고 설명해 주어야 한다. 아동이 평상시와 매우 다른 행동을 하거나 불안해하면 소아정신과 치료를 받도록 한다.

※ 전문 상담기관에 알린다.

전문 상담기관에서 도움과 지지를 얻는 것은 도움이 된다. 그리고 경찰에 신고할 것인지를 결정한다. 부모는 너무 당황한 나머지 정액이나 혈흔이 묻은 속옷 등의 중요한 증거물을 없애는 경우가 있다. 이러한 것은 이후에 법적인 조치를 취할 경우 필요하므로 중

거를 보존하도록 한다. 당시에 아동이 입었던 속옷 등 증거가 될 만한 것들을 그대로 보존하도록 한다.

너무 꼬치꼬치 캐묻지 않는다.

아동이 겪은 피해를 되도록 자세히 알아야 하지만, 부모가 궁금하고 답답한 심정에 급하게 캐묻게 되면, 아동은 기억나지 않는 부분이나 말하기 힘든 부분에 대해 그냥 얼버무리거나 거짓으로 대답하는 경우가 있다. 그러므로 아동의 혼란스러운 기분을 충분히 안정시킨 후에 편안하게 이야기할 수 있도록 기다려 주어야 한다.

6. 교사를 위한 권고

아동 입장에서 교사는 자신에게 발생한 사건에 대해 이야기할 수 있고 믿을 수 있는 대상이다. 이 때문에 교사는 아동에게 일어난 성희롱이나 성폭행에 대해 가장 먼저 알게 되는 경우가 있다. 교사의 반응은 아동에게 결정적인 역할을 하므로 아동의 충격을 최대한 줄일 수 있도록 반응하는 방법을 알아 두어야 하고, 어떤 절차에 따라 문제를 해결해야 하는지도 숙지하고 있어야 한다.

1) 성희롱에 대한 상담

학교 내에서 성희롱이 발생했을 때 대체로 다음과 같은 절차를 밟아야 한다.

1단계: 고충 접수

- 상담자는 사건 정황을 육하원칙에 맞추어 신고한다.
- 증인과 증거가 있는 경우에는 이를 확보하여 제출한다.
- 접수는 문서 이외에도 전자우편 등을 이용할 수 있다.
- 학교의 성희롱 관련 규정을 알려 주고, 피해아동이 원할 경우 성희롱 상담실을 이용하거나 신고할 수도 있다는 사실을 미리 알려 준다.

2단계: 상담 및 접수

- 사건 접수와 동시에 신속하게 조사한다.
- 피해아동과의 상담 내용에 대해서는 반드시 비밀을 보장한다.
- 조사 과정에서 알게 된 개인 정보가 누설되지 않도록 유의한다.
- 상담과 조사 시 피해아동과 증인의 난처한 입장을 최대한 고려하여 피해아동과 증인을 행위자 등의 보복과 동료의 비난으로부터 보호하는 조치를 취한다.

3단계: 사실 확인 및 조치

성희롱에 해당한다고 판단될 경우, 피해아동이 원하는 사건 처리 방식에 대해 충분히 논의한 다음에 가해자에 대한 합당한 조치를 취한다.

4단계: 사후관리

- 피해아동의 보호를 위해 최선의 노력을 다해야 한다. 피해아동이 성희롱 사건을 보고했다는 이유로 불이익을 받거나 사건

처리 후 보복이 이루어지지 않도록 조치해야 한다.

- 사건 해결 후에도 성희롱 피해가 반복되지 않는지 지속적으로 확인해야 한다.
- 피해아동이 피해를 극복하고 학교생활에 잘 적응할 수 있도록 격려해 준다.

2) 성폭행에 대한 초기 개입

서울시교육청(2008)에서는 성폭력 피해가 의심되는 아동이 있을 경우 교사는 다음 절차를 통해 아동을 돕도록 권고하고 있다.

※ 관찰하기

성폭력 피해 행동을 주의 깊게 관찰한다.

※ 사실 확인하기

편안한 환경에서 피해 사실을 말할 수 있도록 배려하면서 피해아동의 상황을 적극적으로 확인한다.

※ 불안정한 정서와 상처에 공감하기

- 피해아동이 원하는 한도 내에서 최대한의 지지와 재확신을 제공한다.
- 성폭력 피해 사실을 다 들은 다음에는 피해아동의 말을 전적으로 믿어 주며, 피해아동과의 관계가 변함 없음을 확인시킨다.
- 피해 사실 때문에 피해아동이 죄책감이 들지 않도록 교사의

생각을 전달한다.

- 성폭력의 잘못은 행위자에게 있다는 것을 확인시키고, 다른 친구들이라도 동일한 상황에서 마찬가지로 피해를 입었을 것이며 어떻게 할 수 없었음을 설명하고 이해시켜야 한다.

부모에게 알리고 협의하기

- 부모에게 조용히 알리고 부모가 올바른 인식과 대처를 할 수 있도록 안내하고 교육한다.
- 아동이 수치심을 느낄 수 있으므로 아동의 의견을 고려하여 가족에게 알리도록 하지만 반드시 알려야 할 필요가 있는 경우를 제외하고는 비밀을 지켜주어야 한다.
- 부모에게 성폭력의 실태 및 대응방안 등을 설명하고, 병원과 관련 전문 상담기관을 소개하며, 부모가 원할 경우 여러 절차의 수행을 돕도록 한다.
- 신체적 피해에 대한 전문적인 진단이 필요함을 안내한다.
  - 병원이나 전문기관에 가기 전에 긴급한 응급조치 이외에는 목욕이나 상처의 치료 등 신체적 피해의 증거를 인멸할 수 있는 행위는 하지 않도록 한다.
  - 신체적 피해는 피해 직후에 곧바로(12시간 이내) 받아야 하고, 늦어도 72시간 이내에는 피해 내용을 확인받아야 법적 대응 시에 도움이 된다.

신고하기

- 성폭력 피해 사실을 확인한 교사는 성폭력 피해 사실을 아동

보호 전문기관이나 수사기관에 직접 신고한다.

- 교사는 성폭력상담소(여성긴급전화 1366, 아동보호전문기관 1391)이나 경찰서 및 파출소(112)에 신고한다.
- 친족에 의한 성폭력일 경우 행위자와 피해아동을 분리하도록 독려한다.

긍정적 활동에 참여시키기

- 피해아동이 또래관계나 학교생활을 원만하게 할 수 있도록 도와준다.
- 등교하기를 두려워하는 경우 출석을 인정하고, 출석하더라도 필요할 경우 격리되어 혼자 안정을 취할 수 있는 공간을 학교 내에 마련한다.
- 매주 1회 이상 피해아동이 원하는 사람이나 전문 상담원을 연결하여 상담을 받도록 하며, 지속적으로 피해아동의 상태를 살펴본다.
- 심리정신적인 후유증이 관찰되는 경우 전문의의 도움을 받도록 조치한다.

3) 면담 시 태도 및 원칙

학교 내에서 피해아동이 교사에게 성학대나 성폭력과 관련하여 도움을 요청하면, 교사나 상담교사는 이 사건을 신중하게 다루어 주어야 한다. 만약 사건을 해결하는 과정에서 어려움이 있다면 관련 전문기관에 문의한다.

아동의 심리적 충격을 최소화할 수 있는 교사의 태도는 다음과 같다.

- 조용히 옆에 있어 주고 안심시켜 준다. 아동은 이미 불안하고 공포스러워하며 여러 가지 감당하기 어려운 정서를 경험하고 있다. 따라서 이때 교사가 부정적이거나 놀라는 반응을 보이면 아동은 교사가 자신에 대해 화를 내는 것으로 생각하거나 자신이 잘못해서 이런 일이 일어났다고 생각하여 죄책감을 가지게 된다. "네가 어쩔 수 없었다는 것을 알아." "네가 하기 힘든 어려운 이야기를 나에게 이야기해 준 것에 대해 자랑스럽게 생각해." 등의 이야기를 해 준다.
- 아동을 조용한 곳으로 데리고 간다. 아동이 자신에게 일어난 일을 다른 사람에게 알리고 싶지 않을 수 있기 때문에 다른 아동이나 어른들이 있는 곳에서 사건에 대해 이야기하지 말아야 한다. 그리고 아동이 보는 앞에서 아동에게 발생한 사건에 대해 다른 사람과 의논하지 말아야 한다.
- 아동과 눈맞춤을 할 수 있도록 교사는 자세를 조절한다. 아동이 편안하게 느낄 수 있도록 눈높이를 조절하여 대화하도록 한다.
- 아동의 수준에 맞는 언어로 이야기한다. 아동의 발달 수준에 맞춰서 이야기한다. '찌찌' 등 아동이 선택하여 쓰는 성적인 용어를 성인의 용어로 바꾸지 않고 그대로 사용하는 것이 좋다.
- 아동의 이야기를 집중해서 잘 들어준다. 아동이 같은 이야기를 반복해서 할 필요가 없도록 잘 듣는다. 그리고 "음" "그래" 등의 반응을 보이거나 고개를 끄덕여 주는 식의 대화를 촉진

시키는 반응을 나타낸다.

- 아동의 이야기를 진지하게 받아들인다. 흔히 아동은 자신이 어른들보다 덜 중요하다고 느낄 수 있고, 자신이 말하는 것을 어른들이 믿지 않을 것이라고 생각한다. 예를 들면, 아동이 "아저씨가 나를 만졌어요."라고 말했는데 "그래, 아마 그건 실수였을 거야."라고 이야기하면 교사도 성인이므로 자신을 믿지 않는다고 생각하고 더 이상 자신에게 일어난 사건에 대해 말하지 않을 것이다.
- 보고를 위한 필수적인 정보만 물어본다. 아동에게 사건에 대해 반복적으로 묻지 않아야 한다는 것을 기억해야 한다.
- 아동의 이야기에 다른 말을 보태지 말아야 한다. 예를 들면, "아저씨가 이상한 곳을 만졌어요."라고 했을 때, "아저씨가 너의 은밀한 부분을 만졌니?"라고 묻는 식인데, 교사가 이렇게 아동의 이야기에 교사 자신의 생각을 보태서 말하면 안 된다. 실제로 어떤 아동한테는 이상한 곳이 등이나 어깨가 될 수도 있기 때문이다.
- 아동이 사용하기 꺼려하는 단어를 사용하지 말아야 한다.
- 아동이 느끼는 감정이 정상적임을 이야기해 주어야 한다.
- 아동의 잘못으로 그러한 사건이 일어난 것이 아니라는 것을 다시 한 번 이야기해 주며 안심시켜 준다.
- 일반적이고 개방형 질문을 사용한다.
- "왜?"라는 질문을 삼간다. "왜 아저씨와 비디오를 봤니?"보다는 "어떻게 아저씨와 비디오를 보게 되었니?" 혹은 "비디오를 같이 보자고 한 건 누구 생각이었니?"라는 질문이 더 바람직

한 질문이다.

- 가해자를 비난하지 말아야 한다. 때로 가해자가 부모나 다른 친척 혹은 친구일 수 있다. 이런 경우 가해자를 심하게 비난하면 아동이 자신이 알고 있는 다른 가족이나 친구들을 좋아하는 것도 잘못된 일이라고 느낄 수 있다.
- 아동이 혼자가 아님을 이야기해 주어 안심시킨다.
- 교사가 기꺼이 아동을 돕겠다고 이야기해 준다.
- 아동의 허락 없이 아동을 만지지 않는다. 아동은 성학대나 성폭력의 경험 때문에 교사가 자신을 만지는 것도 불편해할 수 있다. 먼저 "선생님이 안아 줘도 되겠니?" 라고 묻는 것이 좋다.
- 진실을 말한다. 아동에게 어떤 일도 일어나지 않을 것이라는 지켜지지 않을 약속을 하는 것은 바람직하지 않다.
- 교사를 신뢰한 것에 대해 감사를 표현한다. 아동이 하기 어려운 이야기를 한 것에 대해 고맙다고 이야기하고, 아동을 다시 한 번 안심시킨다.
- 아동을 안전하게 도울 수 있는 방법을 계획한다.

4) 상황에 따른 지원 방법

❁ 의료적 개입이 필요한 피해아동

- 신체적 · 정신적 외상에 대해 적절한 진단과 치료를 필요로 하는 경우
- 사후에 문제가 될 수 있는 법적 증거의 확보가 필요한 경우
- 신체적인 후유증에 대해 계속적인 치료가 필요한 경우

※ 긴급 피신처가 필요한 피해아동

- 근친성폭력, 가해자 가족들의 심각한 문제, 가족의 비협조 등으로 도움을 위한 절차를 밟을 수 없는 경우
- 일정 기간 충분한 안정과 지원이 필요한 경우

※ 심리치료가 필요한 피해아동

- 긍정적인 외상 치유가 필요할 경우
- 분노조절 훈련, 대화 훈련, 갈등해결 훈련 등의 사회기술 훈련이 필요한 경우
- 성폭력으로 갖게 된 부정적인 자존감을 회복시키고 무력감에서 벗어나도록 도와야 하는 경우
- 성폭력 피해에서 영원히 벗어나지 못할 것이라는 두려움을 갖거나 미래에 대한 불확실성으로부터 벗어날 수 있도록 도와야 하는 경우

※ 정신과 치료가 필요한 피해아동

- 법적 자료로 정신과 의사의 소견이 필요한 경우
- 일반적인 상담으로는 진행할 수 없다고 판단되는 경우: 일관성이 없거나 현실성이 부족한 경우, 외관상 표정이나 눈의 초점이 흐린 경우, 이전에 정신과 진료 경험이 있는 경우
- 정신분열, 사고장애 등 정신질환이 의심되는 경우, 환각이나 환청 등을 호소하는 경우
- 자해, 자살기도, 타살기도 등 위협적인 상황이 예측되는 경우

7. 신고 및 법적 문제

성폭력 피해자를 면담하는 사람은 관련 법률을 숙지하여 피해자가 법률적인 책임을 다할 수 있도록 도와주어야 한다.

현행 형법상 강간죄, 강제추행죄, 준강간 · 준강제추행죄, 강간 등에 의한 치사상죄, 미성년자 등에 대한 간음죄, 업무상 위력 등에 의한 간음죄, 혼인빙자 등에 의한 간음죄, 13세 미만인 자에 대한 간음추행죄 등이 있고, 특별 형법으로는 「성폭력 범죄의 처벌 및 피해자 보호 등에 관한 법률」상의 특수강도 강간 및 특수 강간 등이 있다. 대부분 피해자가 가해자를 고소해야 수사를 할 수 있는 친고죄이지만, 특별 형법의 경우는 대부분 비친고죄로 규정되어 있어 피해자의 고소 없이도 공소할 수 있다. 성폭력 피해자는 가해자를 알게 된 날로부터 1년 이내에 형사소송을 낼 수 있고, 3년 이내에 고소하여 민사소송을 통해 손해배상을 받을 수도 있다.

그리고 「성폭력특별법」은 "18세 미만의 사람을 보호하거나 교육 또는 치료하는 시설의 책임자 및 관계 종사자는 자기의 보호 또는 감독을 받는 사람의 성폭력 사실을 알았을 때 즉시 수사기관에 신고해야 한다."라고 규정하고 있다. 「아동복지법」에 규정된 신고 의무자는 다음과 같다.

- 교원
- 의료인
- 아동복지시설의 종사자

- 장애인복지시설 종사자
- 보육시설 종사자
- 유치원 종사자
- 학원 및 교습소 종사자
- 구급대의 대원
- 성매매 피해상담소 및 지원시설 종사자
- 한부모가족복지상담소 및 시설 종사자
- 가정폭력 관련 상담소 및 시설 종사자
- 아동복지지도원 및 사회복지전담공무원

신고의무자 규정은 학대행위자 처벌보다는 아동보호 및 건강한 가족 유지에 목적이 있으며 무력하고 미성숙한 아동의 특성상 스스로 학대 사실을 신고하지 못하므로 사회의 타구성원이 책임져 주어야 한다는 데 근거를 두고 있다.

아동이 성학대나 성폭력을 인정하지 않는 경우라 하더라도 상담교사는 아동학대의 징후가 나타나는지 계속해서 관심 있게 지켜보고, 부모 면담을 통해 아동학대 가능성을 파악하며, 아동학대가 의심되는 경우 가능한 한 많은 정보를 기록해서 즉시 아동보호 전문기관에 신고해야 한다.

〈표 4-5〉는 성폭력과 관련된 제반 기관에 대한 정보다.

〈표 4-5〉 성폭력 관련 기관 정보

기 관	연락처	업 무
학교 여성폭력피해자 긴급지원센터	117 www.117.go.kr	성폭력 피해여성과 피해아동에 대한 상담 수사, 법률지원 원스톱 운영체계 여성경찰 24시간 근무
한국성폭력 상담소	02-338-5801~2 www.sisters.or.kr	성폭력 피해자 상담 및 사건 지원 성폭력 피해 생존자를 위한 프로그램 법률자문위원의 무료 법률상담 성폭력 피해자에 대한 치료비 지원 성폭력 피해자 보호시설 열림터
의료기관	www.kma.org	여성 학교폭력 피해자 원스톱 지원센터 해바라기 아동센터 성폭력 피해자 전담 의료기관
대한법률구조 공단	132 www.klac.or.kr	성폭력 피해자 무료 법률구조사업
범죄피해자 지원센터	1577-1295	사법보좌인 수사 동행 범죄 피해 보상
성폭력 피해자 보호시설	http://shelter.ymca.or.kr	쉼터 생활 지원
여성긴급전화	1366	24시간 위기 상담
이주여성긴급 전화	1577-1366	24시간 위기 상담

참고문헌

김명하, 김혜림(2003). 해부학적 인형에 대한 일반 아동의 반응 분석. 놀이치료 연구, 7(2), 99-113.

서울시교육청(2008). 정신건강 위기관리 매뉴얼: 정신건강 위기에 놓인 아동·청소년 그들과 마주하다. 서울시교육청.

안동현(2005). 아동 성학대. In 홍강의 외. 소아정신의학. (pp. 492-502). 서울: 중앙문화사.

이소영(2003). 성폭력. 신경정신의학, 42(1), 34-45

이소영(2004). 성폭력. In 대한불안장애학회 재난정신의학위원회. 재난과 정신건강. (pp. 123-138). 서울: 지식공작소.

American Academy of Child and Adolescent Psychiatry (1997). *Practice parameter for the forensic evaluation of children and adolescents who may have been physically or sexually abused*. Washington, DC: AACAP Publications Department.

Cohen, A., Hergenrother, M. A., Johnson, Y. M., Mandel, L. S., & Sawyer, J. (1996). *Sexual harassment and sexual abuse. A handbook for teachers and administrators*. CA: Corwin Press, Inc.

Conte, J. R. (1986). *A look at child sexual abuse*. Chicago, IL: National Committee for Prevention of Child Abuse.

Dickstein, L. J., Hinz, L. D., & Eth, S. (1991). Treatment of sexually abused children & adolescents. In B. Y. Tasman & S. M. Goldfinger (Eds.), *American Psychiatric Press Review of Psychiatry*, Vol. 10, 345-366. Washington DC: American Psychiatric Press.

Resnick-Sandler, B., & Paludi, M. A. (1993). *Educator' s guide to controlling sexual harassment*. Washington, DC: Thompson.

Yullie, J. C., Hunter, R., Joffe, R., & Zaparniuk, J. (1993). Interviewing children in sexual abuse cases. In G. S. Goodman & B. L. Bottoms (Eds.), *Child Victims, Child Witnesses: Understanding and Improving Testimony*. New York: Guilford.

관련 기관

고려대학교 양성평등센터 http://www.korsvcc.com

서울대학교 성희롱 · 성폭력 상담소 http://help.snu.ac.kr

아주대학교 성폭력 상담센터 http://help.ajou.ac.kr

중앙아동보호전문기관 http://www.korea1391.org

한국성폭력위기센터 http://www.rape119.or.kr

해바라기아동센터 http://www.child1375.or.kr

05
자살 위기개입

고등학교 1학년인 16세 K양은 학교 체육관 구석에서 자신의 손목을 그은 채 담임교사에게 발견되었다. 면담 결과 초등학교 때 또래로부터 따돌림과 괴롭힘을 지속적으로 받았으며 가까운 친구가 없었다. 중학교 시기 동안 노는 친구들과 어울렸으나 특별히 친한 친구는 없었다. 고등학교 입학 후 기숙사 생활에 적응하는 것이 어려웠고 친구들로부터 소외감을 느끼고 있었다. 자주 짜증을 내고 교사들에게 욕을 하는 등의 문제와 기숙사 생활 거부로 부모와 갈등을 겪고 있었으며, 기숙사에서 무단 외출 후 다음 날 이러한 행동이 일어났다. 중학교 3학년 때도 친구와 학교가 싫다면서 손목을 그은 적이 있었다.

담임교사는 부모에게 긴급히 연락하였고, 부모가 올 때까지 학생 옆에 머물렀다. 정신과 진료 후 우울증 진단을 받고 약물치료와 면담치료가 시작되었고, 의사의 권고로 교감, 담임교사 및 부모와의 협의를 거쳐 기숙사 생활을 적응이 가능한 수준부터 점차적으로 늘려가기로 하였다. 담임교

---

* 이 장은 곽영숙, 김영덕이 집필하였다.

사는 지속적으로 관심을 갖고 지켜보고 대화하였으며, 부모와 자주 협의를 하였고 의사와도 직접 의논을 하였다. 치료 후 K양은 짜증과 공격성이 줄고 의욕이 증가하여 가족을 포함한 대인관계에서 갈등이 줄어들었다. 한편 융통성을 지닌 학교의 대처와 함께 담임교사 외에도 관심을 보여 주고 이야기를 들어주는 몇몇 교사에게 K양은 친밀감을 느끼게 되었고, 학교 환경에 대해서도 지지적으로 느끼며 차차 적응해 나갔다. 친구들과의 관계도 나아져 연극반 등 집단 활동에도 참여하였고, 2학년으로 무사히 진급하였다.

1. 청소년 자살에 대한 이해

1) 자살 가능성을 다루어야 하나

청소년 자살 가능성에 대한 임상적 평가는 다음과 같다. 많은 사람은 자살을 주제로 청소년과 이야기하는 것에 대해 걱정한다. 자살 가능성에 대해 묻는 것이 청소년이 처음으로 이 주제에 대해 생각하는 시간을 갖게 하는 것이라는 맥락에서 보면 일리가 있는 걱정이다. 또한 중학생에 해당하는 13~14세 청소년의 60%가 자살을 생각해 본 적이 없고, 더 어린 나이에는 자살을 주제로 고려하거나 말로 표현한 적이 없을 가능성이 더 많다는 점이 걸린다. 여기서 우려되는 점은 '그 질문을 함으로써 자살의 길로 들어서게 하는 것은 아닌가' 또는 '어떤 면에서 자살을 인생 문제의 합리적 해결로 정당화 시키는 것 아닌가' 라는 것이다. 그러나 학교나 임상 상황에서는 적어도 얼마의 기초적 선별 질문을 할 권리가 있고, 그래야 할 의무가 있다. 이런 견해를 지지하는 첫 번째 주장은 자살은 종종 우울해 보이지 않을 때 나타나며 치료할 수 있는 상태에서 조기 발견하고 개입하는 것이 자살률을 감소시키는 방법 중에 하나라는 것이다. 두 번째 주장은 자살을 한 사람들 절반 이상이 자살하기 전에 전문가를 만났으나 그 의도를 나타내는 어떤 징후도 제공하지 못했다는 사실과 관계가 있다. 또한 Sahin 등은 자살에 대한 비판적 평가와 건설적인 토론이 자살의 위험을 실제로 줄일 수 있다고 하였다(Sahin, Batiguhen, & Sahin, 1988). 우리가 알기를 원한다면, 무언가를 하기를 원한다면, 물어봐야 한다.

자살 가능성은 하나의 행동 스펙트럼으로 여겨진다. 자살 경향은 단순한 생각으로 시작하여 계획을 하고 다른 사람을 위협하며 고의로 자신에게 해를 주고 마침내 실제 시도로 이어지는 연속체상의 어느 지점으로 개념화할 수 있다(Crosby, Chelton, & Sacks, 1999).

자살 행동 스펙트럼 중 자살 사고, 계획, 위협 그리고 고의의 자해 등과 같은 선행 행동이 정상 청소년에서 통계적으로 자살 시도와 연관이 있고, 특히 자살 계획과 고의의 자해를 합하면 훨씬 연관성이 높아짐이 보고되었다(Pearce & Martin, 1994).

2) 청소년 자살의 특징

청소년 자살의 가장 심각한 지표는 이전의 자살 시도 경험이며, 청소년은 상황적 요인이나 충동성의 영향을 더욱 많이 받는다. 청소년의 경우 정서적, 심리적 특성에 따라 그들이 보이는 자살행위에는 미래에 대한 비관적 인지보다는 우울한 기분이나 충동성 등 정서적 요인이 더 중요한 역할을 하며, 자살 사고는 우울증과 밀접한 관계가 있으나 자살 사고를 행동으로 옮기는 데는 충동성이 촉발요인으로 작용한다(신민섭, 1992). 이것은 조속한 치료적 개입을 제공하면 치료 효과가 높아질 수 있음을 시사한다.

청소년 자살의 장기적 추세를 살펴보는 것은 원인과 예방 요소를 아는 데 도움이 된다. 미국은 1964년에서 1988년까지 3배나 증가했던 청소년 자살률이 1990년부터 백인 남자 청소년에서부터 감소하기 시작하여 1995년에는 흑인과 여자 청소년까지 감소하였다. 1988년에 10만 명당 20명이었던 백인 남자 청소년의 자살 빈도가 2000년에는 14명으로 감소하였다.

자살 감소의 첫 번째 원인으로 생각할 수 있는 것은 자살 증가의 가장 큰 원인이었던 알코올과 약물 남용의 감소를 들 수 있다. 그러나 연구를 통해 남용이 줄어들었다는 지표가 제시되지는 못하였다. 두 번째 가능한 자살 감소 원인으로는 총기 규제를 들 수 있는데, 실제로 총기에 의한 자살이 줄지는 않았다(Cutright & Fernquist, 2000). 또한 총기에 의한 자살이 매우 드문 핀란드, 영국, 독일 그리고 스웨덴에서도 청소년 자살률이 20~30%가 줄었다.

자살 감소의 또 다른 원인은 이 시기 동안 증가된 항우울제 처방과 관련이 있다. Olfson, Marcus 그리고 Weissman(2002)은 항우울제의 연간 사용량이 1987년부터 1996년 사이에 0.3%에서 0.6%가 증가되었다고 보고하였다. 선택적 세로토닌 재흡수억제제는 우울증뿐 아니라 공격적 폭발을 줄여 주고 성인의 경우에는 자살 사고를 감소시킨다. 하지만 항우울제 처방이 정신보건 서비스의 접근성 증가나 서비스 사용 증가의 지표는 아니다. 이 시기 동안 정신치료를 받은 청소년은 오히려 줄었기 때문이다. 우울증 인구에서 항우울제 치료를 받은 경우 자살이 적었던 스웨덴의 연구(Isacsson, 2000) 소견 역시 이를 뒷받침한다.

위험요소로서 가장 두드러지는 것은 개인적 특징에 해당하는 정신병리다. 자살한 청소년의 90% 이상이 적어도 한 가지의 주된 정신장애를 가지고 있었으며, 가장 흔한 우울장애가 49~64%를 차지한다. 이어서 정동장애와 물질 남용이 공존하는 경우가 많으며, 행동장애 역시 흔하다. 그 외에 이전의 자살 시도, 성적 오리엔테이션의 문제, 세로토닌 기능부전과 연관된 생리적 요소를 들 수 있다.

가정적 요소로는 자살 행동의 가족력, 부모의 정신병리, 부모의 이혼, 부모-아동 간의 관계 손상 등이 있다. 생활환경 요소로는 스트레스를 주는 생활사건, 정서적 학대, 신체학대, 성학대 등이 있다. 사회환경 맥락의 요소로는 사회경제적 요소, 학교와 직장문제 그리고 전염/모방을 들 수 있다. 특히 우리나라에서는 학교폭력이 자살과 밀접한 관계를 지니고 있다.

자살로부터 청소년을 보호하는 요소는 그리 많지 않으나, 가족 내 응집도가 높을수록 자살률이 3.5~5.5배 낮았다. 가족 내 응집도가 높다는 것은 보살피고 지지적인 가정으로 좋은 애착을 이룬 경우를 말한다. 또 다른 자살 보호요소는 종교적 요소인데, 종교가 있을수록 자살률이 낮았다. 그리고 지역사회에서는 회복력을 키우고 지역사회와의 연결감을 키우는 시도가 자살에 큰 영향을 줄 수 있다는 것이 발견되었다. Resnik 등(1997)은 연구를 통해 가족 내 높은 응집도와 종교적 요소가 합해지면 학교에서 자살 사고를 감소시킬 만한 충분한 힘이 될 수 있다는 것을 보여 주었다.

3) 청소년 자살예방 전략

잘 알려진 자살예방 전략은 학교, 지역사회 및 보건체계라는 세 가지 영역에서 이루어진다(Gould, Greenberg, Velting, & Shaffer, 2003). 이 전략들은 사례 발견과 의뢰 및 치료 그리고 위험요소를 감소시키는 것을 목표로 한다.

첫째, 학교 기반 예방 프로그램은 ① 자살을 인지하도록 돕는 교과과정, ② 다양한 기술증진 훈련, ③ 선별평가, ④ 교사 훈련, ⑤ 또래 도우미, ⑥ 사후개입 및 위기개입 등이다. 이 프로그램들은 각각 다음과 같은 특성을 지닌다.

자살을 인지하도록 돕는 교과과정은 이 시점에서는 불충분한 증거를 갖고 있으므로 이를 대체하는 학교 전략으로 관심이 전환되었다. 기술증진 훈련은 문제해결, 대처, 인지 기술 등을 포함하는데 '면역을 증가시키는 효과'가 있었다. 학업 실패나 중도 탈락의 위험이 높은 학생을 대상으로 기술 훈련에 초점을 맞추고 지지 프로그램을 실시했을 때 자살 위험 행동이 줄었다.

선별평가는 '거짓-음성 반응'(실제로는 문제가 있는데 없는 것으로 나오는)을 줄이기 위해 다단계 선별이 필요하다. 1차 평가로는 자가설문이나 개인 면담을 실시하고, 체계적인 임상적 평가를 2차 평가로 실시할 필요가 있다. 문제는 학교 책임자가 교과과정 기반 프로그램이나 직원을 위한 프로그램보다 평가 프로그램을 덜 좋아한다는 데 있다. 그리고 평가 결과에 따라 치료 의뢰가 효과적으로 이루어지는 것에 선별평가의 성패가 달려 있다.

교사 훈련은 교사가 위험에 처한 학생을 발견하고 그 위험도를 결정하고 의뢰를 하기 위한 지식과 태도 그리고 기술을 개발하기 위해서 실시한다.

또래 도우미 중 일부는 이야기를 들어주고 경고 증상을 보고하는 정도에 국한하고, 다른 일부는 상담 책임까지 지기도 한다. 또래 도우미의 효과에 대해서는 아직 충분한 자료가 없다.

사후개입 및 위기개입은 잘 짜여진 개입이 실시된 경우에 4년간 추적관찰을 실시했을 때 대부분 새로운 자살이 일어나지 않았다 (Poijula, Wahlberg, & Dyregrov, 2001).

둘째, 지역사회 기반 예방 프로그램은 ① 위기센터 및 긴급전화, ② 치명적인 방법의 제한, ③ 미디어 교육 등이다.

위기센터 및 긴급전화와 연관해서는 자살 청소년의 14~18%가 핫라인을 이용하는 것으로 보고되었는데, 그 효과에 대해서는 아직 정보가 부족한 상태다.

자살 시도 시 선택하는 치명적인 방법을 제한하는 전략은 자살 방법이 다른 대체 방법으로 바뀌는 것이 문제가 될 수 있지만, 새로운 대체 방법들이 그래도 덜 치명적이다.

미디어 교육 전략은 미디어 보고의 지침을 만들어 전염을 막고 긍정적 역할을 하게 하는 것을 목표로 한다. 오스트리아에서 이 전략을 실시하고 4년간의 추적조사를 한 결과, 자살률이 첫 해에는 7% 감소, 4년 후에는 20% 감소하였다(Etzersdorfer & Sonneck, 1998).

셋째, 보건체계 기반 예방 프로그램은 1차 진료의나 소아청소년

정신과 전문의에 대한 교육과 훈련 프로그램으로서, 이는 지속적으로 이루어져야 한다. 많은 청소년이 자살 한 달 전에 의료적 치료를 찾는 것으로 알려졌다. 스웨덴의 고틀란드 섬 연구에서는 일반의의 우울증에 대한 진단과 치료 기술 증진 훈련 후 자살률이 의미 있게 감소했으나 3년 후 제자리로 돌아왔다(Rihmer, Rutz, & Pihlgren, 1995). 이 결과는 교육과 훈련이 지속적으로 이루어져야 함을 증명하는 것이다.

우리나라에서 이루어지는 지역사회 정신건강사업의 중요 요소인 아동청소년 정신건강사업은 지금까지 제시한 세 가지 영역의 연계체계를 구축하는 것을 목표로 하여 이루어지고 있다. 그러므로 자살예방을 위해서는 지역사회에서 이를 적극 활용하는 것이 바람직하다.

학교 정신건강증진 모델은 보편적 접근, 선택적 접근 그리고 표적이 있는 접근으로 개념화되고 있다. 보편적 접근은 학생 전체를 대상으로 하는 정신건강증진 교과과정이고, 선택적 접근은 고위험군 학생을 대상으로 하는 프로그램들이며, 표적이 있는 접근은 선별검사를 통해 문제가 확인된 사례를 대상으로 한다. 따라서 조기 발견을 위한 노력은 자살예방의 기본 전략이며 필수적이다. 그러나 이미 지적했듯이, 복합적 평가를 통해 신뢰도를 높여야 한다.

평가 후의 의뢰체계, 긴급 보살핌, 찾아가는 서비스와 사후관리, 위기상담 서비스는 물론이고 치료 중 연계 협조와 입원치료 후 복귀 지원 서비스는 특히 필요한 서비스다. 이를 위해서는 학교, 지역사회, 보건체계가 자살예방 협력체계를 이루어 포괄적 서비스를 제공해야 한다.

호주의 자살예방정책 LIFE(Living Is For Everyone)는 세 가지를 목표로 하고 있는데, 그중 하나가 '자살예방에 관심이 있고 겹칠 가능성이 있는 많은 프로그램, 기관, 정부 사이에 협력정신을 수립하는 것'이다. 그만큼 협력이 중요하지만 현실에서는 협력을 이루기가 어렵기 때문일 것이다.

효율적 협력을 위해서는 각 부처 간 협력이 우선시 되어야 한다. 그 예로 교육과학기술부와 보건복지부가 2007년부터 공동사업으로 실시하고 있는 생애주기별 정신건강검진 사업이 있다. 초·중·고등학교에 이르기까지 학기 초에 학교에서 1차 정신건강검진 선별검사를 실시한 다음, 선별된 학생은 지역 정신건강센터에서 2차 심층검사를 실시하고, 다시 선별된 학생은 3차로 정신과 전문의의 진찰을 받은 후 정신의학적 치료에 연계된다. 필요한 경우 2차 선별 학생도 학교 내 상담이나 집단 프로그램에 참여하게 되고, 정신건강센터 요원의 사례관리를 받게 된다. 정신건강센터는 정기적으로 스쿨 클리닉을 열어 학교 내 서비스를 제공한다. 또한 교사와 학부모에게 교육을 실시하고, 인성교육이나 사회성 기술 훈련 등의 프로그램을 개발하고 보급하는 역할을 한다.

학교 단위 자살예방 체계에서도 서비스 제공자에 대한 자살예방 기술 훈련과 이를 위한 협력이 필요하다.

끝으로 자살예방은 정신건강증진 안에서 이루어져야 하고, 특히 우울증 예방 및 치료가 강화되어야 하며, 선별에 따른 효율적 의뢰 체계 확립이 핵심이다.

또한 보호요소에 중점을 둔 긍정적 접근은 자살예방에 반드시 필요한 태도다. 이를 위해서는 기본 교과과정에 회복력을 증진시

키는 교과과정을 포함시키는 것, 학교 내에서 어떠한 형태로든 연결감을 제공하는 것, 낙관성 키우기와 같은 프로그램 그리고 상실과 애도를 지원하는 서비스 등이 필요하다.

2. 자살 시 학교 위기개입 및 관리 지침[1)]

1) 위기사건 관리

- 학생이나 교직원의 사망은 학교 공동체의 대다수 구성원에게 장기적인 충격을 미칠 수 있다.
- 학교가 받는 충격의 정도는 학교가 어떻게 대처하는가에 의해 크게 영향을 받는다.
- 학교는 즉각적으로 실행될 수 있는 위기사건 관리 계획을 갖는 것이 필수적이다.
- 사망이 자살의 결과일 경우, 학교는 그 공동체 안의 큰 슬픔에 대해 대처를 해야 한다.
- 많은 양의 자기반성을 다루어야 하고, 또한 자살 전염의 가능성을 고려해야 한다.
- 자살과 자해를 하기 쉬운 경향이 있는 것으로 사전에 인지된 학생들은 그들이 죽은 사람과 밀접한 관련이 있든 없든 간에

1) 이 절의 상당 부분은 호주의 정신건강증진 교과과정 교재인 『마음의 문제들(Mind matters)』 중 '삶을 위한 교육(Education for living)' 부분에서 발췌하여 번안하였다.

이 시기에 특히 상처받기 쉽다.

- 대부분의 학교는 기존에 있는 위기사건 관리 계획 안에서 자살 사후관리를 다룰 것이다.

(1) 위기사건 관리 계획의 개발

위기사건 관리 계획은 학교가 위기에 대한 반응을 조절할 수 있게 하고, 교직원이 많은 혼란과 스트레스를 피하게 해 주며, 학교에 시의적절한 방법으로 최선의 가능한 전문적 도움이 주어질 수 있음을 확실히 해 준다.

자살에 의한 사망의 영역은 다음과 같은 특별한 쟁점을 다루어야 한다.

- 일어난 자살에 대해 학생들과 토론하기
- 자살 전염의 예방
- 위험에 처한 학생과 교직원 확인
- 자살에 대해 언론과 토론하기
- 부모에게 알리고 함께 작업하기
- 추도 서비스 또는 추도활동에의 학교 참여

위기사건 관리 계획은 다음과 같은 특징을 지닌다.

- 이 계획은 사망사건이 발생했을 때 즉각적으로 실행되어야 하고, 자문을 통해 최선의 계획이 개발되어야 한다.
- 반드시 모든 교직원에게 이 계획을 알려야 하고, 그들이 쉽게

접근할 수 있어야 한다.

- 사후관리 계획을 포함한 위기사건 대처는 사건이 일어나기 이전에 개발되어야 한다.
- 서둘러 대처하는 학교는 대처에서 훨씬 덜 효과적이고, 단기 · 장기적으로 부정적인 결과를 가질 수 있는 행동을 촉발할 수도 있다.
- 학교는 이용 가능한 교육부 또는 교육청의 정책과 위기사건 서비스를 알고 있어야 한다.
- 이런 과정의 부분으로서 학교는 팀을 구성하고, 위기사건 반응에 대한 책임을 이 팀에 할당할 필요가 있다.

(2) 위기사건 반응팀의 구성

- 절차가 실행되고 자원의 할당을 확실하게 하기 위해 권위 있는 고참직원으로부터 책임자를 선출한다.
- 요원으로는 복지 및 학생관리 담당의 핵심 직원을 지정한다.
- 책임자와 팀이 위기사건 관리를 위해 훈련을 받아야 한다는 것과 지침과 법적 요구에 친숙해져야 한다는 것을 확실히 한다.

(3) 위기사건 반응팀의 주요 책임

- 교직원, 학생 및 공동체와의 자문을 통한 위기사건 계획 개발과 검토하기
- 모든 직원에게 입문 수준의 훈련을 동등하게 실시하기
- 위기사건에서 반응 계획의 실행을 감독하기

- 학교에 대한 외부 지원봉사와의 협력 및 의사소통하기
- 학생과 교직원을 위한 관리 지원과 전문적 상담하기
- 위기사건 계획의 지속적인 검토를 지도하기

(4) 외부 지원기관 및 인력 확보

자살의 경우 상담, 평가 그리고 후속조치를 제공하는 정신건강 서비스나 청소년 건강 서비스들이 요구되고 권고되어야 한다. 학교가 받아드릴 도움과 서비스 제공이 사전에 위기사건 계획에서 정의되어야 한다.

학교의 위기사건 계획을 개발하거나 검토할 때 팀은 다음의 사항을 수행해야 한다.

- 서비스 제공자의 역할과 책임의 영역을 명확히 해야 한다.
- 모든 지원인력(예: 목사, 간호사 등)은 자살에 대한 후속 조치를 확실히 이해해야 한다.
- 조언을 제공하는 지역공동체와 종교단체의 대표자를 구별해야 한다.
- 서비스 제공자, 공동체 또는 문화 집단과의 지속적인 의사소통과 상담을 수립해야 한다.

(5) 사후관리

① 사후관리의 정의

사후관리란 자살에 대처하기 위해 실행할 전략을 서술하기 위해 사용된 용어로서, 학교의 자살예방 계획과 위기사건 관리 계획의 중요한 부분이다. 사후관리 계획은 학교가 그 공동체 안에서의 애도에 반응하는 데 도움을 주기 위해, 그리고 또 다른 자살 혹은 자살 시도의 가능성을 예방하기 위한 것이다. 또한 사후관리는 다음에 일어나는 자살 시도에 대처하기 위해서도 꼭 필요하다.

② 사후관리의 목적

사후관리는 자살에 관한 감정의 표현을 촉진하는 것과 죽음을 낭만화하지 않도록 하는 것을 목적으로 한다.

이러한 목적은 성취하기 위해 사용되는 전략은 다음과 같다.

- 문제가 있거나 잠재적으로 자살이 가능한 학생을 확인하고 적절한 지원을 제공한다.
- 학생과 교직원이 자살이 발생하는 이유를 이해하도록 돕는다.
- 자살에 대한 정확한 정보와 토론을 위한 기회를 제공한다.
- 학생들이 자신의 정서적 반응과 애도 반응을 이해하도록 돕기 위한 정신교육적 학급활동을 지도한다.
- 편지 쓰기 또는 장례식 참석 등과 같은 위로의 표현에서 적절한 참여를 촉진한다.
- 성지 조성이나 조기 게양과 같은 행동으로 죽음을 미화시키는 것을 피한다.
- 자살은 하나의 선택이지만 보다 좋은 선택이 많음을 강조한다.

③ 사후관리 활동

자살에 의해 영향을 받은 많은 사람들에 대한 지원과 전문적인 상담의 조항은 사후관리 활동의 중요한 요소 중 하나다. 잘 준비된 사후관리 계획을 통해 학교는 다음과 같은 사항을 실행할 수 있게 된다.

- 지원과 상담을 위해 즉각적인 기회 제공
- 학생과 직원 모두의 욕구에 응답
- 지역 공동체 및 종교단체와 그들의 요구, 훈련 또는 신념체계에 관해 적절하게 협력 유지
- 영향을 가장 많이 받은 사람들을 위한 장기적 지원 제공
- 집단작업과 마찬가지로, 필요하다면 일대일 지원 제공

④ 부가적인 지원

자살에 의해 가장 영향을 많이 받은 사람은 부가적인 지원이 필요하다. 따라서 사후관리는 죽은 사람과 밀접하게 연관되지는 않았을지라도 상처받기 쉬운 학생을 포함하여 가장 영향을 많이 받은 사람을 확인하는 것을 도와주어야 한다.

가장 영향을 많이 받은 사람(자살 후 고위험 가능성 학생들)은 다음과 같다. 다음의 학생들은 자살을 모방할 가능성이 매우 크다.

- 가까운 친구
- 형제자매와 사촌
- 여자친구 또는 남자친구
- 죽은 사람과 최근에 다투었거나 갈등이 해소되지 않은 상태에 있는 사람
- 담당직원

- 상처받기 쉬운 학생과 교직원
- 자살 위협이나 시도력이 있는 학생
- 희생자의 상황과 자신의 상황을 동일시하는 학생
- 사망한 친구가 사망 전에 죄책감을 느낄 만한 말이나 행동을 했던 학생
- 자살 성공과 연관된 어떤 것이라도 있는 학생
- 자살 계획을 알고 있던 학생
- 사망한 친구에게 도움을 주려고 시도했던 학생
- 자살을 하나의 실행 가능한 대체 방법으로 생각하게 된 학생
- 어떤 증후나 행동을 관찰했고 그것들이 자살 의도의 경고 증후였다는 것을 알게 된 학생

⑤ 자살 위험이 높아지는 시기

- 자살 기념일
- 생일

⑥ 정상적인 애도반응

정 서

- 슬픔
- 무서워함
- 죄의식을 가짐
- 희망이 없음
- 한심함
- 외로움

• 화가 남

신체감각

• 가슴통증
• 배고픔
• 소리에 과민함
• 세상과 격리된 신체감각
• 짧은 호흡
• 허약함
• 무기력함
• 구강 건조증

생 각

• 난 믿을 수 없어.
• 난 혼란스러워, 난 아마 미칠 거야.
• 집중할 수가 없어.
• 그것은 아마 내 잘못이었을 거야.
• 그것은 나일 수 있었어.
• 내가 그것을 생각한다면 더 나빠질 거야.

행 동

• 잠을 못 잠
• 먹고 싶지 않음
• 물건을 잃어버림

- 혼자 있고 싶어 함
- 상실에 대한 꿈을 꿈
- 그 사람이나 사물을 찾아 돌아다님
- 한숨을 많이 쉼
- 계속 앉아 있지 못함
- 울음이 많음
- 상실과 연관된 곳에 감
- 상실과 연관된 물건을 지님

⑦ 애도 시기에 자기 자신과 친구를 돕는 방법

자기 자신 돕기

- 슬픔에 대해 배울 준비가 되어 있어야 한다. 그것에 대해 사람들에게 이야기하고, 극심한 슬픔에 처했던 그때의 감정을 체험해 본다.
- 슬플 때 도움을 줄 수 있는 어른과 신뢰가 가는 친구를 찾아본다. 자신을 슬프고 화나게 만드는 작은 상실에 대해 그들과 대화해 본다.
- 애도는 괜찮은 것이며, 상실에 대한 정상적인 반응임을 받아들인다.
- 애도를 관리하는 여러 방법을 이용한다. 편지나 일기, 시 등을 쓰거나, 음악을 작곡하거나, 그림을 그려 본다. 또한 활동적인 육체 활동을 한다. 사람들이나 당신의 애완동물에게 이야기하거나, 공작 활동을 하거나, 책을 읽는 것도 좋은 방법이다.

- 주요한 상실에 성공적인 대처를 했던 사람들을 찾아보고, 그들에 대한 책을 읽어 보거나, 가능하다면 그들과 이야기하고 당신에게 들려주는 그들의 이야기를 들어 본다(이런 과정은 그 사람들에게도 도움이 될 것이다.).
- 극한 슬픔을 극복하는 데는 시간이 걸린다는 것을 명심한다(몇 주, 몇 달, 심지어는 1년까지도). 그리고 그로 인해 당신이 육체적으로 그리고 정신적으로 피로해질 수 있다는 것을 인지한다.
- 친구들과 웃으면서 즐길 만한 무언가를 하는 시간을 갖는다.
- 도움이 제공됐을 때 그 도움을 받아들인다. 만약 당신이 혼자 있고 싶다면 그들의 도움에 대해 고마움을 표현하고, 당장은 혼자 있고 싶다고 말한다. 그러나 나중에는 도움을 받을 수 있다는 것을 그들에게 전한다.

친구(혹은 가족) 돕기

- 당신의 친구와 함께한다. 전화로 그들과 이야기를 하거나 그들에게 편지를 쓴다(그들이 답장을 쓰지 않는다 해도).
- 그들에게 도움이 될 수 있는 것에 대해 생각해 본다. 그들은 무엇이 도움이 될지 모를 것이고, 혹은 도움을 요청하지도 않을 것이다. 당신의 생각이 항상 도움을 주지는 않겠지만, 당신의 친구는 당신이 시도한 것을 기억할 것이다.
- 여러 번 상실에 대한 상세한 정보를 들을 것에 대한 준비를 해야 한다. 애도에 빠진 사람들은 자신의 이야기를 자꾸 함으로써 자신에게 어떤 일이 일어났는지 받아들이게 하고 이해시킬

수 있다.

• 그들의 말을 막지 말고 듣는다. "안됐군요." "그것에 대해 말해 줘요."라며 경청하고 있음을 보여 주는 간단한 말을 한다.
• 좋은 시간을 추억하는 것은 위안이 될 수 있다. 친구에게 그 사람과 좋은 시간을 보낸 것에 대해 말하도록 물어본다. 혹은 행복한 추억을 불러일으키는 장소를 친구와 함께 방문하거나 회상할 만한 기념식을 진행하도록 돕는다.
• 친구에 대해 걱정한다면, 부모나 다른 어른들에게 자신의 두려움과 걱정에 대해서 말하지 않도록 한다.
• 때때로 당신의 친구는 자신의 상실에 대해 말하고 싶고 아무 일 없었던 듯 행동하고 싶어 한다는 것을 기억한다. 그 시간에 그들이 느끼는 대로 따라간다. 애도에 대해 그리고 지지적인 친구가 되는 방법에 대해 배워 둔다면, 당신의 친구는 곧 회복할 것이다.

⑧ 자살 전염의 사전관리

자살 전염의 가능성을 예방하는 것이 사후관리의 목적이다. 자살 전염의 사전관리를 지원하기 위한 전략은 다음의 내용을 포함한다.

• 위험에 처할지도 모르는 사람을 관찰하고 구별하는 데 깨어 있는다.
• 가장 영향을 받는 사람이 항상 명확히 드러나는 것은 아니라는 것을 인식한다.
• 매우 위축되어 있고 과묵한 사람이나 그들의 일상에서 정서적

고통을 경험하는 사람에게 특별한 보호를 취한다.

- 모든 활동을 감독한다.
- 특별한 지원구조와 의뢰 과정이 적절한 장소에 있음을 확실히 한다.
- 애도반응, 경고신호 그리고 가능한 지원에 관해 부모와 의사소통을 한다.
- 죽음을 미화하는 것을 피한다.
- 기념일 시기에 고통의 정도를 살펴본다.
- 기념식수 또는 명판 같은 기념물은 피한다.

⑨ 사후관리의 궁극적 목적

사후관리를 실시하는 궁극적인 목적은 문제를 건강하게 해결하고 정상으로 쉽게 회복되도록 돕는 데 있다.이를 성취하기 위해서 학교는 다음의 사항을 수립해야 한다.

- 지속적으로 안전하고 안정된 구조를 제공한다. 즉, 교직원이 상주하고 정기적인 수업(단기간일지라도 정신건강증진 및 정신건강 교육 교과과정에 초점을 둔)을 실시한다.
- 위기사건 관리팀으로부터 보고를 받는다.
- 위기사건에 대한 학교 관리를 검토하고, 필요하다면 사후관리 계획을 수정한다.

(6) 사후관리 안내 개발

학교의 사후관리 계획의 개발을 지원할 때 다음의 사후관리 안내도를 사용할 수 있다. 또한 학교는 위기사건을 취급하기 위한 지

담당 부서와 외부 지원 직원 발표

위기사건 관리팀 회의

사실을 가족과 함께 확인함

↓

관리계획 확정: 발표할 수준을 결정

직원 공지
전체 직원 소집

모든 언론과의 접촉은 지정된 사람을 통해서 하도록 함

↓

가장 영향을 받은 사람들과 학생 지원을 도와주는 사람들을 도와주기 위해 여분의 직원을 둔다.

학생 공지
- 가까운 친구들은 직접 접촉
- 학급 친구들을 위한 특별한 지원제공
  → 교사가 위기사건 관리팀에 의해 제공된 도구를 사용하여 다른 반에 알림 (학교 조회시간을 통해 알리지 말 것)

학급 학생들과의 의사소통에서 직원이 진술할 내용을 준비하여 직원을 돕는다.

↓

직원에게 설명할 사항:
- 지원 제공 방법
- 고통받은 학생들에 대한 대처방법
- 토론을 쉽게 하는 법
- 주시해야 할 증후
- 가능한 서비스지원

위험에 처한 학생과 직원을 확인하고 지원, 전문적인 상담을 계획

학급 학생들과의 의사소통에서 직원이 진술할 내용을 준비하여 직원을 돕는다.

↓

위험에 처한 학생과 직원의 가족을 접촉

학부모에게 공지
- 사실들
- 가능한 애도 반응
- 학교의 대처계획
- 가족을 위해 가능한 지원서비스

- 학교에 회복실을 설치
- 지원과 상담자에게 지원을 제공
- 운동장 근무에 특별 직원을 배치
- 모든 활동을 감독

↓

- 사망한 학생의 학급에 보다 집중적인 지원을 제공
- 가장 영향을 많이 받은 사람들을 위한 장기지원
- 죽음을 낭만시하거나 사망한 학생을 영웅시하는 것을 피함

학생을 감독
시기가 지나거나 장기적인 고통의 증후, 그리고 부가적인 지원

- 부모의 지지와 함께 학생들의 장례식 참여를 허락
- 애도를 표현하기 위한 몇 가지 수단 제공, 특히 장례식에 참석하지 못하는 경우(편지 쓰거나 적절한 조직에 기부)

↓

직원과 학생, 학부모에게 알리고 지원을 계속하는 동안 가능한 한 빨리 학교에서 정상적인 일상생활을 할 수 있도록 회복시켜 준다.

[그림 5-1] 자살 사후관리 안내도

침과 교육과학기술부 또는 교육청 체계에 따라 제공된 비상대책을 참조한다.

2) 위험에 처한 학생의 조기 확인

(1) 자살에 대한 몇 가지 진실

- 자살 생각이 있느냐고 묻는 것은 결코 자살 생각을 불러일으키거나 자살의 원인이 되는 것이 아니다.
- 80% 이상은 경고 증상을 보인다.
- 자살 청소년은 실제 죽고 싶은 것이 아니다. 고통으로부터 도망가거나 다른 대체 행동을 알지 못하기 때문이다.
- 신체적 차이나 성 관련 경향 때문에 희생양이 되거나 차별받는 청소년은 자살 시도를 할 위험이 높다.

(2) 잠재적으로 자살 위험에 처한 학생을 확인하기 위해 교사가 알아야 할 것

- 교사는 어떤 사건이나 자해의 생각도 심각한 주의가 필요하다는 것을 알아야 한다.
- 교사는 학생의 걱정되는 행동이나 자살 생각을 드러낸 것에 대한 염려를 전달해야 한다.
- 학교는 교사가 그들의 걱정을 의뢰할 경우 명확한 과정을 갖추고 있음을 확실히 해야 하고, 학생의 상황에 대한 안전하고 적절한 대응이 쉽게 이루어짐을 확실히 해야 한다.

- 위험에 처한 학생의 조기 확인이 어려운 경우도 가끔 있다. 그리고 교사는 학생에 관한 걱정에 과잉반응보다는 미온적인 반응을 할 수도 있다.
- 모든 교사가 우울증의 유병률과 가능한 경고신호에 대한 인식을 증가시키기 위한 서비스 훈련을 받는 것은 유용하다.
- 청소년은 가끔 미묘하고 상징적인 방법을 통해서, 예를 들면 작문, 음악 그리고 미술로 고통을 표현하거나 도움을 요청한다.
- 학교 사회복지사는 영어, 예술, 드라마 그리고 음악과 같은 창조적인 표현에 참여하는 교사들과 업무적으로 밀접한 유대관계를 형성하도록 권고된다.

(3) 기밀성

- 모든 교사, 학생 그리고 학부모는 자신의 걱정이 자살이나 자해의 가능성과 관련이 있을 때는 그 걱정을 적절한 성인에게 전달해야 한다는 사실을 알아야 한다.
- 의리를 배반하는 것, 약속을 어김, 또는 정신건강 문제와 관련이 있는 결함에 관한 걱정은 자살 청소년이 자신의 걱정을 드러내는 것을 중단시킬 수 있다. 따라서 학교는 이러한 장애물에 적극적으로 대처해야 한다.
- 사생활을 존중하는 것과 기밀성을 유지하는 것을 구분해야 한다.
- 누군가의 생명을 위협하는 것과 관여된 비밀은 반드시 깨져야 할 비밀이다.
- 교사는 (의무적인 보고사항하에) 학생이 학대에 직면하고 있는

상황에 대한 정보를 전달해야만 한다. 그러나 그들은 학생의 사생활을 존중하기 위해 이 사실을 알 필요가 있는 사람들에게만 전달할 수 있다.

- 학생에 대한 보호의무에 따라 교사와 상담교사는 학생이 해를 입을 수 있는 상황에서는 기밀성을 보장할 수 없다.

(4) 고통과 위험에 처한 학생들이 나타내는 신호

교직원이 알아차리고 상담교사에 의해 평가되어야 할 신호는 다음과 같다.

- 학업성취에서 예상 밖의 퇴보
- 우울증, 사망 그리고 자살의 사고와 주제
- 인생은 살 가치가 없다는 진술
- 정신질환 또는 정신의학적 장애의 존재
- 기분의 급격한 변화
- 중요한 사망에 관한 애도
- 관계로부터의 위축
- 정서적 원인에 의한 육체적 증상
- 위험도가 높은 행동
- 어떤 형태든 자기학대가 있을 때
- 절망감
- 무단결석
- 물질 남용
- 타인을 괴롭히거나 또는 괴롭힘을 당함

• 설명할 수 없는 격노, 분노 또는 공격

이 신호들 중 어느 것도 반드시 자살 위험을 가리키지는 않는다. 그러나 이러한 태도와 행동의 조합은 학생이 자살 시도나 자해를 초래할 수 있는 심각한 문제를 겪고 있음을 암시할 수도 있다. 만일 이러한 행동이 함께 존재한다거나 좀 더 극단적이거나 장기적으로 지속되는 형태라면 보다 큰 위험을 가리킬 수도 있다. 이러한 행동은 학생이 우울하거나 장기적 결과가 잠재해 있는 심각한 사회적 · 정서적 고통을 겪고 있다는 점을 확인시켜 줄 수도 있다.

따라서 조기 개입은 무모한 상해, 비행 행동, 학업 실패, 친구나 가족으로부터의 단절, 유해한 약물 복용 같은 일련의 결과를 초래할 위험을 줄이는 데 효과적이다. 청소년이 무엇을 경험하든지 간에 지지적인 환경을 조성하는 것이 결정적이다.

염려되는 행동을 고려할 때, 다음의 문제를 반드시 짚어 봐야 한다.

• 이런 상태의 배경은 무엇인가?
• 예를 들면, 주된 실망이나 관계의 단절 같은 자살을 자극하는 상황이 최근에 발생해 왔는가?
• 이 청소년들에게서 '정상' 은 무엇인가?
• 이 청소년들을 위해 배치된 지원구조는 무엇인가?

일회성의 사건보다는 반복되는 또는 잠재적인 생각, 감정, 행동들을 찾아야 한다.

3) 자살 가능성이 있거나 자해를 하는 학생에 대한 대처

학교는 학생에 대한 중재와 의뢰를 담당하는 교직원의 역할과 책임을 명시해야 한다. 가능하다면 훈련된 상담교사가 이 역할을 수행해야 한다.

다음은 즉각적인 개입 시 고려해야 할 사항이다.

(1) 안전과 의뢰

자살과 관련된 어떠한 의심이라도 있다면, 전문가의 의견을 구한다.

- 학생이 자살의 위험에 처해 있다고 확인되면, 그 학생의 걱정을 들어주고 학생의 안전을 보장하면서 전문적인 서비스를 위해 즉각적인 의뢰를 하는 것이 중요하다.
- 자살의 위험이 높다면, 모든 교사는 학생의 안전을 확실히 보장하고, 때때로 기밀성을 깨뜨리는 것을 포함하여 자살 수단을 제거한다. 필요하다면 그 학생을 감독하고 보호해 줄 수 있는 환경에 배치해야 한다.
- 위험요소가 다양할 때는 전문가조차도 학생이 자살할 수 있다는 예측을 하기 어렵다. 이는 위험에 처한 모든 청소년에게는 반드시 지원이 제공되어야 하고, 적절하다면 관련된 서비스로 의뢰되어야 한다는 것을 제안한다. 따라서 즉각적인 개입의 목적은 지원을 극대화하고 위험을 줄이는 데 있어야 한다.

• 학교는 학부모/보호자에게 정해진 의뢰와 관리 전략 등에 대해 알리고 자문을 구해야 한다.

(2) 협 력

• 학교는 외부지원 서비스, 즉 학교지원 서비스나 안내 서비스, 지역 일반의 및 정신과 전문의, 그리고 아동 및 청소년 정신건강 서비스 기관과의 자문을 통해 지속적인 유대관계를 형성해야 한다.
• 외부 기관들이 학교와 협력할 수 있는 방법이 모색되어야 하고, 분담된 보호와 관리의 모델이 확립되어야 한다.
• 학교는 관련된 문화집단이나 종교단체와 상담하고 지속적인 유대관계를 형성해야 한다.
• 청소년의 배경을 고려해야 한다.
• 문화적으로 적절한 방식으로 진행하는 방법에 관해 의문이 있다면, 문화적으로 특화된 기관(문화를 초월한 정신건강 서비스 같은)이 고려되어야 한다.

(3) 위험에 처한 학생과의 작업

• 학생이 가진 극복 전략과 판단 능력을 존중하는 마음을 갖는다.
• 신뢰를 최대화하고 와해나 이상을 지각하는 것을 최소화시킨다.
• 학문적, 사회적, 정서적 그리고 훈육에 관한 주제를 다룰 때는 성장할 수 있는 잠재력을 강조한다.

- 스스로를 안전하게 지킬 수 있는 학생의 능력을 지지한다.
- 도움-추구 행동을 보상하고 인정한다. 그리고 보조를 받아들이거나 요구하는 것을 격려한다.
- 위험에 처한 청소년에 대한 염려를 보고했을지 모르는 친구들의 책임감을 덜어 주고, 정보를 제공해 준 것에 대해 그들에게 감사한다.
- 학생의 문제를 사소한 것으로 여기지 않는다. 적절한 도움을 받을 수 있을 것이라고 학생을 안심시킨다.
- 비밀을 지킨다는 약속을 하지 않는다. 그리고 그 이유를 설명한다.
- 학생의 사생활을 존중한다. 토론 시에 사적 영역을 말하는 것은 모두 존중한다.
- 치료를 위한 결석의 필요성, 학문적 기대에서의 관대함, 누가 무엇을 언제 그리고 왜 들어야 되는지, 그리고 선호하는 의뢰와 지지 전략 등과 같은 문제에 대해 가능하면 언제든지 학생의 의견을 묻는다.
- 토론을 위한 적절한 시간을 준다.
- 알기를 원하는 학생에게는 조언을 해 준다. 그러나 정보는 제한한다.
- 자살 행동에 대한 위험요소들은 한편으로는 물질 남용, 비행, 무단결석 같은 다른 잠재적인 부정적 예후의 지표라는 것을 알아야 한다.
- 학생과 가족에게 누가, 무엇을, 언제 그리고 왜 들을 것인지와 같은, 학교에서 취할 행동을 알려야 한다.

• 학교환경과 교실 프로그램을 지원하거나 재통합하기 위한 계획을 개발할 때 학생, 가족 그리고 치료 제공자와 함께 일한다.

(4) 지지를 제공하는 방법에 관해 다른 교직원에게 조언하기

가장 좋은 예로서 교직원이 다음과 같이 하도록 격려한다.

• 동의한 행동계획을 고수한다.
• 학생을 위해 되도록 모든 것을 정상적으로 유지한다.
• 보통의 친절한 태도로 학생을 대한다.
• (학교정책의 범위 안에서) 학급 동료와 친구로부터의 사회적 통합과 지지를 격려하는 학급활동을 고려한다.
• 필요하다면 학교 일과 중에 치료에 접근하도록 허락한다.
• 조정된 숙제 시간표와 다른 학생들과의 격차를 따라가기 위한 자료에 관해 협상한다.
• 자긍심을 격려하는 훈육과 학문적인 전략을 사용한다.
• 학생을 관찰하고, 어떠한 걱정이라도 있으면 학교 상담교사에게 전한다.
• 개인 관리계획에 동의한 대로 가족, 학교 상담교사 또는 치료 제공자에게 정보와 피드백을 제공한다.

(5) 의 뢰

외부기관에 의뢰할 때는 다음과 같은 규칙이 유용하다.

• 가능하다면 학생과 그 가족과 협력하여 의뢰한다.

• 자살 위험에 처하거나 우울증이 있는 청소년과 일한 경험이 있고 훈련을 받은 전문가에게 의뢰한다.
• 의뢰는 심리학자, 정신과 전문의, 사회사업가와 같이 윤리적인 지침, 전문적 행위과정 그리고 감독에 대한 요구가 문서화되어 있는, 인정된 전문조직의 회원들에게 할 것을 강력하게 추천한다.
• 학생의 욕구, 의심되는 문제영역, 의뢰와 지속적인 역할에 대한 기대 그리고 지지에 대한 책임을 표시한다.
• 학교가 할 수 있는 것에 관한 피드백을 전문가로부터 요구한다.
• 부가적인 정보의 공유는 학생의 동의하에 이루어져야 하고, 또한 받아들여진 기밀성에 대한 요구에 따라 이루어져야 한다.
• 치료가 시작될 때마다 성과를 감독한다. 치료를 시작하고 4~6주까지 호전이 없는 경우 성과 감독이 특히 중요하다. 이런 경우 학교는 전문가에게 자문을 하고 재평가와 관리계획의 검토를 고려해야 한다.

(6) 의뢰는 언제 하는가

부록 1과 2에 제공된 위험에 처한 학생의 평가와 관리 도구는 위험 수준을 평가하고 적절한 행동에 관한 조언을 제공하기 위해 학교 상담교사나 그 밖의 다른 담당자를 지원할 것이다.

(7) 추 적

• 위험에 처한 학생을 위한 지속적인 감독체계를 자리 잡게 한다.

- 학생과의 지속적인 작업이 필요하다.
- 학교환경에서 학생과 지속적인 지지관계를 갖기 위해서 학교 사회복지사는 치료 중에 있는 학생과 관계를 유지해야 한다.
- 학생이 학교에 재통합되는 것을 돕는다.
- 다른 학생과의 격차를 따라가기 위한 자료를 마련하고, 교사가 학생과 적절하게 관계하는 것을 돕는다.
- 학교 사회복지사는 학생의 학업 부담을 감독해야 하는데, 필요한 경우가 아니라면 특별한 면제는 하지 않는다.
- 학교 사회복지사는 가능한 한 정상적인 수단으로 학생을 지지하도록 격려된다. 예를 들면, 다양한 활동에 학생을 참여시키는 것, 지지적인 학교환경의 조성, 그리고 이따금씩 학생에게 현재의 상황을 물어보는 것(어떻게 되어 가고 있는가?) 등이 포함된다.
- 자살 시도와 같은 위기가 공공연히 알려졌다면, 학급 구성원들은 그 학생이 학교 현장으로 복귀하기 전에 그 일에 관해 대화가 필요할 것이다. 학급 구성원들이 원한다면 지지를 제공하고 적절한 방법으로 관계를 유지한다. 이는 돌아오는 학생을 지원하는 것뿐만 아니라 학급 구성원에게도 지지를 제공하는 것이 될 수도 있다.

  학급 구성원들은 자신의 걱정을 말로 표현하고 싶어 할 수도 있는데, 이는 학급의 다른 구성원들에게 도움 또는 지지에 어떻게 접근하는지를 알게 해 주는 기회가 된다.
- 왜곡된 소문이 퍼지는 것을 막기 위해 학생들에게 적절한 수준의 사실을 알리도록 한다.

부록 1. 위험에 처한 학생의 평가(상담교사가 사용)

이 도구는 훈련된 상담교사나 확인과 의뢰 과정의 한 부분으로서 위험의 수준을 판단해야 하는 사람이 사용하기 위해 개발되었다. 청소년과의 면담을 통해 각 영역과 범주를 낮은, 보통, 높은 위험으로 조사한다. 자살 계획 가능성에 대한 어떠한 조사에서도 청소년은 자발적으로 정보를 제공하는 것을 주저할 수 있기 때문에 직접적인 질문을 사용하는 것이 중요하다. 직접적인 질문이 자살의 위험을 악화시키지는 않지만, 충분한 조사와 위험의 분류 그리고 적절한 반응을 얻는 데 실패하면 피할 수 있었던 자살을 초래할 수도 있다. 마지막으로, 청소년의 응답을 기반으로 하여 3단계—낮음, 보통, 높음—위험 수준 중 어떤 수준이 청소년의 상황을 가장 잘 묘사하는지를 결정하고, 그 위험 수준에 대한 관리계획으로 나아간다.

고려 영역	낮은 위험	보통 위험	높은 위험
개인적 어려움: 스트레스	심각한 스트레스가 없음	사망에 대한 보통의 반응, 또는 환경적 변화	사망이나 환경 변화에 심각한 반응을 보임 최근에 많은 사회적 · 개인적 위기를 겪음
우울증 또는 다른 정신건강 문제	중간: 감정이 약간 처짐	보통: 약간의 우울, 슬픔, 자극 예민성, 외로움, 기력의 감소	절망, 슬픔, 분노(언어적 · 육체적)에 압도당함 자신이 쓸모없다는 느낌 극단적인 기분 변화

대처 행동	종종 자살 생각을 함 단조로운 일상생활	하루에 한 번 이상 자살 생각을 함 어느 정도 일상생활이 붕괴됨 먹고, 자고, 학교생활을 하는 데 장해가 있음	계속되는 자살 생각 도움을 거절함 일상기능에서 심각한 방해를 받음 망상, 편집증, 현실과의 괴리 사고 가능성이 높은 위험 행동에 참여
긍정적 자원: 가족과 친구	걱정하고 기꺼이 도우려는 가까운 사람이 있음	가족과 친구로부터 도움은 가능하나 지속적인 도움은 없음	가족과 친구가 도움을 줄 수 없거나, 적대적이거나, 지쳐 있거나, 해를 입힘 심각한 자기방임
의사소통	자신의 감정과 자살 생각을 직접적으로 표현함(예, "인생은 살 가치가 없다." 등)	대인관계로부터 자살 목적이 나타남(예, "그들은 미안해할 거야." "그들에게 보여줄 거야." "나는 살 가치가 없어." "나는 죽은 사람인 누군가와 같이 있고 싶어." 등)	즉각적인 자살계획을 직접적으로 표현 죄책감, 무가치감 또는 살 이유가 없음을 표현함
생활양식	관계와 성격 그리고 학교생활이 안정됨	최근에 행동 폭발을 보였거나 물질남용을 함	불안정한 성격 자살행동을 함 정서적 장애가 있음 동료, 가족 그리고 교사와의 반복되는 어려움이 있음

이전의 자살 시도	없음	한 번 또는 몇 번의 낮은 치명성, 또는 한 번의 중간 정도의 치명성 반복된 위협의 경력이 있음	한 번의 높은 치명성, 또는 다수의중간 정도 치명성
자살 계획의 상세함 정도	없음	어느 정도 상세함	잘 계획된 자살 생각 언제, 어디서, 어떻게 할 것인지 앎
수단의 가능성	가능성 있는 수단을 전혀 고려하지 않음	바로 곁에 쓸 수 있는 수단	가까이에 수단이 있음
시간	특별한 시간이 없음, 또는 미래의 어떤 시간	몇 시간 내	즉각적
방법의 치명성	거의 치명적이지 않은 방법	약물, 술, 자동차 충돌, 손목을 칼로 긋는 등 보다 약한 치명성을 지닌 방법	총, 목을 멤, 투신, 일산화탄소 투입 등의 치명적인 방법
중재의 기회	다른 사람들이 대부분의 시간에 함께 존재함	부르면 도움을 줄 수 있는 사람들이 있음	가까이 아무도 없고 고립됨

부록 2. 자살의 위험에 처한 청소년의 관리(상담교사가 사용)

행 동	낮은 위험	보통 위험	높은 위험
즉각적인 중재	• 교장에게 자문을 구하고, 교장은 적절한 직원에게 알린다. • 학생의 자살 위험을 감시하기 위한 적절한 체제를 갖춘다. • 가족과 다른 사람들에게 얻을 수 있는 지지들을 점검하고 그들을 참여 시킨다.	• 학교에 있는 동안 학생의 안전을 보장하도록 접근하는 팀을 구성한다. • 교장은 부모/보호자에게 적절한 때에 알리고 그 위험 수준에 적절한 전략들을 토론한다. • 학생의 자살 위험을 감시하기 위한 적절한 체제를 갖춘다. • 학생이 상담/치료의 적절한 수준에 접근할 수 있도록 조정한다.	• 교장의 자문을 구하고, 교장은 어떤 즉각적인 위험도 최소화하기 위해 적절한 직원에게 알린다. • 교장은 부모/보호자에게 적절한 때에 위험과 제안된 관리에 대해 알린다. • 상담교사는 학생의 즉각적인 안전을 보장하고, 부모 또는 건강전문가에게 책임(안전예방 조치를 부모에게 알리는 것을 포함하는)을 이양하는 것을 조정한다. • 적절한 건강 서비스에 의뢰한다.
자 문	• 교장의 자문 다음에 적절한 직원과 부모/보호자에게 자문한다. • 상담교사는 필요에 따라 감독자의 자문을 구한다. • 다른 서비스들이 포함되어 있고 협조적인지 체크한다.	• 상담교사는 필요한 행동을 토론하기 위해 건강전문가에게 자문한다. • 상담교사는 필요할 때 감독자에게 자문한다. • 다른 서비스가 포함되어 있고 협조적인지 체크한다.	• 요구되는 수준의 서비스 제공을 보장하고, 정상으로의 원만한 회복을 용이하게 하기 위해 학생과 그 부모/보호자와 계속적인 접촉을 한다.

자 문			• 학교에서 증거가 되는 행동들과 위험의 현재 수준을 아는지, 그리고 적절한 서비스가 조달되고 있는지를 확실하게 하기 위해 건강전문가의 자문을 구한다. • 상담교사는 필요할 때 감독자에게 자문한다.
의 뢰	• 가능한 자원에 대해 학생에게(적절할 때 부모에게도) 정보를 제공한다.	• 가족에게 적절한 기관이나 다른 자원을 추천하여 서비스에 접근할 수 있도록 지원한다.	• 상담교사는 부모/보호자와 협력하여 학생과 심도 있는 평가를 하고 조기관리를 한다.
후속 조치	• 위험의 어떤 변화라도 확인하기 위해 학생의 정기적인 재검사를 실시한다. • 4주에서 6주가 지나도 아무런 개선이 없다면, 위험을 중간 정도로 간주하고 부가적인 지원을 찾아본다.	• 건강전문가와 가족과 함께 의뢰 후 성과를 점검한다. • 학교 안에서의 위험과 행위을 감독하고 적절한 행동을 취한다. • 학생과 관련된 모든 직원은 걱정(위험요소)의 원인이 된 모든 사건을 보고하도록 한다.	• 건강전문가와 가족과 함께 의뢰 후 성과를 체크한다. • 학생과 관련된 모든 직원은 걱정(위험요소)의 원인이 된 모든 사건을 보고하도록 한다. • 필요한 지원을 갖고 있다는 것과 학생의 환경은 안전하다는 것(자살 수단의 제거, 지지, 적절한 감독)을 확실하게 하기 위해 가족과 연락을 취한다. • 학교로 돌아오기 이전에 재통합 계획을 세우고 필요한 감시와 지원을 갖춘다.

참고문헌

신민섭(1992). 자살기제에 대한 실증적 연구: 자기도피척도의 타당화. 연세대학교 대학원 박사학위 논문.

Crosby, A. E., Chelton, M. P., & Sacks, J. J. (1999). Incidence of suicidal ideation and behavior in United States. *Suicide and Life Threatening Behavior, 29*(2), 131-140.

Cutright, P., & Fernquist, R. M. (2000). Firearms and suicide: the American experience, 1926-1996. *Death Stud, 24*, 705-719.

Etzersdorfer, E., & Sonneck, G. (1998). Preventing suicide by influencing massmedia reporting: the Viennese experience 1980-1996. *Arch Suicide Res, 4*, 67-74.

Gould, M. S., Greenberg, T., Velting, D. M., & Shaffer, D. (2003). Youth suicide risk and preventive interventions: A review of the past 10 years. *J Am Acad Child Adolesc Psychiatr, 42*(4), 386-405.

Isacsson, G. (2000). Suicide prevention: a medical breakthrough? *Acta Psychiatr Scand, 102*, 113-117.

Martin, G., & Kwak, Y. S. (2006). Clinical evaluation of adolescent suicidality. *Korean J Child & Adol Psychiatr, 17*(2), 98-105.

Mind matters. available at http://online.curriculum.edu.au/mindmatters/about/about.htm

Olfson, M., Marcus, S. C., & Weissman, M. M. (2002). National trends in the use of psychotropic medications by children. *J Am Acad Child Adolesc Psychiatry, 41*, 514-521.

Osman, A. D., Downs, W. R., Kopper, B. A., Barrios, F. X., Besett, T. M.,

Linehan, M. M., Baker, M. T., & Osman, J. R. (1998). The reasons for living inventory for adolescents(RFL-A): Development and psychometric properties. *Journal of Clinical Psycology, 54*, 1063-1078.

Pearce, C., & Martin, G. (1994). Predicting suicide attempts among adolescents. *Acta Psychiatrica Scand, 90*, 324-328.

Poijula, S., Wahlberg, K. E., & Dyregrov, A. (2001). Adolescent suicide and suicide contagion in three secondary schools. *Int J Emerg Ment Health, 3*, 163-168

Resnick, M., Bearman, P., Blum, R., Bauman, K., Harris, K., Jones, J. et al. (1997). Protecting adolescents from harm: Findings from the national longitudinal study on adolescent health. *JAMA, 278*, 10.

Rihmer, J., Rutz, W., & Pihlgren, H. (1995). Depression and suicide on Gotland: An intensive study of all suicides before and after a depression-training program for general practitioners. *J Affect Disord, 35*, 147-152.

Sahin, N. H., Batiguhen, A. D., & Sahin, N. (1998). Reasons for living and their protective value: Turkish sample. *Archives of Suicide Researc, 4*(2), 157-168.

06
자연재해 위기개입

1. 자연재해에 대한 이해

재해정신의학(Disaster Psychiatry)은 크게 인재와 자연재해로 나뉜다. 막대한 인명과 재산 피해가 발생하여 세계적 관심을 받은 자연재해 사건으로는 1999년 터키 지진, 2004년 동남아시아를 휩쓴 쓰나미, 2005년 미국 뉴올리언스에서 발생한 허리케인 카트리나, 2008년 중국 쓰촨성 대지진을 대표적인 예로 들 수 있다. 중증급성호흡기증후군(SARS) 역시 인재보다는 자연재해에 가깝다고 할 수 있다. 우리나라의 경우도 지난 수년간 홍수, 폭우, 폭설, 산불, 황사와 같은 자연재해 때문에 학교에 휴교령이 내려진 적이 있으며,

---

*이 장은 이영식이 집필하였다.

한반도 역시 지진의 안전지대는 아니다. 이와 같은 대량 인명 피해와 재산상 손실을 초래하는 자연재해 발생 시 여성과 더불어 대처 능력이 떨어지는 아동 및 청소년의 경우 특별한 대책이 필요하다. 자연재해에 의한 다수의 환자 발생 시 소아 청소년의 정신건강을 담당하는 소아청소년 정신과 전문의의 일정한 사회적 역할이 요구됨에 따라 그들 나름대로의 준비가 필요하다. 따라서 재해를 당한 아동 및 청소년에 대한 치료적 접근을 위하여 우선 국내외적으로 대형 재해라 알려진 사건을 예를 들어 소개하고, 아동이라는 연령적 특이성에 대해 간략히 알아보며, 정신적 후유증 예방 프로그램과 다양한 정신과적 치료 기법에 대해 살펴보고자 한다.

쓰촨성 지진

중국 쓰촨(四川)성을 뒤덮은 유례없는 대지진 참사로 중국 전역은 공황상태에 빠졌으며, 사고와 사망자가 속출하고 있어 전 세계에 충격을 주고 있다. 쓰촨성 지역을 쑥대밭으로 만든 이번 지진은 원자탄 252개가 동시에 폭발한 것과 맞먹는 규모의 강력한 위력을 보인 것으로 전문가들은 분석하고 있다. 특히 쓰촨성의 한 고등학교에서 학생 900여 명이 매몰된 데 이어 6개 학교가 추가 붕괴됐다는 신화통신의 발표는 국내에서도 수많은 청소년과 학부모들의 안타까움으로 확대되고 있다. 지진으로 인한 붕괴, 추락, 충돌 등의 자연재해는 정신장애를 가져올 수 있다. 대형 자연참사에서 목숨을 건진 사람들은 행운일 수 있지만 이후 사고에 대한 정신적 충격과 사고로 인한 외모의 변형은 평생 가져가야 할 커다란 상처이자 콤플렉스로 남는다. 특히 외모에 대한 관심이 정신적인 영향력으로 작용할 수 있는 청소년의 경우 사고로 인한 외모의 비대칭이나 부조화가 환자 자신의 불만족으로 자리 잡을까 염려된다(2008.5.19. 국민일보).

지진 피해 복구공사는 내년 말경 마무리될 것이라고 중국 당국은 밝혔다. 하지만 가족, 친구, 친지를 잃고 살아남은 사람들의 마음의 상처는 깊다. 여기에 부실 공사로 인한 학교 붕괴로 자녀를 잃은 학부모들의 분노는 쉽게 가라앉지 않아 자칫 불안요소가 될 가능성이 있다. 홍콩의 사우스차이나모닝포스트는 지진으로 230만 명이 '외상후 스트레스 장애(PTSD)'를 겪고 있지만 전문 치료인력이 턱없이 부족한 실정이라고 최근 전했다. 지진 피해자이면서도 자신들의 슬픔을 추스를 틈도 없이 재건과 복구, 이재민 보호 등의 격무로 시달려 온 공무원들이 잇따라 자살하는 일까지 벌어지고 있다. 정부에 대한 불신과 복구과정의 투명성에 대한 의혹도 여전히 남아 있다. 학부모들은 학생 희생자가 당국이 발표한 5,335명보다 많으며 무너진 학교 건물에 부실 공사가 없었다는 정부 발표를 믿을 수 없다고 주장하고 있다. 양 시에서는 2월 지진 구호성금 집행 문제로 시위를 벌이던 주민 수백 명이 경찰과 충돌해 1명이 숨지고 10여 명이 부상하기도 했다(2009.5.11. 동아일보).

쓰나미

스와띠 씨는 쓰나미로 어린 여동생과 아들을 잃었다. 그 자신도 바닷물이 집까지 밀려와 작은 판자에 의지해 5시간을 물 위에 떠 있다 구조되어 겨우 목숨을 건질 수 있었다. 스와띠 씨의 어린 딸은 아직도 오빠를 찾는다고 했다. 바다를 바로 앞에 두고 사는 바다마을 아이지만 어린 딸은 해변에 가는 것을 두려워한다. 당장 주민들의 먹고 사는 문제에 대한 대책이 경제 복구라면 다친 마음을 치료하는 것은 눈에 보이지는 않지만 반드시 필요한 복구사업이다. 특히 모든 것이 한창 성장되는 시기에 있는 아이들의 경우 그날의 충격과 공포를 치유하는 것은 정신적으로 풍요로운 삶을 위해 필수적인 문제일 수밖에 없다. 쓰나미 이후 아이들에 대한 교육사업을 전면적으로 벌여 온 '두앙프라탑 재단' 에서 일하는 자원봉사자 니콜라스 홀로웨이 씨는 "아이들에게는 자신들이 겪은 고통을 표현할 수 있는 기회가 필요하다."라고 강조했다. '라자프라나그로 재단' 의 소라다 씨도 "아이들이 그린 그림에서도 글에서도 대화에서도 어디에서든지 쓰나미가 나온다."라고 말했다. 모든 것을 뒤덮어 버린 해일의 모습은 그 이미지 자체도 충격적이지만 어느 날 갑자기 '친구도 잃고 삼촌도 잃고 부모도 잃은' 아이들의 마음은 아직도 쓰나미에서 벗어나지 못하고 있는 것이다. 홀로웨이 씨는 "직접적인 쇼크로 아직까지 불면증에 시달리는 아이들이 많다."라고 설명했다. 따라서 태국 현지에서 활동하고 있는 쓰나미 복구를 위한 단체들이 현재 가장 관심을 기울이고 있는 것도 이같은 정신적인 상처에 대한 치료 방법의 모색이다. 두앙프라팁 재단은 아이들의 정신 치료를 위해 장난감 도서관을 피해지역에 만들었다. 인형을 만들고, 그림을 그리고, 음악을 배우면서 아이들로 하여금 쓰나미의 충격을 치유할 수 있도록 돕기 위해서다(2006.09.11. 프레시안 뉴스).

허리케인 카트리나

2005년 여름 미국 남부 루이지애나 주 일대에 불어닥친 허리케인 카트리나로 이곳 어린이 최소한 10만 명이 우울증과 불안 등 '외상후 스트레스 장애(PTSD)'를 겪을 것으로 예상된다고 AP통신이 25일 보도했다. 일례로, 카트리나로 높이 10m의 물길이 뉴올리언스를 덮쳤을 당시 다른 6명의 어린이와 함께 탁아소에 있다가 거의 익사할 뻔했던 '모니카'라는 3세 여아는 지금도 목욕을 시키기 위해 욕조에 물을 담으면 공포에 질려 자지러 듯이 울음을 터뜨린다. 또 학교에서 전과목 A 학점을 받아 온 14세의 한 여아는 카트리나 이후 책읽기를 중단했다. 그녀는 "옛날에는 책 속의 인물과 나를 동일시하며 빠져드느라 시간이 가는 줄 몰랐는데, 이제는 집중하기가 힘들고 자꾸 책을 읽으면서 공포스러운 이미지가 떠오른다."라고 말했다. 특히 카트리나 당시 5천여 명의 어린이가 가족과 떨어져 고립된 채 공포에 떨었다. 카트리나 피해를 입은 18세 이하 어린이 120만 명 중 최소한 8%인 10만 명이 PTSD를 겪을 것으로 예측되고 있으나, 대부분의 전문가들은 그 수치가 더욱 높아질 것이라고 말하고 있다. 루이지애나 주립대학 보건센터가 1차로 1천 명의 어린이를 검사한 결과, 27%가 악몽을 꾸거나 불안증, 환각, 잠자리에서 오줌싸기 등을 포함한 외상후 스트레스 장애 증세를 보였다. 또 지난 2003년 조사된 루이지애나 주 도시 지역 어린이들과 비교하면 카트리나 피해 어린이의 정신적 장애 사례가 2배 이상 많은 것으로 나타났다(2006.04.26. 동아일보).

태풍 루사

상습 재해지역 주민들의 정신건강이 다른 지역의 주민에 비해 나쁜 것으로 나타났다고 국회 보건복지위 소속 장복심의 의원이 30일 밝혔다. 장 의원이 보건복지부로부터 제출받은 국감자료에 따르면, 지난 2002년 태풍 루사로 피해를 본 강원도 강릉 주민들은 최근까지도 10명 중 7명꼴로 외상후 스트레스 장애 증상을 호소했다. 이는 대형 자연재해가 없었던 경기도 여주 주민(49.1%)보다 20% 가량 더 높은 비율인 것으로 조사됐다. 증상별로 보면, 강릉 주민이 여주 주민보다 '가슴 두근거림' 은 5.9배, 소화기장애는 1.9배, 수면장애는 1.6배, 두통은 1.5배 이상 증상 호소 비율이 높았다. 장 의원은 "상습 재해지역 주민들에게만이라도 심리적 치료를 위한 의료 서비스가 이뤄져야 한다."라고 말했다(2006.10.30. 서울연합뉴스).

태안 기름유출 사고

태안 지역 주민 10명 중 7명이 '외상후 스트레스 장애' 에 시달리고 있는 것으로 나타났다. 한국 근로자지원 프로그램(employee Assistance Program: EAP) 협회는 지난 달 29일부터 이달 4일까지 태안 앞바다 기름유출 사고 현장인 만리포, 천리포, 백리포, 의항리 등 4개 지역에서 주민 92명을 대상으로 심리 및 자율신경계 검사를 실시한 결과 이 중 70%가 교감신경이 극도로 흥분돼 있는 것으로 나타났다고 5일 밝혔다. EAP협회에 따르면, 이들 주민의 증세는 사고로 인한 충격이 사고 이후 한 달이 넘어서까지 지속되는 전형적인 외상후 스트레스 장애라는 것이다. 검사 결과 심리상태가 정상인 경우는 4%에 지나지 않았으며 나머지 26%도 외상후 스트레스 장애에 걸릴 위험이 있거나 예방이 필요한 것으로 나타났다. 실제로 지난달 중순 주민 3명이 잇따라 스스로 목숨을 끊었으며, 이들의 자살에 영향을 받은 다른 주민들의 스트레스 수준도 크게 높아져 있다는 것이 전문가들의 분석이다. 김명륜 EAP 협회 사무국장은 "태안 주민들은 피해보상 등 여러 가지 문제가 해결되지 않고 있는데다, 지역 주민 전체가 충격을 받았기 때문에 딱히 위안을 받을 곳이나 방법이 없어 계속 스트레스가 쌓이고 있다."라며 "이들의 스트레스 상태를 풀어 줄 만한 대책 마련이 시급하다."라고 밝혔다(2008.10.5. 동아일보).

2. 치료 시 고려해야 할 아동의 연령적 특이성

성인과 달리 발달선상에 있는 아동의 치료 시 고려해야 할 사항을 간단히 정리해 보면 다음과 같다.

- 아동은 여성과 더불어 일반적으로 외상에 취약하다고 알려져 있다. 이는 아동 자신의 발달학적 취약성이라기보다는 외부환경, 즉 보호자에 의존할 수밖에 없는 존재라는 사실이 더 큰 요인으로 작용하는 것으로 보인다. 특히 부모의 감정적 지지는 웬만한 충격에 대한 방어벽으로서 역할(McFarlane, 1988)을 하기 때문에 아동의 치료는 물론이고 보호자(부모, 양육자, 교사)에 대한 교육 및 치료가 매우 중요하다.
- 아동은 자신의 감정이나 기억을 말로 표현하는 능력이 떨어진다. 정상발달에 따라 3세경에 기억 중추로 알려진 해마(hippocampus)의 급격한 성장이 이루어지고 유창한 언어 구사가 가능해지므로, 그 이전의 아동은 조리 있게 순서적으로 사건

에 대한 감정이나 경험을 나열하기 힘들다(Terr, 1994). 나이가 어릴수록 사건 당시의 단편적인 영상(single image), 소리, 냄새, 위협적인 행동으로 외상을 기억한다(Terr, 1988). 즉, 성인이 외현기억(explicit memory)을 하는 반면, 아동은 내현기억(implicit memory)을 하는 것이다. 따라서 아동의 경우 재해와 유사한 자극, 즉 외상잔재(traumatic reminder) 자극에 민감한 반응을 보이게 된다.

- 아동은 발달 단계에 따른 주관적인 경험과 독특한 증상, 방어기제를 보인다. 성인에서는 전형적인 우울, 불안, 분노 증상을 보이는 반면, 아동의 경우는 퇴행 행동을 비롯하여 짜증, 과잉 행동으로 감정이 표출된다. 또한 아동은 자주 공상(fantasy), 기억왜곡(memory distortion)과 같은 방어기제를 보인다. 따라서 소아청소년 정신과 전문의는 아동에 대한 행동 관찰과 아동의 꿈, 그림, 놀이면담치료 시 아동이 보이는 반응에 주목해야 한다.
- 아동은 일반적으로 회복이 빨라 외상기억을 금방 지울 수 있다는 긍정적인 면과 뇌발달의 결정적인 시기로 외상이 각인(imprinting)될 우려가 있다는 부정적인 면이 교차한다. 이는 재해의 강도와 재해에서 비롯된 2차적인 만성 스트레스 여부에 달려 있는 것으로 본다. 최근의 연구에서는 재해가 반복되거나 재해에 의한 만성 스트레스에 놓인 경우 해마와 변연계를 중심으로 한 뇌발달의 결손이 초래된다는 사실이 증명되고 있다. 따라서 조기 치료 개입이 아동의 예후를 결정한다고 할 수 있다.

3. 초기 평가 작업

초기 평가 작업에서는 다음과 같은 사항이 이루어져야 한다.

- 아동의 주관적 감정과 경험을 파악해야 한다. 특히 재해 발생에 대한 핵심 감정이 무엇인지 혹은 재해가 왜 발생했다고 보는지에 대한 아동 나름대로의 인과관계에 대한 인지발달 평가가 이루어져야 한다. 즉, 핵심 감정이 죄책감인지, 창피감인지, 분노인지, 공포감인지에 대한 평가가 중요하다.
- 외상잔재의 유형과 형태를 파악하여 유사자극에 대한 대처를 준비해야 한다.
- 재해로 발생되는 부모 상실, 애완동물 상실, 집 손실, 재산상 피해를 비롯한 아동의 학교적응 문제 등과 같이 현재 보이거나 향후 예견되는 재해에서 비롯되는 2차 적응 스트레스를 파악해야 한다(Pynoos, Steinberg, & Wraith, 1995).

4. 치료 계획 수립

치료를 위한 초기 평가가 이루어지면 자연히 치료 초점과 치료 목표를 설정하게 되는데, 아동의 증상 정도에 따라 다음과 같이 분류된다.

- 증상 감소에 초점을 맞추어 인지행동치료, 약물치료, 안구운동 민감소실 및 재처리요법(EMDR)을 실시하는 경우
- 증상 감소보다 심층평가 및 치료 과정을 강조하여 최면치료, 예술치료, 정신분석을 실시하는 경우
- 전반적 기능 향상을 목표로 정신사회재활에 초점을 맞추는 경우
- 과거 약물중독, 자살, 우울, 행동 문제로 정신과 치료력이 있거나 재해에 의한 심각한 증상을 보이는 고위험군에 대한 심층적 모니터링이 필요하며, 입원 치료 계획을 우선 세워야 하는 경우

5. 예방 프로그램

다수의 정신적 후유증이 발생할 만한 자연재해 사건이 발생하면, 어떠한 형태로든 소아청소년 정신과 전문의의 조기 개입이 요구된다(Terr, 1992). 소아청소년 정신과 전문의의 역할은 재해에 대비한 예방 프로그램을 미리 준비하거나 재해정신의학 전반에 대해 정책 담당자, 교사, 상담교사에 대한 교육 및 정책 자문활동을 하는 것이다.

예방 프로그램의 목적은 재해 초기에 치료진이 개입하여 집단 히스테리아(mass hysteria)와 같은 대량 환자의 발생을 예방하는 것이다. 특히 재해가 발생하면 재해에 대한 왜곡된 소문이나 유언비어 등이 만연하게 되는데, 이에 대해 대중매체와의 긴밀한 협조 체

제하의 적절한 통제와 긍정적 효과를 유도하는 생존자의 의연한 태도를 방영하는 등 대중매체의 이용이 필요하다(Blaufarb & Levine, 1972). 가장 흔히 사용되는 예방 단계의 치료 프로그램은 다음과 같다.

- 심리상태 보고(psychological debriefing): 다수를 대상으로 하는 1회성 반구조화된 위기개입 프로그램이다. 치료 내용은 주로 사고에 대한 감정이나 체험한 경험을 외부에 표현토록 하는 것이다. 이때 치료자는 그런 감정이나 경험을 겪는 것은 정상이라는 점을 강조하고 앞으로 예상되는 정신적 증상은 시간이 지나면 자연히 해결된다는 교육을 한다.
- 교사, 정신보건 전문가에 의한 집단예방 프로그램(group prevention program): 정신적 후유증에 노출될 위험성이 높은 소수 집단에 대해 여러 차례에 걸쳐 실시된다. 치료 내용은 감정 분출, 감정의 공유, 명료화(clarification), 공유 증상에 대한 집단 구성원 간의 토론 및 교육이다(Eth, 1992; Eth & Pynoos, 1985). 집단 예방 프로그램의 또 다른 목적은 보다 높은 강도의 개인치료를 필요로 하는 집단 구성원을 선별해 내는 것이다.

6. 다양한 치료 기법

미국 보건관리정책 및 연구기관(Agency for Health Care Policy and Research: AHCPR)은 외상후 스트레스 장애(PTSD)에 대한 기존의

광범위한 치료 문헌 고찰을 통해 치료지침 등급을 A, B, C, D, E, F 등급으로 분류하였다. 분류 기준은 다음과 같다.

- Level A: 잘 짜여진 불특정인을 대상으로 통제된 임상실험 연구 결과, 효과가 입증된 치료법
- Level B: 불특정 다수 혹은 통제된 임상실험 연구는 아니지만 잘 짜여진 연구 방법으로 효과가 입증된 치료법
- Level C: 임상 연구 결과, 치료 효과가 강력히 시사된 치료법
- Level D: 광범위하고 장기간의 임상치료 관찰 결과, 치료 효과가 입증된 치료법
- Level E: 제한된 범위 내에서 장기간의 임상치료 관찰 결과, 효과가 입증된 치료법
- Level F: 최근 개발된 치료법으로 임상 연구나 임상실험 연구는 아니지만 효과가 입증된 치료법

이를 아동 및 청소년에 국한시켜 각 치료법별 등급을 정리해 보면, ① 인지행동치료(cognitive behavior therapy: CBT, Level A), ② 안구운동 민감소실 및 재처리요법(Eye movement desensitization and reprocessing: EMDR, Level B), ③ 정신역동적 치료(Psychodynamic Therapy, Level D), ④ 심리적인 경험진술(Psychological Debriefing, Level E), ⑤ 가족치료(Family Therapy, Level E), ⑥ 집단정신치료(Group psychotherapy, Level E), ⑦ 예술치료(Art therapy, Level E)다. 이는 단지 하나의 참고자료일 뿐이다. 각 치료법에 대해 간략히 살펴보면 다음과 같다.

1) 개인인지행동치료/면담치료

개인면담치료에 있어서는 "너는 혼자가 아니다(You are not alone.)."라는 치료자와의 관계 수립이 가장 중요하다. 외상 자체보다도 치료자를 비롯한 타인과의 친밀감 수립 능력이 예후 결정인자다. 개인면담치료 기법 중 CBT적 요소가 가장 효과적이라 알려져 있다(March et al., 1998). 구체적 CBT 기법은 다음과 같다.

- 분노 감정보다는 불안공포 환자에 효과적이라고 알려진 외상 유사자극에 재노출(reexposure)
- 사고와 관련된 왜곡된 인지구조의 수정(cognitive restructuring)
- 이완훈련(relaxation training)
- 반복되는 악몽을 긍정적인 내용으로 교정시키는 꿈교정 기법(Dream Correction Technique)

2) 놀이면담치료

외상을 당한 아동에 대한 놀이면담치료의 효과는 매우 크다. 반복되는 상징적 놀이와 그림 그리기는 아동이 느끼는 감정 및 아동이 생각하는 외상의 의미를 치료자가 파악할 수 있게 해 주고, 반복적 놀이를 통해 아동 스스로 갈등을 해소하고 공포감을 극복하게 해 준다. 이때 치료자는 아동의 반응에 대해 과잉 해석이나 과잉 암시를 하는 것을 조심해야 한다. 문헌에서 소개하고 있는 특수 놀이치료 기법으로는 Levy(1939)의 프리셋 놀이(Preset play)와

Winnicott(1971)의 스퀴글 게임(Squiggle Game)이 있다.

3) 집단치료

집단치료는 학교 혹은 지역사회에서 같은 처지에 놓인 동질적 구성원(fellow victim)을 대상으로 이루어진다. 집단치료의 대상자는 동일한 사건으로 같은 피해를 보거나 혹은 유사한 사건을 각각 경험한 아동들이다. 특히 청소년을 대상으로 한 집단에서 좋은 치료 효과를 보인다. 치료 과정 중 동질적 구성원 간의 감정 공유가 가장 큰 치료기전이다. 집단치료는 집단 구성원을 재분류하고 치료가 된 구성원을 방출하는 과정으로 이루어진다. 자기주장, 사회기술 훈련, 역할 연습 등 집단치료에서 흔히 사용되는 모든 기법이 동원된다. 집단치료의 치료 기법은 크게 ① 지지 그룹(supportive group), ② 정신역동 그룹(psychodynamic group), ③ 인지행동 그룹(cognitive-behavior group)으로 나누지만, 치료 효과는 세 집단 간에 큰 차이를 보이지 않는다.

4) 가족치료 및 부모교육

가족치료 및 부모교육의 목적은 안정된 부모-자녀 관계의 유지다. 따라서 곤경에 처한 아동이 보이는 여러 증상에 대해 '부모가 어떻게 대처하는가'에 대한 교육을 비롯하여, 부모 자신 역시 피해자일 경우 자녀와 함께 공동치료를 받는 것이 포함된다. 재해를 당한 아동에 대한 부모의 초기 반응은 아동의 예후를 결정하는 가장 중요한 변수가 된다. 흔히 아동들은 자신이 뭔가를 잘못하여 사고가 발생하였다는 불안이나 공포감 때문에 부모의 처벌을 받게 되는 것을 두려워하여 발생사건이나 자신의 괴로운 증상을 은폐하려는 경향이 있다. 또한 아동에 대해 치료가 우선이라는 인식하에 불필요한 분쟁을 초래하여 제2, 제3의 정신적 충격을 주는 것을 피해야 한다. 따라서 정신과 전문의가 보호자에게 주지시킬 필요가 있는 바람직한 보호자의 태도를 정리해 보면 다음과 같다.

- 사고발생 경위를 따져 아동을 비난하지 말 것("내 그럴 줄 알았어. 밤늦게 그런 곳을 쏘다니니…….")
- 아동의 증상에 과잉반응을 하거나 짜증을 내지 말 것
- 동정적이거나 지지적인 태도를 보일 것("너 참 용감하다. 딴 아이 같으면…….")
- 사건 원인 제공자에 대한 보호자의 지나친 분노 감정을 자제할 것
- 보상이나 법적 문제에 지나치게 집착하지 말 것

아동에 대한 부모의 바람직한 태도를 아동의 연령별로 살펴보면 다음과 같다.

※ 1~5세 아동

- 말로 안심시켜 주고 신체적으로 안정시켜 준다.
- 잠자기 전에 반복적으로 하는 일(bedtime routine)을 통해 깊은 수면을 취하도록 돕는다.

- 잠시 동안 아동이 부모의 방에서 자는 것을 허락해 준다.
- 불필요하게 떨어지는 것은 피한다.
- 사망한 사람, 죽은 애완동물, 파손되었거나 잃어버린 인형 등 아동이 상실한 것에 대해 감정을 표현하는 것을 장려한다.
- 아동이 재해 외상 보도에 접촉하는 것을 지켜본다.
- 놀이 활동을 통해 아동이 감정을 표현하는 것을 장려한다.

6~11세 아동

- 부가적인 관심과 배려를 해 준다.
- 잠시 동안 집과 학교에서 아동에 대한 기대치를 낮게 잡는다.
- 아동이 돌출적인 행동을 하는 것을 부드럽지만 단호하게 제한한다.
- 구조화되었지만 지나치지 않은 집안일을 하게 하거나 재활 프로그램에 참여하게 한다.
- 생각과 감정을 말과 놀이로 표현하는 것을 장려한다.
- 아동이 반복적으로 재해 사건에 대해 이야기하는 것을 경청한다.
- 가정 내 응급처치함을 장만하는 것이나 집에서 하는 재해 훈련에 아동을 참여시킨다.
- 향후 재해에 대한 안전 대책을 점검한다.
- 학교의 위기대책 프로그램과 연계한다.

12~18세 청소년

- 부가적인 관심과 배려를 해 준다.

- 잠시 동안 집과 학교에서 아동에 대한 기대치를 낮게 잡는다.
- 중요한 의미를 갖는 또래나 어른들과 함께 재해에 대해 토론하는 것을 장려한다.
- 부모와 감정에 대해 논의하는 것을 강요하지 않는다.
- 신체적 활동을 장려한다.
- 향후 재해에 대한 가족 구성원의 안전 대책을 점검한다.
- 지역사회의 재활 및 교정 프로그램에 참여하는 것을 장려한다.
- 사회적 활동, 운동, 동아리 활동 재개를 장려한다.
- 학교의 위기대책 프로그램과 연계한다.

5) 안구운동 민감소실 및 재처리요법

안구운동 민감소실 및 재처리요법(EMDR)은 환자에게 가장 괴로운 외상기억을 떠올리게 하고 이에 집중토록 한 상태에서 좌우로 움직이는 치료자의 손끝을 보게 하여 환자의 눈알을 좌우로 빠르게 움직이도록 하는 비교적 간단한 치료법이다. 현재는 이 방법이 발달하여 치료자 없이도 환자 스스로 할 수 있는 Eye scan이나 Audio scan이 상품화되어 있다(Shapiro, 1999). 치료기전은 현재 확실히 알 수 없는 상태다. 정상 수면기의 REM 수면의 자가 치료 과정과 EMDR이 유사하다든가, 좌우 뇌반구의 소통을 통해 부정적 감정을 재처리(reprocessing)한다든가, 전의식(subconsicousness)에 대한 최면치료의 탐색과정(working through)에 해당된다는 등의 EMDR의 치료기전에 대한 가정이 있다. 치료 효과 면에서 보면, 아동 및 청소년에서도 성인과 같이 효과적이며, 오히려 성인보다 치료 효과가 더 빠르게 나타난다고 알려져 있다. 가장 좋은 치료 대상은 1회성 외상 피해자로 재해정신의학에서의 활용도가 기대된다. EMDR 자체는 1~5회 치료로 충분하다. 참고로 성인에서는 AHCPR 등급 분류에서 Level A 치료로 인정되었지만, 아동 및 청소년에 대해서는 아직 연구문헌의 부족으로 Level B 치료로 되어 있다(Foa et al., 2009).

6) 약물치료

아동에 대한 약물치료는 앞에서 언급한 치료의 보조치료 혹은 2차 치료법으로 추천되는데, ① TCA(아미트립틸린, 이미프라민), ② 선택적 세로토닌 재흡수 억제제(SSRI)(플루옥세틴, 설트랄린), ③ MAOI(페넬진), ④ 항불안제(알프라졸람, 클로나제팜, 부스피론) ⑤ 클로니딘, 구안파신, ⑥ 프로프라놀롤, ⑦ 중추신경흥분제, ⑧ 카르바마제핀, ⑨ 항정신병 약물(멜라릴) 등의 다양한 약물이 추천된다(Donnelly, Amaya-Jackson, & Karch, 1999). 클로니딘은 회피 행동이나 놀람 반응에 효과적이고, 프로프라놀롤은 유사자극이 노출되기 30~40분 전 복용 시 효과가 있으며, SSRI는 우울 및 사고에 대한 강박증상에 효과가 있다. 사고 후 ADHD 유사 증상을 보일 경우 정신자극제 사용도 고려된다. 참고적으로 AHCPR 등급 분류에 따르면, 기존 연구문헌의 부족으로, 프로프라놀롤은 Level B, 클로니딘은 Level C, SSRI는 Level D, TCA는 Level D, 부스피론은 Level D, 비전형 항우울제는 Level E다. 성인 PTSD에 사용되는 모든 약물을 아동에게도 적용할 수 있지만, 예기치 못한 부작용에 대한 주의가 필요하다.

7. 결 론

재해정신의학이란 예기치 못한 천재지변으로 피해를 당한 사람들에게서 발생 가능한 정신적 후유증을 다루는 정신의학이다. 특히 대량 피해자가 발생했을 때는 초기 예방 프로그램으로 다량의 정신과적 환자 발생을 미연에 방지해야 하고, 정신과적 환자 발생 시 조기 개입으로 장기적 후유증 내지 2차 정신질환으로의 진전을 차단시키는 데 체계적이고 계획적인 준비가 필요하다. 학교 및 지역사회에 기초를 둔 아동 및 청소년의 재해정신의학에서의 소아청소년 정신과 전문의의 역할은 다음과 같다.

- 인접 분야의 전문가 및 정책 입안자와의 긴밀한 협조하에 환자 분류, 치료 연계 혹은 의료전달 시스템의 구축, 예방 프로그램 지침을 개발하여 대형 재해에 미리 대비해야 한다.
- 재해를 당한 아동 및 청소년 치료에 능통한 전문가를 양성해야 한다.
- 임상 자료를 바탕으로 한 각종 치료 기법의 효용성에 대한 체계적인 연구를 실시해야 한다. 미래를 예측하고 대비하는 차원에서 국내 소아 · 청소년 정신의학 분야에서의 이 분야에 대한 좀 더 큰 관심이 요구된다.

참고문헌

Blaufarb, H., & Levine, J. (1972). Crisis intervention in an earthquake. *Soc work, 17,* 16-19.

Donnelly, C. L., Amaya-Jackson, L., & Karch, J. S. (1999). Psychopharmacology of pediatric posttraumatic stress disorder. *J Child Adoles Psychopharmacol, 9,* 203-220.

Eth, S. (1992). Clinical response to traumatized children. In L. S. Austin (Ed.), *Responding to Disaster: A Guide for Mental Health Professionals.* Washington DC: American Psichiatric Press.

Eth, S., & Pynoos, R. (1985). Interaction of trauma and grief in childhood. In S. Eth & R. Pynoos (Eds.), *Post-Traumatic Stress Disorder in Children.* Washington DC: American Pschiatric Press.

Foa, E. et al. (2009). *Effective Treatments for PTSD.* New York: The Guildford Press.

Levy, D. (1939). Release therapy. *Am J Orthopsychiatray, 9,* 713-736.

March, J., Amaya-Jackson, L., Murry, M., & Schutle, A. (1998). Cognitive-behavioral psychotherapy for children and adolescents with post-traumatic stress disorder following a single incident stressor. *J Am Acad Child Adolesc Psychiatry, 37,* 585-593.

McFarlane, A. C. (1988). Recent life events and psychiatrc disorder in children: The interaction with preceding extreme adversity. *J Clin Psychiatry, 29,* 677-690.

Pynoos, R. S., Steinberg, A. M., & Wraith, R. (1995). A developmental model of childhood traumatic stress. In D. Cicchetti & D. J. Cohen (Eds.), *Manual of develomental psychopathology* (pp. 72-95).

New York: Wiley.

Shapiro, F. (1999). Eye Movement Desensitization and Reprocessing(EMDR) and anxiety disorders: Clinical and research implications of an integrated psychotherapy treatment. *J Anx Disord, 13,* 36-67.

Terr, L. (1988). What happens to the early memories of trauma? A study of twenty children under age five atthe time of documented traumatic events. *Am J Child Adolesc Psychiatry, 27,* 96-104.

Terr, L. (1992). Large-group preventive treatment techniques for use after disaster. In L. S. Austin (Ed.), *Responding to Disaster: A Guide for Mental Health Professionals.* Washington DC: American Psychiatic Press.

Terr, L. (1994). *Unchained memories: True Stories of Traumatic Memories, Last and Found.* New York: Basic Books.

Winnicott, D. W. (1971). *Therapeutic Consultations in Child Psychiatry.* New York: Basic Books.

07
학교 내 사고에 의한 외상후 스트레스 장애에 대한 접근

1. 학교 내 사고에 대한 이해

학교 내 사고의 유형은 매우 다양한데, 교내에서 발생하는 일련의 사건 중 학생의 정신건강에 위해를 끼칠 수 있는 사건은 모두 학교 내 사고로 판단되어야 한다. 그중에서도 이 장에서는 외상적 스트레스를 발생시킬 수 있는 사례를 위주로 살펴보려 한다. 이러한 사건, 사고 중에는 학교폭력도 포함될 수 있고, 교내에서 발생한 급우의 자살도 포함될 수 있다.

학교 내의 학습활동 시간이나 자유시간에 발생할 수 있는 사고로는 2007년 서울의 한 초등학교에서 발생한 소방방재훈련 중의

---

*이 장은 김붕년이 집필하였다.

학부모 사망 사고가 대표적인 예가 될 것이다. 사고 현장에서 사망 사고를 목격한 400여 명의 초등학생은 심각한 불안 문제와 스트레스성 장애에 시달려야 했다. 2007년 5월, 사고 직후 조사한 아동 직접면담 조사에서 목격 아동의 약 50%가 외상후 스트레스 장애(Post Traumatic Stress Disorder: PTSD)의 초기 형태인 급성 스트레스 장애(Acute Stress Disorder: ASD)의 진단 기준에 부합할 정도로 힘든 상태였다. 사고 3개월 후 자연경과에 대한 추적관찰 및 직접면담 조사에서 이 비율이 30% 정도로 감소되긴 했지만, 여전히 많은 수의 아동들이 외상후 스트레스 문제로 고생하고 있었다.

이들 아동에 대해 12주간의 체계화된 교내 PTSD 치료 프로그램(인지행동치료와 이야기(심리)치료)이 시행되었다. 이후, 사고 6개월 후 추적관찰 및 직접면담 조사에서는 단지 10%의 아동만이 지속적으로 PTSD 문제를 보이고 있었다.

이러한 학교 내 사고에 대한 체계적이고 근거 중심적인(evidence based) 소아정신과적 치료 접근은 서울시에 설치되어 있는 서울시 소아청소년 광역정신보건센터와 지역정신보건센터 및 서울시의 효율적이고 유기적인 협조체계와 학교 교사의 협조가 전폭적으로 이루어졌기에 가능하였다.

갑작스럽게 발생하고 많은 아동이 일시에 노출되는 학교 내 사고에 대한 체계적인 접근의 필요성은 아무리 강조해도 지나치지 않다. 사고 발생 직후부터 학생들뿐만 아니라 해당 학교장, 교사, 학부모 모두가 피해자가 되며, 이들은 극심한 혼란 상태에 빠지게 된다. 또한 여러 가지 왜곡된 소문과 정리되지 않고 근거 없는 비난과 질책이 난무하면서 점점 불안과 긴장이 고조된다. 그러므로

학생들에 대한 체계적인 접근뿐만 아니라 학교장과 교사 및 학부모에 대한 교육 프로그램의 제공 또한 매우 중요하다. 이 장은 학교 내 사고의 총체적 접근을 시행하였던 경험과 자료를 토대로 보다 실제적인 도움이 될 수 있도록 작성되었다. 따라서 이론적 설명보다는 현장감 있는 보고서 형태로 구성되었으며, 이 글을 읽는 아동 · 청소년 정신건강 전문가들(소아청소년 정신과 전문의, 임상심리학자, 아동발달 전문가, 간호사, 교육학자 및 교사)이 그 과정과 체계에 대한 구체적 안목을 기를 수 있도록 작성되었다.

2. 학교 내 사고와 같은 위기 상황과 아동의 반응

아동 및 청소년에게 학교는 매우 중요한 사회화의 통로다. 학교는 잠재력 개발을 통한 학업 성취는 물론 원만한 또래관계 형성, 인격 형성, 삶의 적응력 발달 등의 중요한 장이 된다. 이러한 학교에서의 교육적, 개인적, 사회적 경험은 아동의 정신건강에 지대한 영향을 미친다.

최근 아동의 정신건강에 대한 관심이 증대되면서, 학교를 통해 아동의 정신건강 문제를 발견하고 이에 대한 정신보건 서비스를 제공하는 지역사회의 노력이 확대되고 있다. 이러한 정신보건 서비스 중 아동이 경험하는 학교 내 위기 상황에 대한 개입의 필요성이 대두되고 있다. 아동이 많은 시간을 보내는 학교에서는 예기치 못한 수많은 위기 사건이 발생하며, 이러한 사건은 학교의 학생, 교사 및 학부모에게 외상으로 작용하고 있다. 하지만, 이에 대한 지역사회 개입 시스템이 아직 마련되어 있지 않은 것이 현실이다.

여기서 말하는 위기란 위협적 혹은 정신적 외상을 일으킬 만한 사건을 경험함으로써 취약해지거나 지금까지 자신이 가지고 있던 대처 전략으로는 스트레스나 외상에 대처하거나 경감할 수 없는 불균형의 상태가 되는 것을 말한다.

일반적으로 위기는 삶의 발달 단계에서 유발되거나 혹은 우발적으로 발생되는데, 위기 상태 자체는 병이 아니며, 안전 상태 혹은 체계의 불균형 상태를 의미한다. 이러한 불균형은 위협적인 사건 자체의 심각성과 개인의 대처 능력 그리고 지지체계의 정도에 따라 달라질 수 있다.

즉, 위협적인 사건이 너무 심각하거나 개인이 특별히 취약한 시기에 사건이 발생하거나 개인의 정상적인 대처 기제가 더 이상 효과적이지 않거나 주위 사람의 도움이 부족하거나 혹은 부적절한 경우에 이러한 요인이 상호작용하여 위기가 발생한다.

위기 상황이 갖는 몇 가지 공통점은 다음과 같다.

- 시간적으로 만성이 아닌 급성이며, 시간제한적이다.
- 파괴적인 행동 변화가 나타날 수 있다.
- 무능감과 무력감을 초래하기도 한다.
- 삶에 다양한 형태로 체험되고 해소된다.
- 위기에 대한 지각은 개인마다 다르다.
- 위기는 항상 부정적인 촉발요인이나 결과와 관련되는 것은 아니며, 스트레스와 마찬가지로 위기를 어떻게 받아들이고 대처하는가에 따라 개인적 성장을 촉진할 수도 있다.

학교내 사고와 같은 급성 스트레스에 갑자기 노출되는 경우 아동은 PTSD와 같은 병리적 스트레스 반응을 보일 수 있다. 이때 아동에게 나타날 수 있는 특이 증상의 양상은 다음과 같다.

- 외상에 대한 반응으로 '부주의한 행동 또는 초조 행동'이 나타날 수 있다.
- 재경험 증상으로서의 반복 놀이를 할 수 있다.
- 회피 증상으로서 이미 획득된 기능을 소실할 수 있다.
- 그 밖에 함구증과 일반화된 악몽 외상 재연이 있을 수 있다.

성인이 강력한 두려움, 아무도 도울 수 없다고 느낌, 공포 등의 반응을 보이는 데 반해, 아동은 부주의한 행동이나 초조 행동을 보이고, 재경험 증상의 경우에도 침입적 사고가 반복적인 놀이의 형태로 나타나는 때가 많으며, 악몽이나 외상에 따른 특별한 재연을 보인다. 반면에 회피/무감각 범주 증상에 있어서 대부분의 아동은 무감각을 경험하지 않거나 인식하지 못하는 경우가 많고, 실제 경험하고 있더라도 이 증상의 개념을 이해하지 못하여 제대로 보고하지 못할 때도 많다. 그러므로 직접적인 질문보다 아동 행동에 대한 부모의 보고가 중요하다. 과각성 상태 때에도 과다활동, 충동성 등으로 자주 표현되므로 주의력결핍 과잉행동장애(ADHD)로 오인되는 경우가 있다는 것을 주의해야 한다.

3. 실제 학교 내 사고 발생과 대처 과정

여기서는 2007년 초에 발생했던 학교 내 사고에 대한 대처 과정을 소개함으로써 실제 상황에 대한 다양한 전문가의 포괄적이고 체계적 접근이 얼마나 중요한지를 지적하고자 한다.

1) 사고 및 대처 일지

5. 17	초등학교 소방교육 중 학부모 추락 사고 발생 (사망 2명, 중상 1명)
5. 18	서울시 보건정책과 주최의 관련 기관 회의 - 사고 대책 계획 수립, 전문가 팀 모집, 역할 분담, 치료비 지원 논의 - 사고 목격 피해아동의 정신건강평가를 위한 도구 준비 (우울검사, 상태불안검사, PTSD 검사, DISC-Ⅳ 설문, 부모의 사망이나 부상을 직접 목격한 ○학년 ○반 학생 대상으로 EMDR을 활용한 급성 스트레스 감소 집단 프로그램 실시)
5. 20	아동 · 학부모 상담 프로그램 운영 계획 발표(공동) 관련 기관별 역할 분담 및 4단계 프로그램 소개 (선별조사 - 위기상담 실시 - 집단치료 - 개별치료)
5. 21	전학년 대상 1차 선별조사 실시 서울시 동부교육청 청소년상담센터 집단 미술 프로그램 실시
5. 22	사고 초등학교 1차 교사 교육 실시 피해아동 진료를 위한 15개 협력 병원 지정 유가족과 담임교사의 병원치료 연계(중랑구정신보건센터)
5. 23	1차 선별조사 결과분석 및 보고 가정통신문 발송(PTSD 증상을 보이는 자녀에 대한 대처방안 안내) 서울시 동부교육청 청소년상담센터 집단 미술 프로그램 실시
5. 22~30	사고 목격 피해아동 대상 DISC-Ⅳ실시(정신건강 면담)
5. 24	1차 학부모 교육 및 상담

5. 28	진료비 후불제 지원 계획 발표(서울시 구조구급과)
5. 29	아동평가 결과 확대 기사 보도 및 인터넷 악플에 의한 피해 발생
5. 30	주요 인터넷포털사이트 기사보도 자제 요청
5. 31	2차 학부모 교육 및 상담
5. 31	DISC-Ⅳ 평가결과 분석 및 보고
6. 11	위기개입을 위한 전문가 팀 구성
6. 13	3차 학부모 교육 및 상담
6. 20	서울시 보건정책과 주최 1차 전문가 대책 회의 개최
6. 26	4차 학부모 교육
6. 28	2차 전문가 대책 회의
7. 4	3차 전문가 대책 회의/최종 프로그램(5개) 담당 기관 결정
7. 10	학부모 대표회의 진행
7. 11	2차 교사 교육 실시 프로그램 참여 아동 선별검사(2~6학년: 1,175명) 설문검사 코딩 및 2차 결과분석 완료/정리
7. 12	4차 전문가 대책 회의
7. 13	학부모에게 개별보고서 및 가정통신문 발송 (사고 후 관련 기관의 진행 상황 안내)
7. 16~19	학부모로부터 참여 희망 프로그램 접수
7. 20	5차 학부모 교육 및 상담 3차 교사 교육 실시
7. 26	5차 전문가 대책 회의
7. 31	아동 그룹 프로그램 시작(이야기(심리)치료 프로그램, 학교 중심 인지행동 프로그램)
8. 16~17	외상후 스트레스 치유 이야기 캠프
8. 23	6차 전문가 대책 회의
10. 15	4차 교사교육 실시
10. 20	6차 학부모 교육 및 상담
10. 27	집단 프로그램 정리
11월~12월	집단 프로그램 관리 회기 실시
12. 7	3차 집단설문 실시(4학년과 그 외 사건 목격 아동 335명)

12. 10~14	2차 DISC 면담 실시
12. 11	중랑구정신보건센터에서 최종 대상자에 대한 사례관리 실시
12. 27	7차 전문가 평가 회의

이 학교 내 사고의 경우 400명이 넘는 직접 목격 피해아동이 발생하였고, 학교 전체가 큰 혼란에 휩싸였던 만큼 소수의 전문가나 자원봉사자의 접근만으로는 안정된 효과를 기대할 수 없었다. 이에 서울시와 서울시 소아청소년 광역정신보건센터가 주축이 되어 특별 예산을 편성하고, 대규모의 전문가 팀을 조직하였다. 하지만 가장 중요한 것은 학교를 안정화시킬 수 있는 지원과 피해아동의 규모와 정도를 정확하게 파악하는 것이었다.

2) 교내 상담과 피해아동에 대한 급성 스트레스 장애 진단평가 및 외상 정도에 대한 1차 평가

일 시		2007년 5월 21일(사고 발생 이틀 후)
대 상		해당 학교 전 학년(1~6학년) 학생 총 1,394명
도 구	**1차**	아동 상태불안(state anxiety inventory for children: SAIC) 아동 우울(children depression inventory: CDI) 아동 사건충격(child posttraumatic stress disorder reaction index: CPTSD-RI)
	2차	DISC-IV(PTSD 모듈)

사고 직후 1~6학년, 즉 전 학년을 대상으로 아동 우울(CDI), 아동 상태불안(SAIC) 그리고 급성 스트레스 문제(CPTSD-RI)와 관련

한 집단 설문검사를 실시하였다. 그 결과, 아동 우울과 관련하여 중등도 이상의 증상을 보인 아동이 약 5.9%였고, 아동 상태불안에서 중등도 이상의 증상을 보인 아동이 약 10.5%로 나타났다. 또한 급성 스트레스와 관련하여 42.7%에 이르는 아동이 중등도 이상의 어려움을 보이는 것으로 나타났다. 이 설문은 아동들 사이에서 사건에 대한 이야기가 전해지지 않은 사고 직후에 이루어졌기 때문에, 사건 현장에 있지 않았던 저학년 아동은 정상 범주에 속하는 비율이 높은 것으로 나타났고, 상대적으로 사건 현장에 있었거나 직·간접적으로 사고와 관련이 있는 고학년 아동(사건 현장에는 4학년 3개반과 일부 타학년 아동들이 있었음)의 경우에는 중등도 이상에서 높은 비율이 나타났다.

1차 집단선별검사에 증상이 심각하게 보고된 아동 중 285명에게 구조적 면담인 DISC-IV(PTSD)를 실시하였다. 그 결과, 31명(10.9%)은 급성 스트레스 증세를 보여 전문적인 치료적 개입이 필요한 것으로 나타났으며, 일부 관련 증상에 따라 프로그램 및 상담을 필요로 하는 아동은 113명(39.6%)으로 나타났다.

이러한 평가 과정과 더불어 학교보건진흥원의 정신과 전문의, 시내 3~4개 대학병원 소아청소년 정신과 전임의와 전문의가 학교 현장에 파견되어 아동 및 교사 상담을 진행하였다. 그리고 분명한 급성 스트레스 장애 반응을 보이는 아동 중 부모가 동의하는 경우에는 소아청소년 정신과 협력병원 연결망을 활용하여 치료 의뢰를 시행하였다. 그러나 불행히도 많은 부모가 소아청소년 정신과 병의원으로의 치료 연계를 거절하였다. 이는 외상이 아동의 정신건강 문제의 직접적인 원인으로 파악되는 상황에서 치료에 동의하게 되면 정신과적 장애라는 낙인을 받는 것으로 여겨 치료를 적극적으로 거부하였기 때문이다. 많은 학부모는 유능한 치료자가 학교로 직접 파견되어 학교에서 아동들을 치료해 줄 것을 요구하였다.

3) 학교중심 PTSD 치료 프로그램 진행과 위기대응 팀 구성과 프로그램 진행 및 결과

※ CBT 집단 프로그램: Trauma-focused CBT 기법을 중심으로

1 개 요

일 정	2007년 7월 31일~2007년 10월 20일(9회기)
대 상	집단 프로그램에 참여하기를 원하는 아동(총 21명) 총 4개 그룹으로 진행

2 프로그램 소개

〈진행 방법〉

- 사전 스크리닝의 결과에 따라 전체 프로그램의 강조점과 내용이 달라질 수 있다(예, 노출 기법, 외상 경험의 이야기 기법 사용).
- 부모 동의서, 아동 동의서 얻기
- 집단회기: 회기당 2시간씩(본 프로그램 9회기 + 집단 프로그램 종결 후 1개월마다 추후관리 3회기)
- 프로그램을 통한 아동의 변화 정도를 알아보기 위해서 프로그램의 사전-사후에 아동 우울(CDI), 아동 상태불안(SAIC),

K-CBCL을 실시

〈구성요소〉

- 심리교육: 외상 사건 후에 경험할 수 있는 반응에 대한 정보를 제공하고, 각자의 경험 공유, 효과적인 대처방안에 대해 논의한다.
- 이완훈련: 스트레스를 다루는 다양한 기법에 대해 배우고, 연습한다.
- 정서 표현과 조절: 다양한 외상 경험 시 정서 표현이 분화되지 않고 조절되지 않을 경우, 많은 부적응적인 행동과 결과가 나타나게 된다. 명확하게 정서를 표현하고, 두려움, 걱정, 분노 등 부정적 정서를 조절하는 방법에 대해 배운다.
- 인지적 처리
  - 인지, 정서, 행동의 관계에 대해 이해하고, 긍정적으로 대처하기 위한 인지적 처리 방법에 대해 배운다.
  - 외상 경험과 관련된 이야기 속에서 개인이 보이는 왜곡되거나 부정적인 인지를 바로잡는다.
- 외상 경험의 이야기: 자신이 기억하는 외상경험을 이야기로 반복적으로 풀어냄으로써 외상 사건이 개인에게 갖는 공포나 불안함, 충격 등을 완화시킨다.
- 노출: 특히 공포를 경험하는 외상 사건의 특정 기억에 대해 상상으로 또는 실제로 아동을 점진적으로 노출시켜서 아동이 기대하는 공포스러운 경험이 일어나지 않음을 알게 하고, 외상 사건과 관련된 자신의 정서와 인지를 조절할 수 있는 방법을 훈련한다.

• 사회적 문제해결 방법: 외상 경험과 그 이후의 변화에서 오는 여러 가지 힘든 사회적 상황에서 효율적으로 갈등과 문제를 해결하는 방법을 배운다.

3 세부 프로그램

회 기	회기 목표
1	집단 소개 CBT 설명 소방훈련 사고와 관련한 자신의 경험을 짧게 나눔
2	아동 개인이 바라는 집단상담의 목표를 확인 외상적 사건 이후 보일 수 있는 증상에 대한 교육 이완훈련 연습
3	외상적 사건 이후 보일 수 있는 증상에 대한 교육 복습 인지, 정서, 행동을 구분하고 서로 어떻게 영향을 미치는지를 알기 이완훈련 연습
4	인지, 정서, 행동을 구분하고 서로 어떻게 영향을 미치는지를 알기 부정적 사고에 대항하여 적응적으로 사고할 수 있도록 훈련
5	부정적 사고의 검증 및 대안적 사고와 행동 전략 세우기 연습
6	부정적 생각이 부정적 감정을 유발하는 것을 이해 부정적 감정이 고조되는 상황에서 대안적인 적응 전략 연습
7	상상 또는 그림을 그림으로써 소방훈련 사고 기억에 노출해 봄
8	불안 상황에 대한 노출 및 이완 연습
9	전체 회기 내용을 정리 집단 구성원 간 집단 경험 나눔 집단 종결

4 프로그램에 대한 사전-사후 평가

이 프로그램의 참여 아동은 전체 집단 평가를 통해 PTSD 설문

결과 중등도 이상으로 평가된 아동 중 자발적 참여 동기가 있는 아동 및 부모가 동의한 아동이다. 또한 1차 평가 시 각 영역(우울, 불안, 외상 후 스트레스장애 설문 결과)에서 중등도 이상의 증상을 보였던 아동 중 자발적 참여 의지가 있는 아동도 포함되었다.

이 인지행동 프로그램은 4개 그룹으로 나누어 총 21명이 참여하였는데, 일정 수준의 인지력 발달이 전제되어야 하는 프로그램의 특성상 고학년 중심(4학년 이상)으로 그룹을 형성하였다.

프로그램을 시작하기에 앞서 프로그램 참여를 통한 아동의 변화 정도를 파악하기 위하여 프로그램을 전후하여 아동 우울(CDI) 척도와 상태불안(SAIC) 척도 그리고 아동행동평가(K-CBCL) 척도를 실시하였다.

그 결과, 아동 우울은 프로그램 이전에는 경도 14%, 중등도 9%로 나타났으나, 프로그램 이후에는 경도 13%만을 가지는 것으로 나타났다.

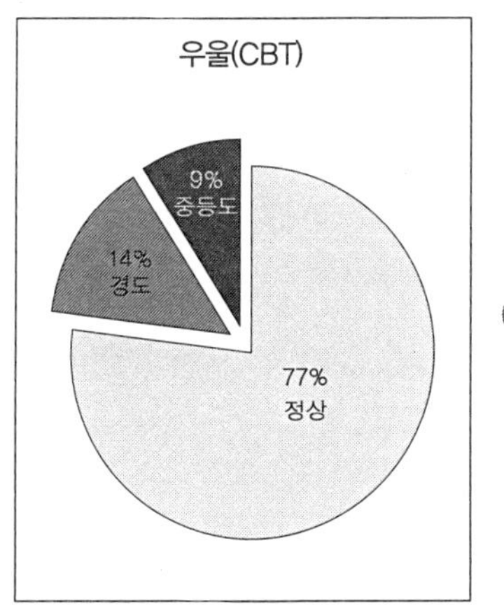

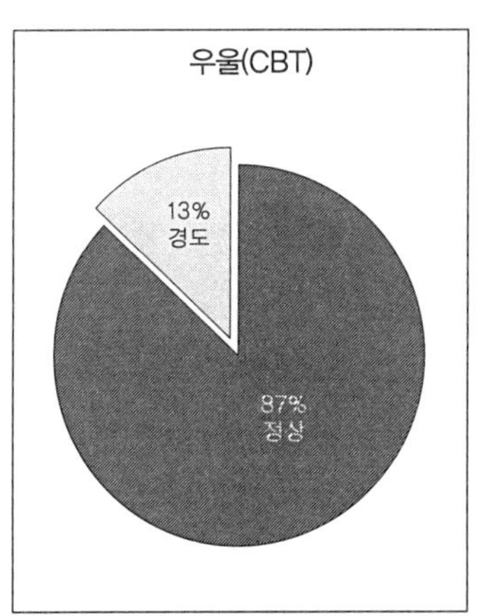

[그림 7-1] CBT 프로그램의 아동 우울 사전-사후 평가

아동 상태불안 설문 결과, 프로그램 이전에는 증상 정도가 경도 9%로 나타났으나 프로그램 진행 이후 참여 아동이 모두 정상 범주에 속하는 것으로 나타났다.

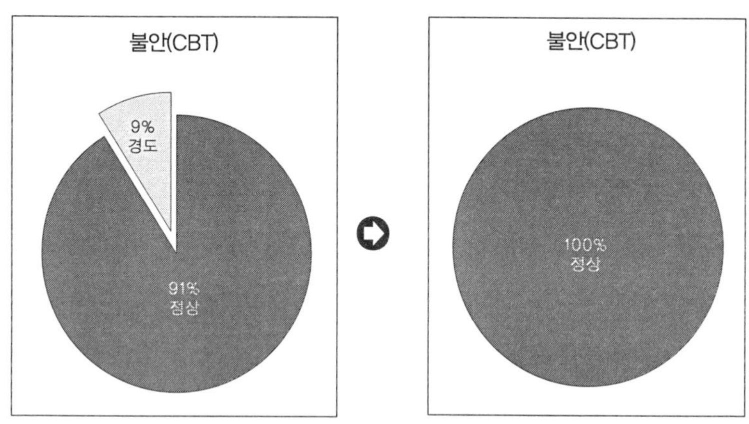

[그림 7-2] CBT 프로그램의 아동 상태불안 사전-사후 평가

K-CBCL(아동 문제행동 평가) 척도 결과, 외현화 문제를 보인 아동은 3%, 내재화 문제를 보인 아동은 5% 그리고 외현화와 내재화 문제를 모두 보인 아동은 5%인 것으로 나타났다. 그러나 프로그램 진행 이후 참여 아동 모두가 정상 범주에 속하는 것으로 나타났다.

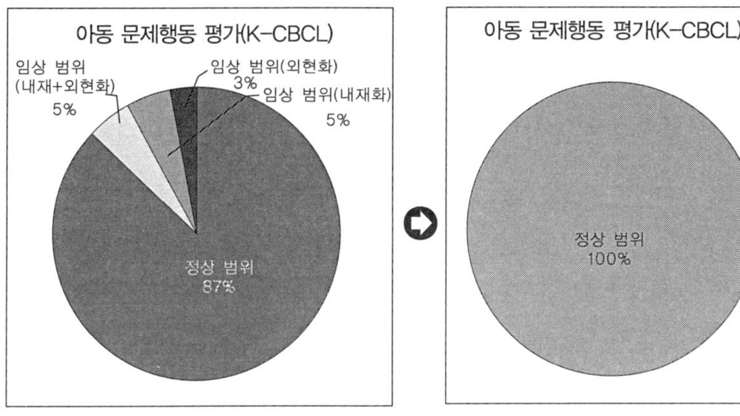

[그림 7-3] CBT 프로그램의 아동 문제행동 사전-사후 평가

외상후 스트레스 증상 완화를 위한 이야기치료 집단 프로그램

1 개 요

일 정	2007년 7월 31일 ~ 12월 15일(12회기/추가 2회기)
대 상	집단 프로그램에 참여하기를 원하는 아동(총 39명) 총 5개 그룹으로 진행

2 프로그램 소개

〈프로그램의 원리: 내러티브의 구성과 자기 해석 과정〉

- 강렬한 감정을 정상화-감정의 언어화
- 정신적 외상 경험을 전체 삶에서의 일부분으로 전환
- 친구 또는 다른 사람과 감정을 공유함으로써 사회 기능 촉진

• 정신적 외상에 의한 인지기능의 정상화

〈프로그램의 진행방법: 5~6명의 소집단 활동〉

• 그림과 놀이를 통한 이야기 촉진 활동 및 자기 해석 증진
• 각 집단마다 전문 상담요원 1인과 보조 상담요원 1인이 공동 진행
• 집단 활동을 동영상으로 녹화하여 매 회기 시작 전에 아동과 함께 보면서 토론

〈내러티브 상담 과정〉

• 경험 재처리(narrative reprocessing)
• 이야기 만들기(mapping processing)
• 경험과 이야기 검토(mapping review)
• 자기 탐색 및 희망(exploration and empowering)

〈프로그램 내용〉

• 집단 규칙을 이해하고 친구 묘사하기
• 나의 감정을 이해해요. 내 감정은 옳아요
• 나의 이야기
• 강렬한 감정 표현('색칠하기' 도구 이용)
• 기억과 변화
• 움직이기, 평가와 기념 놀이

3 세부 프로그램

회기	날 짜	내 용	비 고
1	7/31	규칙 설명 모임에 나온 이유를 설명합니다. 나는 이런 사람이에요. 우리는 이런 사람입니다.	친근감 표현 기저선 평가
2	8/7	정말 놀랐어요. 사건과 관련된 감정을 열거하고 묘사하기	감정의 재처리 그림 그리기
3	8/14	사람이 놀랄 수 있는 여러 경우를 말해 봅시다. 무서운 일이 있을 때, 다른 친구들은 어떻게 할까요?	감정의 재처리 정상과 비정상 비교 자기 이해
4	8/21	엄마랑 나는 어떻게 다를까요? 식구들이 어떻게 해 주면 좋을까요?	경험 연결하기 중간평가
5	9/1	어릴 때 무서웠던 일이 있었나요? 그때 어떻게 했으면 좋았을까요? 비교해 봅시다.	경험 연결하기 사진 설명하기
6	9/8	내가 무서운 이유를 말해요. 친구들에게 바라는 것을 말해 봅시다. 무서워하는 친구를 위해서 어떻게 할까요?	놀람의 이야기와 행동 연결하기
7	9/15	나의 감정을 이야기로 해 보아요. 나의 이야기를 다른 이야기로 만들어 보아요.	
8	9/22	내가 경험한 것을 돌아보니 이렇군요. 바꿀 점과 그렇지 않은 점 친구 이해하기	자기평가 중간평가
9	10/6	다른 친구와 나를 비교해 보아요. 나는 이렇게 변할 수 있어요.	
10	10/13	나는 이런 사람이 될 거예요.	
11	10/20	지난 봄의 경험과 현재를 비교하고 전체 이야기를 말해 봅시다.	
12	10/27	전체 과정의 평가 및 마무리 잔치	결과평가

(1)	11/17	헤어지는 연습	
(2)	12/15	편지쓰기 헤어지기	

4 프로그램 평가

〈프로그램 진행방법〉

- 참여 아동 특성
  - 사건을 목격하지 않고 간접적으로 경험한 저학년 아동
  - 사건을 직접 목격한 고학년 아동
- 진행 과정
  - 5~6명의 소집단 활동
  - 그림과 놀이를 통한 이야기 촉진 활동 및 자기 해석 증진
  - 각 집단마다 전문 상담요원 1인과 보조 상담요원 1인이 공동 진행
  - 집단 활동을 동영상으로 녹화하여 매 회기 시작 전에 아동과 함께 보면서 토론

〈집단평가 시간 경과에 따른 아동 문제행동의 변화〉

중재 시작, 중재 후 약 1개월 및 중재 종료 시점(중재 후 12주 경과)의 시간 경과에 따른 아동 우울(CDI), 아동 상태불안(SAIC) 척도의 점수 변동은 [그림 7-4]와 같이 두 영역 모두 시간 경과에 따라 점수가 다소 하락하는 것을 알 수 있다.

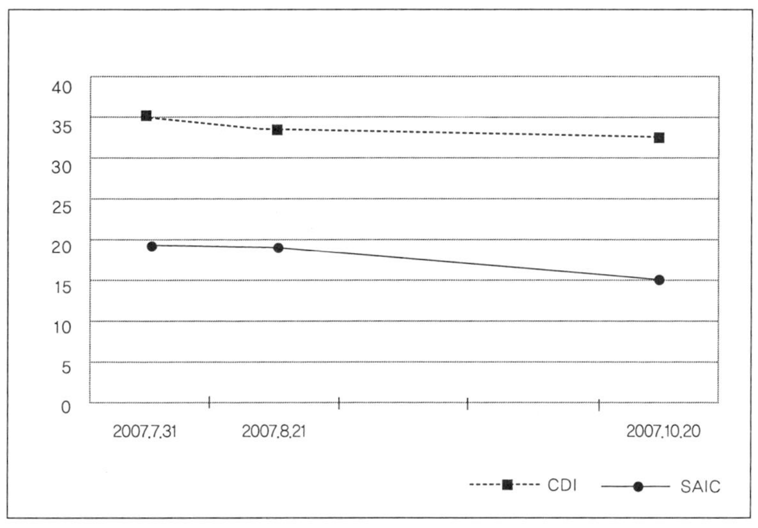

[그림 7-4] CBT 프로그램의 아동 문제행동 사전-사후 평가

학부모 및 교사 상담/교육

학교 내 사고는 학생뿐만 아니라 학부모 및 교사의 외상후 스트레스 문제를 불러일으킨다. 여기에 보상에 대한 기대나 평소 학교에 대한 불만 등이 추가되면, 이성적 대화 자체가 어려운 상태로까지 불신과 반목이 확산될 수 있다. 이 사고에서도 이러한 위험성이 초기에 감지되었고, 불안을 호소하는 학부모 및 교사가 발생하여 그들 중 일부는 체계적 치료를 위해 협력 병의원에 연계되어 치료를 받기도 하였다.

그러나 체계적인 학교 내 접근이 이루어지면서 학부모 및 교사 상담/교육이 활성화되었고, 이러한 접근이 상당 부분 성과를 거두었다. 이 과정에서 강조된 것은 사고에 의해 모두가 도움을 받아야 하는 상황이며 그중 가장 큰 피해자는 아동이므로, 아동의 회복을 위해 노력하자는 것이었다. 실제로 아동들이 회복됨에 따라 학부모 및 교사의 안정감도 급속도로 회복되었고, 두 집단 간의 긴장감도 해소되었다. 시행한 프로그램의 개요는 다음과 같다.

1 학부모 교육 및 상담

대 상	해당 초등학교 학부모
교육 및 상담	총 6회 실시
내 용	• 외상 사건(충격)이 아동에게 미치는 영향 • 충격을 겪은 아동의 심리상태와 신체 변화 이해 • 아동과 적절한 이해관계(감정 등)를 도모할 수 있는 방법 지도 • 충격을 받은 아동의 돌봄을 위해 부모가 해야 할 일
평 가	• 학교에서 아동이 경험한 외상이 아동의 발달에 미치는 영향에 대해 정확히 이해할 수 있도록 기본 지식과 정보 제공 • 외상을 경험한 자녀에게 부모로서 어떠한 역할을 해야 할지 모르는 상태에서 적극적인 부모 역할에 대한 교육을 실시하여 부모 불안을 감소시킴 • 외상을 직접 경험한 아동뿐만 아니라 직접 · 간접적으로 관련이 있는 학부모들 역시 불안이 높은 상태로, 이들에 대한 상담을 실시하여 안정감을 되찾을 수 있도록 하고, 또한 이를 통해 아동에 대한 정서적인 지지자의 역할을 할 수 있도록 격려 • 학부모들이 원하는 강사를 초빙하여 아동 양육방식과 위기 대처능력 함량을 위한 교육에 더욱 신뢰를 갖고 참여할 수 있도록 조치

2 교사 교육 및 상담

대 상	해당 초등학교 교사
교 육	총 4회 실시
내 용	• 위기 경험 아동을 위한 교사 지침 교육 및 제공 • 학교 내 위기 상황에서의 아동 및 학부모를 위한 교사의 역할 • 학교 내 위기 상황에서 교사가 경험하는 정서적인 위기

평 가	• 학교 내 위기 상황 발생에 따른 또 다른 피해자는 교사로서, 아동의 정신건강 문제에 대한 집중으로 그 피해의 심각성이 간과되기 쉬운 대상임 • 교사에 대한 외상후 스트레스 관련 교육을 실시하여 스스로를 안정시킬 수 있는 자리를 마련함 • 외상 사건을 경험한 아동들에 대한 기본적인 이해와 학부모에 대한 접근을 위한 교육도 함께 실시 • 학교에서 이루어지고 있는 아동을 위한 전반적인 개입의 방향과 진행 과정 등을 수시로 알리고, 아동의 정신건강을 위해 어떤 외부 인력이 어떤 내용으로 개입을 진행 중인지 나눔으로써 빠른 시일 내에 수업이 안정화될 수 있도록 함

4) 사고 6개월 후 추적평가 결과

사고 발생 6개월 후 사고를 목격한 고위험군 아동 전체를 대상으로 설문 및 면접 진단평가를 재실시하였다. 총 335명의 아동이 참여하였으며, 아동 우울 검사에서 중등도 이상의 아동은 37명(11.1%)이었고, 아동 상태불안 검사에서는 35명(10.5%)의 아동이 중등도 이상의 증상을 보고하였다. 급성 스트레스증 검사에서는 154명(45.4%)이 어려움을 보고하였다.

DISC를 이용한 진단적 면접평가

1차 선별에서 아동 우울과 상태불안 그리고 급성 스트레스증과 관련한 설문 결과, 증상 정도가 '중등도 이상의 심각' 이상으로 선별된 67명에게 구조적 면담 DISC-IV(불안 및 우울장애 모듈)를 실시하였다. 구조적 면담 시에는 외상 사건 이후 잔존하는 어려움이 불안과 우울감이라는 보고에 따라, 불안(사회공포증, 분리불안장애,

광장공포증, 범불안장애, 강박장애, 외상 후 스트레스장애)과 우울장애 관련 모듈을 실시하였다. 그 결과, 아동에 대한 전문적 개입을 요하는 경우의 어려움으로 사회공포증 3명, 분리불안장애 4명, 광장공포증 13명, 범불안장애 8명, 외상후 스트레스 장애 3명으로 보고되었다. 이러한 유병률은 과거 사고 직후와 3개월 평가보다 현저히 감소된 결과였다.

아동의 변화에 대해 학부모-교사의 만족도는 매우 높았다.

4. 2007년 경험을 통해 본 학교 내 사고 대처 방안

지금까지 살펴본 것처럼, 2007년 5월에 발생한 초등학교 소방훈련 사고에 대한 개입은 서울시와 아동 정신건강 전문가 그리고 많은 지역사회 기관이 함께 참여하여 조직적이고 체계적으로 개입이 이루어진 기회가 되었다.

학교 내에서의 사고에 의한 피해자는 아동뿐만 아니라 아동을 보살피는 가족 그리고 학교에서 아동과 함께하는 교사를 포함한 지역사회 모두였다.

이렇듯 다양한 대상을 위한 개입 계획이 수립되었고, 단계별로 다른 서비스를 제공하기 위하여 다양한 기관이 개입되었다.

사건 직후 서울시는 사고 경위를 파악하고 이에 대한 대처 계획을 수립하기 위한 전문가 모임을 준비하였으며, 이에 따라 처음으로 실시한 아동 정신건강 집단설문은 어려움에 처한 아동을 선별하여 즉각적인 도움을 주는 효과가 있었으며, 학교 내 아동과 교사

그리고 학부모의 불안을 감소시키는 결과를 가져왔다.

이후, 전문가 집단의 자문과 서울시의 행정적 · 재정적 지원으로 아동들을 위한 개별 프로그램, 집단 프로그램, 아동 치유 이야기 캠프를 진행하였다. 또한 정서적인 어려움에 처한 아동을 지원하며 또 다른 스트레스 위기 상황에 처한 학부모와 교사를 대상으로 지지적 교육을 실시하였다.

개입에 대한 평가를 위해 집단 프로그램 진행의 사전-사후에 평가를 실시하였고, 학부모를 대상으로 집단 프로그램을 통한 아동의 변화 정도를 파악하였으며, 전반적인 만족도 평가를 실시하였다. 그 결과, 앞서 살펴본 바와 같이 아동의 우울감과 불안감 그리고 문제행동에서의 긍정적인 변화가 나타났으며, 이 위기개입 과정과 결과에 대한 학부모의 만족감 역시 '중등' 이상인 것으로 파악되었다.

2007년 5월 초등학교에서의 위기상황에 대한 개입 계획 및 전략 수립의 기회는 그동안 간과되어 왔던 학교에서의 위기 상황에 대한 지역사회의 책임성에 대한 고민을 표면화시키는 계기가 되었으며, 향후 지역사회의 좋은 모델이 될 수 있을 것이라 기대하고 있다.

지금까지 학교에서 아동에게 발생하는 모든 일은 개인 또는 학교가 감당해야 할 몫으로 여겨져 왔으나, 이 사건을 계기로 학교를 품고 있는 지역사회가 아동을 지키는 일에 관심을 가져야 한다는 데 많은 이가 공감하였다.

이제는 학교에서 발생하는 정신건강 위기 상황에 대해 개인이나 학교만이 아닌 지역사회의 관련 기관들이 위기 발생 시 즉각적으로 개입할 수 있는 연계 시스템 구축이 필요하며, 이를 위해 서울시, 서울시 정신보건센터, 외상후 스트레스 관련 전문가 집단, 소아청소년 정신과 전문의 집단의 협조체계 정비가 필요하다. 더 나아가 정부는 이를 위한 충분한 인력과 재정, 그리고 이론과 경험을 바탕으로 한 전문가 집단을 구성하여 위기 상황 발생 시 관련 영역들을 통합 · 조정할 수 있는 기반 마련이 필요하다.

Coates, S., & Gaensbauer, T. J. (2009). Event trauma in early childhood: Symptoms, assessment, intervention. *Child Adolesc Psychiatr Clin N Am.*, *18*(3), 611-626.

Cohen, J. A., & Scheeringa, M. S. (2009). Post-traumatic stress disorder diagnosis in children: Challenges and promises. *Dialogues Clin Neurosci*, *11*(1), 91-99.

Kim Bung-nyun, Kim Jae-won, Cho Soo-churl et al. (2009). A 6-month follow-up study of posttraumatic stress and anxiety/depressive symptoms in Korean children after direct or indirect exposure to a single incident of trauma. *J Clin Psychiatry*, *16*. Epub ahead of print.

Meiser-Stedman, R., Smith, P., Bryant, R. et al. (2009). Development and validation of the Child Post-Traumatic Cognitions Inventory(CPTCI). *J Child Psychol Psychiatry*, *50*(4), 432-440.

Valli, K., & Revonsuo, A. (2009, Spring). The threat simulation theory in light

of recent empirical evidence: A review. *Am J Psychol, 122*(1), 17-38.

관련 웹사이트

재난피해자 심리지원 정보센터 http://www.dmhs.go.kr

제3부

학교 현장에서의 위기개입 실제

08. 학교 위기 상황 대응 매뉴얼
09. 통계로 본 학교 안전사고와 보상

08
학교 위기 상황 대응 매뉴얼[1)]

학교에서 발생되는 위기 상황은 학교폭력 및 성폭력, 안전사고 및 건강 문제 관련 응급 상황, 자살 위기 학생 등을 생각할 수 있다. 학교에서 위기 상황이 발생하면 학생뿐만 아니라 교사도 여러 가지 어려움을 겪게 된다. 이런 위기 상황을 예방하기 위해서는 위기상황에 대한 정확한 위해성을 인식하고, 위기 상황이 발생하면 누구든지 신고하고 적절하게 대처해야 한다.

이 장에서는 학교 위기 상황 예방 및 적절한 관리를 위해서 '사전 예방 교육-예방 활동-신고 및 조사-대책위원회 개최-추후지도' 의 과정에서 학교 담당자가 취해야 할 일반적인 사항과 상황별

---

* 이 장은 민혜영이 집필하였다.

1) 이 장은 관련 법령과 학교 현장에서 활용하는 교육청 개발 자료를 참고하여 집필한 것으로, 모든 학교에 일괄 적용하는 것은 한계가 있으며 학교 여건에 맞게 참고하여 활용하는 것이 바람직하다.

대응 방법에 대해 살펴보고자 한다.

1. 학교 위기 상황 대응 방법

1) 학교장의 의무

- 업무 영역별 담당 교사 배치
- 학교 위기 상황 예방 교육
- 학교 위기 상황 발생 시 적절한 조치
- 위기 상황 보고(신고)

2) 학교 위기 상황 발생 시 처리 과정

학교 내 안전사고나 기타 위기상황이 발생하지 않도록 사전에 충분한 예방을 하는 것이 가장 중요하지만, 그럼에도 불구하고 만약의 경우 사건이 발생했다면 신속 · 적극 · 투명한 조치를 할 수 있도록 학교는 위기 상황에 대한 대응 능력을 갖는 것이 매우 중요하다. 학교에서 위기 상황이 발생하였을 때는 일반적으로 다음 그림과 같은 과정을 거친다.

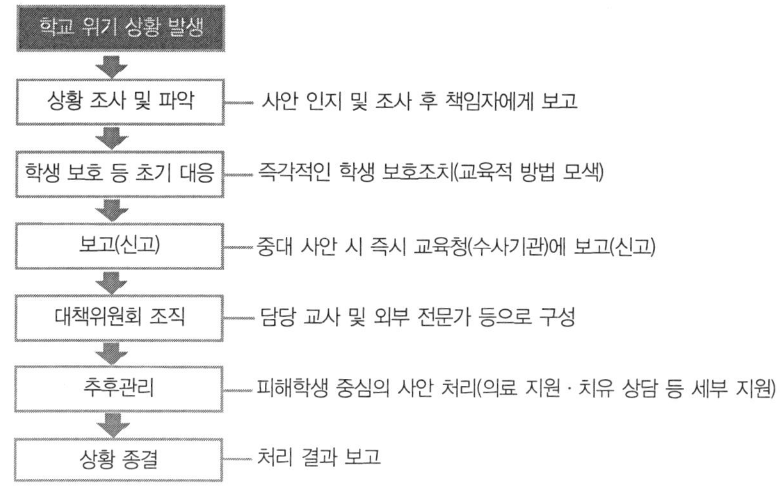

[그림 8-1] 학교 위기 상황 발생 시 처리 과정

3) 학교 위기 상황에 대한 학교(교원)의 책임 범위 판단 기준

학교에서 발생하는 사건 · 사고는 관련 법령에 따라 처리하는 것을 원칙으로 하며, 학생에 대한 학교의 보호 · 감독 의무의 범위에 관련하는 것으로 사건에 대한 학교의 책임은 다음의 사항에 따라 결정한다.

- 학교에서의 충분한 사전 예방 및 교육 활동이 이루어졌는가?
- 예측되거나 예측 가능성이 있었는가?
- 교육 활동 및 이와 밀접한 사건인가?
- 사전 예방이 가능한 사안이었는가?
- 사건 발생 시 학교의 조치는 충분하고 적법하게 이루어졌는가?

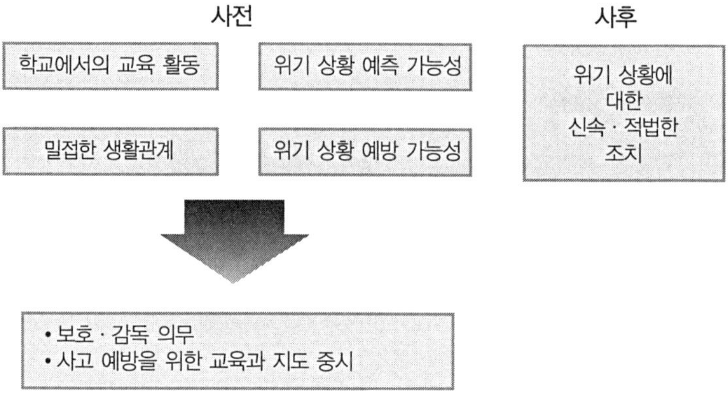

사전

학교에서의 교육 활동

위기 상황 예측 가능성

밀접한 생활관계

위기 상황 예방 가능성

사후

위기 상황에 대한 신속 · 적법한 조치

- 보호 · 감독 의무
- 사고 예방을 위한 교육과 지도 중시

[그림 8-2] 학교 위기 상황에 대한 학교의 책임 범위 판단 기준

Tip 학생상담 시 참고사항

- 상담 과정에서 학생의 신체 일부를 만지거나 치는 일은 삼간다. 단, 남교사가 남학생을 여교사가 여학생을 가볍게 만지는 정도의 친근감 표시나 격려는 좋다.
- 만일 좋지 않은 일로 상담할 경우 다른 교사나 학생이 보는 장소는 피하되, 상담교사가 재실하고 있는 상담실이나 보건교사가 재실하고 있는 보건실을 이용하는 것이 좋다.
- 상담 결과는 육하원칙에 의거하여 작성하되, 학생이 교사에게 무엇을 이야기했고 교사는 학생에게 어떤 말을 했는지 등을 상세히 기록해 둔다.

2. 위기 상황별 처리 방법

1) 학교 내 응급환자 관리

(1) 목 적

응급환자 발생 시 신속한 응급처치 및 후송 체계를 확보하여 응급환자의 원활한 처치 및 후송으로 증상 악화를 방지하고, 후유증을 최소화하며 생명을 구하기 위함이다.

(2) 조치 방안

- 신속하게 환자의 활력증후(Vital sign)를 측정하고 환자의 상태를 사정한다.
- 증상에 따라 응급처치한다.
- 환자의 상태와 상황에 대해 육하원칙에 의거하여 진료기록지를 작성한다.
- 위급한 상황인 경우 지체 없이 전문 의료기관으로 후송한다.

(3) 행정 사항

- 학교장은 학교 여건에 맞게 소속 교직원을 대상으로 교내 응급환자 발생 시 역할 분담 및 처리 절차 등 '응급환자 발생 시 처리지침' 을 수립한다.
- 응급환자 이송 및 진료에 관한 기록을 작성 · 보관한다.
- 학교 내 발생하는 응급환자 후송 및 초기 진료비 등 필요 경비는 학교 회계예산에 편성 · 운영한다.
- 병원 후송 시 교직원(보건교사 · 담임교사 · 부장교사 등)은 출장 처리한다.

〈표 8-1〉 응급환자 후송 및 업무 분담 조직(예시)

구분		환자 상태가 위급하거나 중한 외상이 있는 경우	환자 상태가 위급하지는 않으나 병원으로 이송해야 하는 경우
상황		의식장애, 호흡곤란, 약한 맥박, 심정지, 대출혈, 개방골절, 응급수술을 요하는 경우 등	단순외상, 단순골절, 고열 등으로 의료기관에서의 조치를 필요로 하는 경우 등
절차 및 업무 분담	보건 교사	응급처치 후 환자 병원 후송 (담임교사에게 통보, 교감 · 교장에게 상황 보고)	응급 처치 후 담임교사에게 통보
	담임 교사	학부모 연락, 환자 병원 후송	학부모에게 연락하여 학생 병원 후송 안내 및 조치
	생활 지도 부장	학교 내 안정을 위한 질서 및 생활지도	
	교감	상황 파악 및 지시, 보고 등 위기 상황 처리에 필요한 조치	
	교장	상황 총괄 원인 분석 및 재발 방지 조치	
	이송	교직원 차량으로 후송 시 이송 도중 안전사고 발생 예방을 위하여 응급처치를 실시하는 사람은 차량 운전을 하지 않도록 한다.	
기타		응급환자 후송 및 진료기록지는 사건 날짜, 시간, 장소, 사고 현황, 환자 상태, 응급처치 내용 등을 육하원칙에 의거하여 구체적으로 기록	

2) 학교폭력 예방 및 처리 절차

(1) 목 적

학교폭력은 학교 내외에서 학생들 간에 발생하는 하나의 '사건'

으로, 사전 예방지도와 사후 즉각적 · 적극적 개입을 통해 피해학생에 대한 보호 · 치유 및 가해학생에 대한 적절한 상담 · 교육으로 재발과 확대를 방지하고 학교생활에 잘 적응하도록 지원하기 위함이다.

(2) 조치 방안

- 학교폭력은 「학교폭력 예방 및 대책에 관한 법률」에 따라 처리
- 학교폭력 예방(교육 · 상담 · 조사) 및 대책을 위한 학교체제 구축
- 학교폭력 예방 프로그램 구성 및 실시
- 가해학생 · 피해학생에 대한 적절한 조치
- 신뢰성 있는 신고체계 마련
- 학교폭력대책자치위원회 구성 및 운영

(3) 행정 사항

- 학교마다 학교폭력 문제를 담당하는 책임교사 선임(책임교사는 학교폭력 사건에 대한 책임을 지는 것은 아니며, 학교폭력 예방 및 대책을 위한 학교체제 구축 등에 관한 사항을 수행함)
- 폭력 피해학생은 학교폭력대책자치위원회 심의를 거쳐 상담 및 치료를 위한 요양, 일시보호, 학급교체 등 필요한 조치를 할 수 있음
- 폭력 가해학생에 대해서는 학교폭력대책자치위원회 심의를 거쳐 선도 및 징계조치를 할 수 있음

- 가해학생 · 피해학생에 대한 심의 과정에서 가해학생 및 보호자에게 의견 진술의 기회를 부여하는 등 적정한 절차를 거쳐야 함(가해학생 또는 보호자의 재심 요청이 있을 경우 수용하는 것이 바람직함)
- 학교폭력 예방 및 대책과 관련된 업무 수행을 통해 알게 된 자료는 누설하여서는 안 됨(가해학생 · 피해학생 조치 관련 심의 또는 분쟁조정과 관련 회의 내용 및 회의록 공개 금지)

(4) 학교폭력 예방활동

학교장	학교폭력 예방계획 수립
업무부서	• 생활지도부 – 취약 지역 순회 지도 – 돌봄 학생을 전문가와 결연시켜 상담, 지도 – 학교폭력 예방을 위한 정기적인 설문조사 • 보건교사 – 학생 외상 경위 파악 – 생활지도부와 연락체계 유지 • 상담교사 – 돌봄 학생 상담, 지도 – 인성교육
(교과)담임 교사	• 피해학생 징후 관찰 • 휴식, 중식 시간 학급방문 지도 • 돌봄 학생 상담, 지도 • 수업 중 관련 학생 지도 • 학생 지도 결과 기록

(5) 학교폭력 신고 및 처리 절차

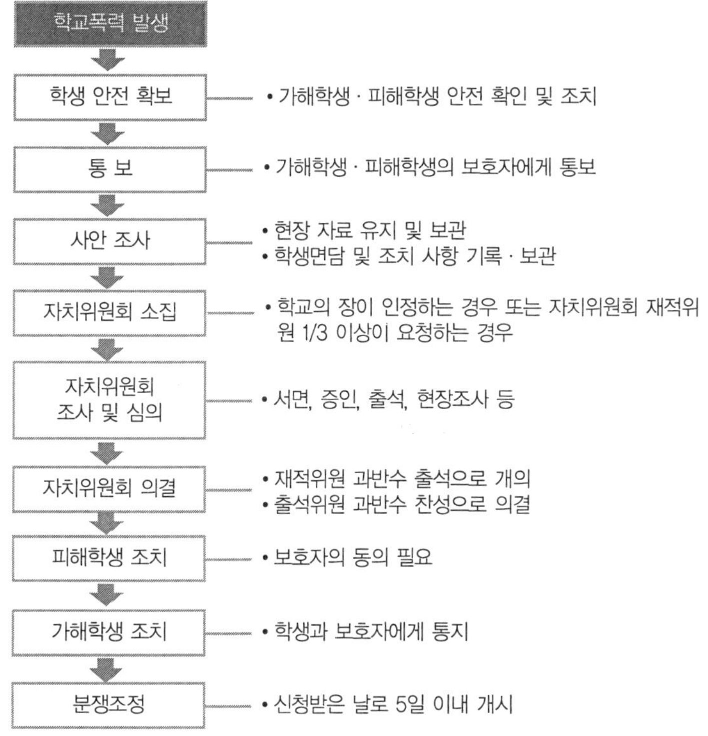

3) 성폭력 가해 · 피해학생 지원

(1) 목 적

성폭력은 '성(性)' 을 무기로 한 범죄 행위이며, 성적 자기결정권에 반해 벌어지는 일방적인 폭력이다. 성폭력 발생 시 즉각적이고 적법한 지원을 통해 피해학생의 정상적인 학교생활 복귀와 건강한 성인으로의 성장을 돕고, 가해학생이 건강한 성 가치관을 갖게 한다.

(2) 조치 방안

- 가해학생과 피해학생의 즉각적인 분리 조치 등 피해학생의 권리와 안녕을 적극 보호하고 지원한다.
- 성폭력 피해학생에 대한 의료적 · 법적 지원과 학업지원 및 가족에 대한 지원 등 다각적 · 포괄적으로 접근한다.
- 가해학생에 대한 편견을 버리고 징계 · 훈육이 아닌 교육 · 상담으로, 건강한 사회인으로 성장할 수 있도록 지원한다.

(3) 행정 사항

- 중대사안 시 즉시 교육청(수사기관)에 보고(신고)
- 가해학생이 14세 미만인 경우에도 특별교육을 이수하게 하고 특별교육 이수 기간은 출석 인정 처리
- 보호자의 의무 강화와 성폭력 재발 방지를 위해 보호자도 특별교육 이수 권장
- 가해학생에 대한 전학은 '특별교육이수' 이후에 조치
- 피해학생이 치료받는 기간은 '기타 부득이한 사유로 학교장의 허가를 받아 결석하는 경우' 로 출석 처리
- 모든 내용은 객관적 · 중립적 관점에서 기록 · 처리

(4) 성폭력 위기관리 절차

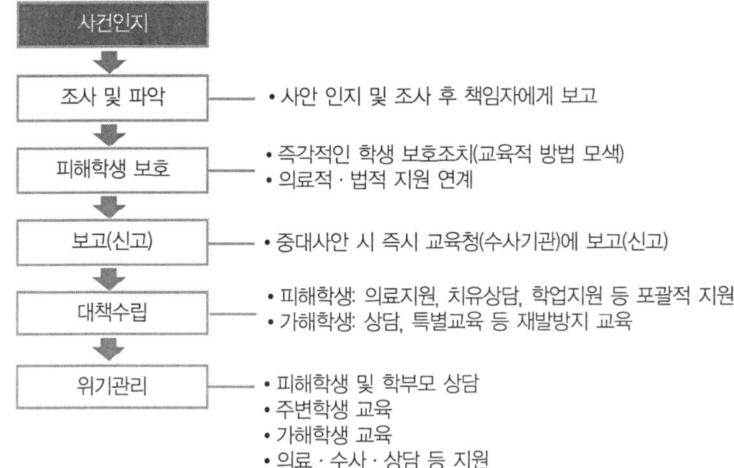

(5) 성폭력 위기개입 시 중점사항

- 피해학생 중심의 사건 지원: 피해학생의 평소 언행과 비교하여 피해학생을 비난하지 않는다.
- 비밀보장: 사건 관련 사항이 외부에 누출되지 않도록 각별히 주의한다.
- 통합적 · 전문적인 접근: 의료적 · 법적 수사과정 및 학업지원 · 가족지원 등 전문기관과 연계 지원

Tip 학생상담 시 참고사항

- 몸을 씻지 않은 채로 되도록 빨리 산부인과 검진(48시간 이내 정액 채취, 성병검사, 임신 여부 검사, 간염검사, 파상풍 예방접종 등)
- 신체 상해(멍, 상처 등)에 대한 사진 촬영 · 보관 및 증거 자료 확보
- 피해 당시 착용한 겉옷과 속옷, 기타 증거물을 코팅되지 않은 종이봉투에 보관

4) 자살 위기 학생 지원

(1) 목 적

모든 학교 위기 상황이 그러하지만, 특히 자살은 사전 예방이 절대적으로 중요하며 사전 예방이 충분히 가능하다. 자살 예방을 위해 또래관계에서 학생의 의미감과 적응력을 강화시키고, 학생이 보이는 자살 징후에 대해 신속하고 적극적으로 대처함으로써 극단적인 선택으로 이어지는 것을 방지한다.

(2) 조치 방안

- 전체 교직원의 자살 예방 및 정신건강 증진에 대한 역량 강화로 보편적 개입체제 구축
- 보건교사, 상담교사 등 학교 핵심인력 훈련을 통한 자살 위기 상황 접근성 향상
- 청소년기 발달특성을 고려한 또래 지지체계 강화

(3) 행정 사항

- 정례적인 자살 경향성 조사를 통한 위험군 조기 발견 및 관리
- 자살 위험군 학생을 위한 가정-학교-지역사회 연계 지원망 구축(위험군 학생의 학교생활과 가정생활에 대한 면밀한 관찰 및 보호자와의 정보 공유가 매우 중요함)
- 위기 상황 발생 시 신속하고 적극적인 대응을 위한 학교 시스템 구축

- 필요시 외부 전문가 또는 학교 교직원 등에게 도움을 청하고 공동 대응(담임교사, 보건교사, 상담교사 등 학교 내 지원망 구축)
- 고위험군 학생에 대한 전문적 관리를 위한 지역사회(전문치료기관, 경찰서, 소방서 등) 지원망 구축
- 학생 자존감 증진 및 문제해결 대처능력 신장 등 정신건강 증진 교육 강화
- 자살사건 발생 시 신속하고 적법한 사후 조치(주변 학생에 대한 심리적 지지, 자살 전염 방지 노력 등)
- 학생지도에 대한 상담기록, 주변 학생의 증언 등 학생상담지도 내용을 구체적으로 기록

(4) 자살 경향이 있는 학생에 대한 위기관리

자살 위기개입 상담 과정은 탐색 단계, 이해 단계, 행동 단계로 이루어지며, 단계에 따른 상담교사의 태도와 상담 기법은 다음 표와 같다.

〈표 8-2〉 자살 위기개입 시 단계별 상담 기법

단 계	상담 기법
1단계: 탐색 신뢰감 형성, 자살 생각 및 쟁점 확인	• 침착하고 편견 없이 학생을 배려하는 마음 갖기 • 내담자의 현재 감정에 중점을 두고 경청하기 • 자살 가능성이 있다고 느끼면 자살 생각이 있는지 직접 물어보기
2단계: 이해 자살 행동 위험도 측정, 자살에 대한 학생 성향 파악	• 구체적인 질문으로 자살 위험에 관한 정보 알아내기 • 학생이 감정을 토로할 수 있도록 격려하며 대화하기
3단계: 행동 자살 예방을 위한 행동 대안 계획, 이행	• 학생이 필요로 하는 정보 제공하기 • 구체적이고 세부적인 행동대안 제시하기 • 지도력을 보여 주고 현실적인 격려하기

↓

자살 위험요인이 높은 경우에는 전문의에게 상담, 진료 의뢰

Tip 학생상담 시 참고사항

- 충분한 시간을 할애하여 학생으로 하여금 자신의 생각을 말할 수 있도록 격려한다.
- 냉정하고 중립적인 태도보다는 적극적으로 들어주려는 자세를 갖는다.
- 자살에 대해 질문하는 것을 두려워하지 말고 가치판단 없이 의연하게 학생의 말에 두려움을 느끼지 않고 듣는 것이 중요하며, 특히 학생을 면담할 때는 가능하다면 자세히 학생의 생각이나 느낌, 자살과 연관된 공상과 계획을 파악하는 것이 중요하다.

부록1. 응급환자 이송 및 진료 기록지

학년/반	성명	성별	보호자명	주소	전화번호	담임 교사명
		남 / 여				

<table>
<tr><td>병 명</td><td></td><td rowspan="4">〈인체모형〉</td></tr>
<tr><td>사건 시간 및 장소</td><td></td></tr>
<tr><td>사고 상황 및 환자 상태</td><td></td></tr>
<tr><td>응급처치 내용</td><td></td></tr>
<tr><td rowspan="4">이송내용 (후송시간, 후송병원, 후송자, 응급처치자 및 차량 운전자 등)</td><td rowspan="4"></td><td>후송병원</td></tr>
<tr><td>☎</td></tr>
<tr><td>후송차량 종류</td></tr>
<tr><td></td></tr>
<tr><td>사건 개요 (육하원칙에 의거 기재)</td><td colspan="2"></td></tr>
<tr><td>기 타</td><td></td><td>기록자 (인)</td></tr>
</table>

부록 2. 학생상담 동의서(예시)

【동 의 서】

학년　반　번　성 명 :

학부모님 안녕하십니까?

학교에서는 학부모님의 동의하에 에너지 넘치는 장래 꿈나무들의 학력 향상과 바른 인성 함양을 위하여 전문적인 지도를 하고자 합니다.

본 지도의 목적은 귀 학생의 잠재능력을 충분히 발휘할 수 있도록 강점을 계발하고 자존감을 증진시킴으로써 학교생활과 미래의 진로에 적절한 도움을 주고자 함입니다.

본 과정을 통하여 귀 학생이 개인의 건전한 성장과 사회적응 능력 향상의 성과를 얻을 수 있도록 부모님의 특별한 관심과 배려를 부탁드립니다.

본 과정은 (　)회 개별상담과 집단상담으로 이루어지며, 학습활동에 지장을 주지 않도록 점심시간을 이용하여 실시하겠습니다.

지도 사항에 대한 의문점이 있으시면 전화문의나 직접 내교하시어 면담하여 주시기 바랍니다.

년　월　일

○○학교장

담당교사 : ○○○ (☎　　　)
담임교사 : ○○○ (☎　　　)

학부모 성명 :　　　　(인)
연 락 처 : ☎

부록 3. 성폭력 상담 기록지(예시)

1) 피해학생

이름					
생년월일		성별		학년/반	
학부모 연락처(주소)					

2) 가해학생

이름					
생년월일		성별		학년/반	
학부모 연락처(주소)					

3) 상담 개요

날짜		시간	
장소			
상담교사			
상담 시 참석자 (피해학생과의 관계)			

4) 보고 · 신고

보고일시	년 월 일 시	보고기관	
신고자		보고접수자	
보고방법	공문, 유선, 팩스 등		

신고일시	년 월 일 시	신고기관	
신고자		신고접수자	
신고방법	방문, 유선, 서면 등		

＊ 조치사항

•

•

•

부록 4. 사안 보고서식(예시)

[ ] 보고서

담당교사	책임교사	학교장

<table>
<tr><td colspan="2">보고 일자</td><td colspan="3"></td><td>담당자</td><td colspan="2"></td></tr>
<tr><td>피해자</td><td>성명</td><td colspan="2"></td><td>학년/반</td><td></td><td>성별</td><td>남 / 여</td></tr>
<tr><td>가해자</td><td>성명</td><td colspan="2"></td><td>학년/반</td><td></td><td>성별</td><td>남 / 여</td></tr>
<tr><td>사건 유형</td><td colspan="7"></td></tr>
<tr><td rowspan="5">사건 내용
(간단히)</td><td colspan="2">누가</td><td colspan="5"></td></tr>
<tr><td colspan="2">언제</td><td colspan="5"></td></tr>
<tr><td colspan="2">어디서</td><td colspan="5"></td></tr>
<tr><td colspan="2">어떻게/
무엇을</td><td colspan="5"></td></tr>
<tr><td colspan="2">왜</td><td colspan="5"></td></tr>
<tr><td rowspan="2">현재 상태</td><td colspan="7">피해자(신체적 · 정신적)</td></tr>
<tr><td colspan="7">가해자(신체적 · 정신적)</td></tr>
<tr><td>사안 인지
일시</td><td colspan="7"></td></tr>
<tr><td>향후조치
계획</td><td colspan="7"></td></tr>
</table>

경기도교육청(2004). 건강한 학교 만들기를 위한 길라잡이. 학교보건관리실무.

경기도교육청(2007). 소중한 나, 새로운 시작. 성폭력 피해 · 가해학생 교육 매뉴얼.

김미화(2007). 성폭력 대응을 위한 의료적-법적 가이드라인. 서울: 들샘.

김진학(2007). 청소년 자살예방 전략과 학교중심 프로그램. 한국학교보건교육연구회 토론회 자료.

문용린(2007). 성폭력상담매뉴얼. 서울: 가람문화사.

박교선(2007). 학생생활지도 이제는 변해야 한다. 서울: 교육과학사.

부산광역시교육청(2008). 생활지도 표준 매뉴얼.

서울시 소아청소년 광역정신보건센터(2007a). 학생정신건강 상담기술. 중고등교사직무연수자료.

서울시 소아청소년 광역정신보건센터(2007b). 학생정신건강 상담기술. 초등교사직무연수자료.

서울특별시교육청(2005). 생명 사랑, 행복한 미래. 청소년 자살예방 지도자료.

서울특별시교육청(2008). 함께 건너는 징검다리. 교사를 위한 성폭력 상담지원 매뉴얼.

수원시 자살예방센터(2005). 자살예방상담학교 교육 자료집 05-001.

수원시 자살예방센터(2006). 온라인상담교사원봉사자 교육 자료집.

이장호(2001). 상담심리학. 서울: 박영사.

충청남도교육청(2008). 행복교실로 가는 길. 새내기교사를 위한 생활지도 가이드북.

관련 웹사이트

서울시 소아청소년 광역정신보건센터 http://youthlove.or.kr

수원시 자살예방센터 http://csp.or.kr

한국자살예방협회 http://www.suicideprevention.or.kr

09 통계로 본 학교 안전사고와 보상

1. 학교안전공제회 연혁

「학교 안전사고 예방 및 보상에 관한 법률」(2007. 9. 1. 시행)에 의하여 학교안전공제중앙회와 학교안전공제회가 설립됨에 따라 1987년 서울시 교육청을 시작으로 민법에 의하여 16개 시 · 도별로 설립된 사단법인 학교안전공제회가 법률에 기반한 특수법인으로 거듭나게 되었다.

학교안전공제회는 보상에 관한 실무를, 학교안전공제중앙회는 이를 지원하는 역할을 담당한다. 보상은 법률과 전국적으로 통일된 공제급여 지급 기준에 의하여 이루어지고 있다.

---

* 이 장은 김태숙이 집필하였다.

2. 학교안전공제제도

동법 시행에 따라 시행된 16개 시 · 도 교육감이 설립한 학교안전공제회가 수행하는 학교안전공제제도는 국가배상법의 수준에 준하여 학교 안전사고에 대하여 보상하고 있다.

공제가입자는 당연가입자인 유치원장, 초 · 중 · 고등학교장, 평생교육시설의 장과 임의가입자인 외국인학교의 장으로 구별되며, 피공제자는 학생, 교직원, 교육활동참여자다.

공제료는 교육과학기술부 산하 학교안전공제정책심의위원회에서 최근 3년간의 사고발생 추이, 공제급여 지급실적 등을 반영하여 산정 기준을 결정하고 시 · 도 공제회는 동 기준의 범위 내에서 공제료를 결정한다. 공제료는 학교운영비에서 납부하고 있다. 2009년도 시 · 도별 공제료 책정 현황은 다음과 같다.

〈표 9-1〉 2009년도 시 · 도별 공제료 책정 현황 (단위: 원)

구분	유치원	초등학교	중학교	고등학교	구분	유치원	초등학교	중학교	고등학교
서울	1,450	1,750	2,480	2,910	강원	1,500	1,500	2,500	2,500
부산	2,000	2,000	2,500	2,500	충북	1,200	1,200	1,500	1,500
대구	1,350	1,350	1,800	1,800	충남	1,500	1,500	2,200	2,500
인천	1,200	1,500	2,500	3,000	전북	1,300	1,700	2,200	2,200
광주	1,600	1,800	2,600	3,000	전남	1,000	1,000	1,200	1,200
대전	1,200	1,500	2,500	3,000	경북	1,500	2,000	3,000	3,500
울산	1,400	1,700	3,000	3,500	경남	1,300	1,700	3,000	3,500
경기	1,100	1,400	1,900	1,900	제주	1,300	1,300	1,800	2,200

공제급여는 교육활동 중에 발생한 학교 안전사고에 따른 생명·신체의 피해에 대하여 지급하며, 그 종류는 요양·장해·간병·유족급여, 장의비 등이 있다. 연도별 학교 안전사고 보상 추이는 다음과 같다.

〈표 9-2〉 연도별 학교 안전사고 보상 추이 (단위: 건, %)

구분		2001	2002	2003	2004	2005	2006	2007	2008	평균
보상건수	건	18,955	19,592	22,722	29,955	33,834	37,992	41,114	48,514	33,389
	증가율	–	3.4%	16.0%	31.8%	12.9%	12.3%	8.2%	18.0%	14.7%
보상금액	백만원	8,439	8,932	10,721	14,075	16,350	16,077	17,000	17,234	14,341
	증가액	–	5.8%	20.0%	31.3%	16.2%	−1.7%	5.7%	1.4%	11.3%

- 2007년 대비 보상건수는 증가한 반면 보상금액 증가는 미미함
- 보상건수 증가 원인은 현장학습의 다양화, 사고통지의 의무화 등에서 기인한 것임
- 보상금액 증가율이 미미한 것은 통일된 기준에 의한 지급 및 법 시행으로 안전의식의 함양에 따른 것임

3. 공제급여 관리시스템

법률의 시행일에 구축 · 운영된 공제급여 관리시스템은 학교안전공제중앙회가 개발하여 그 운영을 담당하고 있다. 공제급여 관리시스템은 사용자 주체에 따라 학교 사용자용과 공제회 직원용으로 구별된다. 전자의 주요 기능은 학교 안전사고 통지, 공제급여 청구가 있다. 후자의 주요 기능은 학교 안전사고 통지의 접수, 공제급여 지급, 전자결재 시스템, 학교 안전사고 통계자료 작성 등이 있다.

학교안전공제중앙회는 법률의 시행으로 전국적인 통계자료의 전산화된 관리가 가능하게 됨에 사용자 편의 제공과 체계적이고 선진화된 통계시스템 구축을 위해 노력할 것이다.

4. 학교 안전사고 통계자료 주요 내용

사고통지 통계	공제급여 지급 통계
사고발생 요일 사고발생 시간 사고발생 장소 사고발생 유형 사고발생 부위 월별 사고통지 현황	사고발생 요일 사고발생 시간 사고발생 장소 사고발생 유형 사고발생 부위 월별 공제급여 지급 현황

1) 사고통지 통계

(1) 요일별

- 월~금요일의 통지된 사고는 큰 차이를 보이지 않음
- 토요일의 경우 수업일수와 수업시간이 적은 현상을 반영함
- 일요일에 발생하는 학교 안전사고는 현장체험학습 등 특별활동이 활발함이 원인임

구 분	초등학교	중학교	고등학교	유치원 기타	총 계
일	31	75	152	2	260
월	4,250	3,405	2,828	666	11,149
화	4,905	3,690	2,849	885	12,329
수	3,760	3,453	2,726	760	10,699
목	4,892	3,827	3,089	791	12,599
금	4,571	3,918	3,290	826	12,605
토	1,256	986	887	56	3,185
총 계	23,665	19,354	15,821	3,986	62,826

(2) 사고발생 시간

- 신체활동을 주로 하는 체육시간에 발생한 사고가 가장 많음
- 다음으로 휴식시간, 점심시간 등 교사의 지도감독이 미치지 못한 시간에 발생률이 높음

구 분	초등학교	중학교	고등학교	유치원 기타	총 계
등하교시간	1,664	606	495	409	3,174
일반수업시간	1,232	606	437	1,126	3,401
간식시간	9	2	1	38	50
휴식시간	4,655	3,391	1,798	169	10,013
점심시간	2,953	2,142	1,394	315	6,804
청소시간	608	626	565	17	1,816
과학실험시간	229	80	24	7	340
실과실습시간	103	48	210	17	378
미술시간	247	79	44	53	423
음악시간	50	25	14	19	108
체육시간	280	344	243	23	890
특별활동시간	25	15	12	11	63
자율학습	29	10	329	21	389
조회시간	40	38	38	6	122
당번활동시간	90	18	30	2	140
방과후시간	572	236	134	40	982
수학여행	119	98	137	6	360
현장학습	442	170	128	177	917
체육대회	289	618	969	26	1,902
신체검사	5	18	17	1	41
종례시간	66	82	30	39	217
사생대회	3	20	3	0	26
놀이시간	242	17	9	627	895
수영	23	6	3	25	57
무용	74	8	18	7	107
수련활동	76	98	114	4	292
저녁시간	4	13	808	1	826
특기적성 교육활동	335	132	64	38	569
축제	13	60	87	6	166

운동부 훈련시간	396	765	837	27	2,025
출전경기 중	157	308	357	4	826
기구체조	689	403	69	14	1,175
(체육) 기타	1,235	944	491	155	2,825
학생회활동	4	15	13	0	32
동아리활동	63	106	168	1	338
봉사활동	45	57	43	0	145
(학교행사) 기타	226	211	197	20	654
아침자습시간	400	109	81	17	607
농구	284	875	1,156	5	2,320
축구	579	1,742	1,799	16	4,136
배구	81	188	193	2	464
야구	83	114	97	0	294
테니스	4	6	18	1	29
배드민턴	95	146	169	0	410
(구기) 기타	921	859	618	20	2,418
태권도	18	23	36	11	88
유도	12	30	50	11	103
스포츠댄스	3	2	2	0	7
(무도) 기타	57	60	15	11	143
단거리	228	201	97	5	531
오래달리기	39	71	20	3	133
장애물	228	255	30	7	520
멀리뛰기	90	139	57	1	287
높이뛰기	100	82	20	4	206
(육상) 기타	284	222	69	12	587
아침시간	39	15	13	4	71
보충수업	10	7	32	1	50
방과후 보육활동	103	10	4	94	211

도서관참여 활동	12	3	3	3	21
방과후교실	165	115	36	30	346
점심시간(휴식 중)	2,357	1,513	724	185	4,779
기타	156	122	132	84	494
교과활동 이외 일과시간	23	14	19	4	60
방과후 교육활동	2	16	1	4	23
총 계	23,665	19,354	15,821	3,986	62,826

(3) 사고발생 장소

- 운동장에서 발생하는 사고가 가장 많으며, 다음으로 일반교실, 계단, 복도, 체육관의 순서임
- 운동장 사고는 체육활동과 관련이 많고, 일반교실, 계단, 복도는 휴식시간, 수업시간과 관련이 있음

구 분	초등학교	중학교	고등학교	유치원 기타	총 계
일반교실	3,604	2,754	1,453	1,599	9,410
운동장	7,217	7,727	6,293	281	21,518
복도	2,251	1,516	701	163	4,631
계단	1,935	1,356	1,285	192	4,768
화장실	369	244	165	78	856
체육관	1,052	1,311	1,918	89	4,370
교문	98	61	59	23	241
현관	487	238	188	77	990
실험실	190	102	42	0	334

미술실	53	69	44	15	181
음악실	46	58	24	7	135
매점	0	29	31	0	60
구내식당	34	34	41	7	116
교무실	1	11	16	1	29
상담실	4	4	0	0	8
방송실	4	7	6	0	17
동아리방	3	10	25	0	38
실습실	27	33	239	14	313
강당	799	551	387	203	1,940
베란다	6	12	14	1	33
주차장	67	51	28	9	155
다목적실	169	137	47	18	371
놀이방	17	0	0	72	89
목공, 공작, 가사실	5	31	23	3	62
(교내)등하굣길	169	60	73	37	339
놀이터	466	1	2	388	857
도서실	76	35	30	11	152
컴퓨터실	76	14	16	1	107
기자재실	4	1	5	1	11
야외학습장	213	47	39	58	357
수돗가	93	47	26	2	168
사물함	7	12	7	4	30
구령대	104	48	11	0	163
(교내)시소	33	0	0	4	37
그네	101	1	0	16	118
정글짐	86	0	0	5	91
철봉	291	52	17	7	367
평행봉	6	6	7	2	21
평균대	14	3	1	1	19

뜀틀	99	59	1	0	159
구름사다리	11	0	0	0	11
미끄럼틀	218	0	0	41	259
농구골대	80	318	512	2	912
축구골대	91	72	54	1	218
배구 네트	4	9	13	0	26
간이골대	4	0	2	0	6
무용실	16	64	31	1	112
시청각실	20	8	9	4	41
어학실	58	8	4	1	71
유리창	43	73	45	4	165
층계참	105	50	47	5	207
엘리베이터	0	0	0	1	1
급식용 엘리베이터	0	2	0	0	2
옥상	2	4	7	0	13
샤워실	5	1	1	3	10
탈의실	1	29	0	2	32
보건실	4	4	2	2	12
수영장	17	5	5	13	40
급식실	197	94	137	41	469
창고	31	8	6	0	45
기숙사	2	0	26	0	28
신발장	10	2	2	3	17
전기	0	0	1	0	1
수도	12	6	1	1	20
소화전	3	0	0	1	4
냉,난방시설	0	3	0	1	4
선풍기	0	4	0	0	4
화단	173	88	63	12	336
수목	19	3	5	2	29

야외휴게실	53	25	14	5	97
학교담장 주변	93	68	37	7	205
송구(핸드볼)골대	1	11	1	0	13
테니스장	16	25	29	1	71
공중놀이기구	24	0	0	3	27
회전놀이기구	15	0	0	1	16
흔들놀이기구	19	1	0	4	24
오르는 놀이기구	131	0	0	20	151
건너는 놀이기구	139	1	0	2	142
조합놀이대	11	1	0	29	41
교실출입문	216	192	109	39	556
충격흡수용 표면재	7	0	0	5	12
기타	306	165	164	44	679
바다	10	13	29	2	54
산	65	66	72	26	229
강당(단체활동실)	56	71	67	14	208
계곡	3	4	2	1	10
박물관	27	3	3	14	47
기념관	10	8	6	5	29
궁	3	1	0	1	5
공원	112	76	52	50	290
야영장	31	40	40	3	114
체험장	102	78	66	36	282
(교외)숙소(호텔,콘도)	1	0	1	1	3
(교외)숙소 방	1	1	1	0	3
(교외)숙소 베란다	0	2	0	0	2
(교외)숙소 식당	2	1	1	0	4
아이스링크장	94	20	14	1	129
수영장	40	10	7	8	65

볼링장	0	3	4	0	7
인라인스케이트장	26	16	4	0	46
눈썰매장	4	0	1	3	8
놀이동산	20	18	5	3	46
축구장	62	219	241	7	529
야구장	19	27	37	0	83
(교외)하키장	0	4	3	0	7
(교외)럭비 경기장	0	1	5	0	6
(교외)태권도장	0	15	3	0	18
휴게소	11	5	1	1	18
(교외)등하굣길	166	140	84	49	439
기타	367	436	481	71	1,355
총 계	23,665	19,354	15,821	3,986	62,826

(4) 사고발생 유형

- 학생 부주의와 우발적 사고가 가장 많이 발생하고 있음
- 학생 간의 신체적 접촉에 의한 우발적 사고와 고의성 없는 상대방에 의한 사고도 상당수 발생하고 있음

구 분	초등학교	중학교	고등학교	유치원 기타	총 계
학생 부주의	17,698	13,047	10,786	2,738	44,269
우발적 사고	1,528	1,373	949	212	4,062
학생 간 다툼	13	7	2	6	28
교사의 지도감독 위반	32	16	16	14	78
교칙 위반	19	15	12	3	49
교사의 과실 또는 지도감독 소홀	40	12	18	16	86
시설물 하자	148	154	128	19	449

질병 또는 지병	33	28	33	20	114
자살, 자해	7	9	6	3	25
천재지변에 의한 사고	0	0	1	0	1
고의성 없는 상대방	1,497	1,533	1,130	397	4,557
고의성 있는 가해자	108	51	24	46	229
교사의 체벌에 의한 사고	1	12	18	0	31
추락에 의한 사고	29	10	3	5	47
식중독	10	9	4	0	23
미끄러짐, 넘어짐에 의한 사고	646	438	284	109	1,477
부딪힘에 의한 사고	235	244	185	74	738
날아오는 물체에 맞아서 난 사고	51	73	50	4	178
무너지거나 내려앉아서 난 사고	4	2	9	0	15
끼어서 난 사고	24	13	6	9	52
장난에 의한 사고	101	107	32	26	266
학생 고의 중과실	26	37	16	13	92
일방 폭행	6	11	4	0	21
집단따돌림	0	1	0	0	1
풍해, 수해	4	16	4	0	24
설해	5	6	3	0	14
낙뢰	1	0	0	0	1
가스 중독	2	0	0	0	2
일사병	1	2	0	0	3
이물질 섭취	15	4	14	13	46
이물질 접촉	45	27	35	19	126
원인불명 사고	0	1	0	0	1
기타	1,336	2,096	2,049	240	5,721
총 계	23,665	19,354	15,821	3,986	62,826

(5) 사고발생 부위

- 손, 손가락 부위가 가장 많으며, 다음으로 발목, 치아의 순서로 사고가 발생하고 있음

구 분	초등학교	중학교	고등학교	유치원 기타	총 계
머리	1,217	804	595	325	2,941
눈	651	622	538	290	2,101
코	586	599	590	153	1,928
귀	173	86	77	70	406
입	411	138	111	233	893
치아	3,859	1,522	969	380	6,730
안면	1,382	624	579	508	3,093
목	145	144	112	39	440
팔	1,673	1,185	482	196	3,536
팔목	869	676	269	49	1,863
손, 손가락	3,781	3,510	2,574	381	10,246
가슴, 등	118	124	96	14	352
복부	71	45	57	10	183
허리	142	240	326	27	735
엉덩이	79	186	121	11	397
허벅지	131	169	179	23	502
종아리	292	283	231	34	840
발목	1,953	2,563	3,125	226	7,867
발, 발가락	1,081	1,266	1,093	172	3,612
비뇨, 생식기	59	37	32	19	147
신경계통	17	22	20	1	60
무릎	803	1,312	1,619	89	3,823
손목	1,313	1,151	563	49	3,076

어깨	512	591	395	45	1,543
팔꿈치	777	440	281	159	1,657
발뒤꿈치	147	114	116	21	398
고관절	39	156	72	2	269
이마	1,023	408	352	322	2,105
기타	361	337	247	138	1,083
총 계	23,665	19,354	15,821	3,986	62,826

(6) 월별 사고통지 현황

• 학기 중에 사고가 집중되어 있음

구 분	초등학교	중학교	고등학교	유치원 기타	총 계
2008. 1	514	448	318	224	1,504
2008. 2	814	538	305	140	1,797
2008. 3	1,376	1,203	1,033	170	3,782
2008. 4	2,373	2,038	1,995	358	6,764
2008. 5	2,250	1,928	1,977	346	6,501
2008. 6	2,790	2,515	2,228	460	7,993
2008. 7	2,237	1,574	1,323	441	5,575
2008. 8	304	536	586	248	1,674
2008. 9	2,143	1,816	1,560	364	5,883
2008.10	2,988	2,258	1,532	331	7,109
2008.11	3,090	2,340	1,607	417	7,454
2008.12	2,786	2,160	1,357	487	6,790
총 계	23,665	19,354	15,821	3,986	62,826

2) 학교 안전사고 사례

(1) 체육활동

※ 달리기 중 사고

사례 1. 50m 달리기 중 사망(○○여자고등학교 1학년, 서울)

체육시간에 학생신체능력검사 중 마지막 50m 달리기를 하기 위하여 체조 및 순환운동 등을 마치고 사고학생(여)이 50m 달리기를 실시한 이후, 기록 확인을 위해 기록자에게 걸어오던 중 쓰러져 의식을 잃음. 지도교사와 체육교사가 응급처치를 하면서 119에 신고하고 보건교사에게 연락하여 심폐소생과 인공호흡을 계속 하던 중 119 구급차가 도착하여 병원에 후송하였으나 사망함.

사례 2. 달리기 중 뇌동정맥기형발견(○○중학교 1학년, 대전)

체육시간에 담당교사의 지도 아래 운동장에서 체육과목 실기시험에 대비한 단거리 스타트 연습을 하던 중에 안색이 좋지 않은 모습이 발견되어 즉시 보건실로 옮기는 과정에서 우측 팔 · 다리에 심한 마비 증세가 나타나 정밀진찰을 받은 결과 뇌동정맥기형으로 나타나 입원치료를 받음.

사례 3. 달리기 후 뇌경색(○○중학교 1학년, 울산)

학교에서 실시하는 전교생 체력검사에 참여하여 오래달리기(1,200m) 및 걷기 종목을 끝내고 운동장 그늘에서 휴식을 취하고 있던 중 몸이 마비되는 이상증세를 보임. 이를 발견한 담임교사가 급히 119 구급대 및 학부모에게 연락하고 대학병원 응급실로 이송 치료를 받았으나, 뇌경색으로 진단받고 계속적인 통원 및 재활치료를 받았으나 국가배상법시행령 별표 2 신체장해등급 제7급 제4항 노동력 상실률 60%에 해당함을 판정 받음.

사례 4. 달리기 중 사망A(○○중학교 1학년, 서울)

사고학생은 체육시간 운동장 수업에서 정렬하고 인원 파악 후 준비운동을 위해 약 80m를 달리다 갑자기 쓰러져 호흡이 멈춰 체육교사와 보건교사가 심폐소생술을 실시함. 119 구급차로 인근 병원 응급실로 후송하였으나 사망.

사례 5. 달리기 중 사망B(○○고등학교 1학년, 서울)

학교교육계획에 의거한 오리엔테이션(학교생활 적응을 위한 생활태도 안내 및 기본교과 학습방법 지도)에 참가하여 앉았다 일어서기 20회 실시 후 50m 거리 운동장을 빨리 달려 돌아오기 도중 갑자기 쓰러져 사망.

사례 6. 오래달리기 중 사망(○○중학교 3학년, 서울)

사고학생은 체육수업시간에 오래달리기 및 걷기를 400m 정도 하던 중 갑자기 쓰러져 보건교사 및 담당교사가 인공호흡을 실시하면서 119 구급차를 불러 병원에 후송하였으나 병원 도착 전 사망.

농구경기

사례 1. 농구장에서 갑자기 심장마비(○○고등학교 2학년, 대전)

학교 기숙사에 저녁시간 전에 친구들과 함께 농구장에서 슈팅과 드리

블 연습을 하던 중 갑자기 심장마비를 일으켜 사망함.

사례 2. 농구경기 중 사망(ㅇㅇ고등학교 2학년, 울산)

체육시간에 필요한 준비운동을 마치고 자유시간을 이용하여 동료 학생 5명과 체육관에서 농구경기(약 15분)를 하던 중 외부의 아무런 물리적 충격이 없는 상태에서 갑자기 쓰러짐. 119 구급차가 학교에 도착(15시경)하여 학생에게 급히 심폐소생술을 시행하여서 인근 ㅇㅇ대학병원 응급실로 이송하였으나, 심장 압전(대동맥박리)으로 인한 심정지로 사망함.

사례 3. 농구훈련 중 부상(ㅇㅇ중학교 3학년, 서울)

체육관에서 농구부 오후 운동 중 학생이 개인 속공 드리블로 레이업슛을 하다가 수비선수와의 마찰과 착지 시의 충격으로 무릎을 다침. 부상을 당한 직후 병원으로 이송하여 치료를 받은 결과 우슬관절 십자인대파열 부상.

축구경기

사례 1. 경기 구경 중 사망(ㅇㅇ중학교 1학년, 울산)

체육시간 사고학생은 아무런 체육활동 없이 운동장에서 친구들의 축구경기를 구경하며 서 있다가 갑자기 의식을 잃고 쓰러져 이를 본 체육교사가 급히 대학병원 응급실로 이송하였으나 사망함.

사례 2. 축구하다 다쳐 장해(○○고등학교 3학년, 경북)

일과시간 후 15시경에 운동장에서 축구를 하던 중 넘어지면서 머리를 바닥에 심하게 부딪혀 부상(장해 7급 판정).

사례 3. 축구공에 맞아 시각 손상(○○고등학교 2학년, 제주)

사고학생은 체육시간 축구 평가를 실시하던 중 본인이 찬 공이 상대방 다리를 맞고 튕겨져 나오면서 왼쪽 눈에 맞아 시력을 상실함. 진단결과 맥락막 출혈 및 파열로 시각장애 8급(노동력 상실률 50%) 판정받음.

사례 4. 축구 경기 중 사망(○○중학교 3학년, 대구)

체육시간에 운동장에서 축구 간이경기를 하다가 ○○○ 학생이 어지럽다고 하여 보건실로 가던 중 쓰러졌고, 곧바로 보건교사 및 체육교사가 보건실로 옮겨 응급조치 취하던 중 119 구급차가 도착하여 병원으로 후송함. ○○병원 응급실에 도착하여 심폐소생술 등을 시도하였으나 사망하였으며, 부검결과 열사병 판정을 받음.

기타 활동

사례 1. 철봉에서 떨어져 장해(○○고등학교 2학, 서울)

교련시간 중에 철봉대에서 거꾸로 매달려 있다 지면에 얼굴부터 떨어지게 됨. 떨어진 후 움직이지 못하여 119 구급대에 신고하고 구급차를 타고 ○○병원으로 옮겨 진료받은 결과 목뼈가 부러지고 척수신경이 손상되었다는 판정을 받고 응급수술 후 치료를 받았으나, 상지 불완전 마비 및 하지 완전 마비로 100% 장애 판정을 받음.

사례 2. 네트에 걸려 사지마비(ㅇㅇ중학교 2학년, 전북)

사고학생은 강당에서 몸 풀기 운동을 마친 후, 훈련 계획에 따라 코트 양쪽 엔드라인에서 출발하여 네트 밑을 통과하는 스피드 훈련을 하던 중 네트 밑을 통과하다가 네트 하단 부분에 이마가 걸리면서 맞은편에서 달려오던 △△△ 학생의 허벅지 부분과 2차 충돌이 일어남. 상세불명의 목 부분 폐쇄성 골절된 사안으로 현재 사지마비 및 경부 척수 병증. 경추 유합술 후 입원 치료.

사례 3. 물구나무서기 하다 장해(ㅇㅇ고등학교 1학년, 인천)

체육시간에 물구나무서기 실기평가를 하던 중, ㅇㅇㅇ 학생이 거꾸로 선 채 몸의 균형을 잃고 매트 위에 넘어져 일어나지 못하며 통증을 호소하기에 담당체육교사에게 응급조치를 받은 후 즉시 119 구급대에 연락하여 ㅇㅇ대학교 병원으로 후송 조치하여 진료를 기다리는 동안 학생의 상태가 회복되는 것 같아 진료를 받지 않고 학교로 다시 돌아옴.

새벽부터 통증이 심해져 ㅇㅇ대학교 병원에 방문진료 결과, 입원치료가 필요하다는 의사 소견에 따라 병원에 입원하여 정밀검사를 방은 결과 뇌진탕, 압박골절(흉추 4, 5번), 목뼈의 염좌 및 긴장, 시신경 및 시각로 손상 등의 진단을 받았으나, 정확한 치료법에 대한 결론이 나지 않음. 이후 ㅇㅇ대학병원에서 추가 정밀점검 결과, 시신경 손상, 반맹의 진단으로 9급 장애진단(국가배상법시행령 장애등급 9급, 노동력 상실률 40%)을 받음.

사례 4. 팔굽혀펴기 하다 식물인간(ㅇㅇ공업고등학교, 경남)

체육시간에 체력검사를 위한 팔굽혀펴기를 10회 정도 하다가 갑자기

경련을 일으키며 쓰러져 병원으로 후송하였으나 뇌손상에 의한 식물인간 진단을 받음. 사고 직후 체육교사가 기도유지 및 전신 마사지를 2분 정도 실시하였으나 보건교사가 학생의 상태가 위급하다고 판단하여 119 구조대를 통해 병원으로 후송함.

사례 5. 산행 중 사망(ㅇㅇ여자상업고등학교 1학년, 서울)

제주도 수학여행 일정으로 한라산 산행에 앞서 학생들의 산행 여부를 결정하기 위해 각 반별로 건강상태를 조사하여 총 36명을 제외 후 한라산 어리목(해발 1,200m) 광장에서 산행을 시작하여 윗세오름(해발 1,700m)에 도착. 기념촬영 후 하산하기 시작 약 30분 후에 같은 반 친구의 배낭을 잡으면서 길가 우측으로 갑자기 쓰러져, 동행하던 교사 2명이 발견하여 괜찮냐고 물어보며 학생의 의식 상태를 확인하였으나 반응이 없었음. 무호흡상태로 확인되어 구조 호흡을 위해 평지에 눕히고 기도유지 자세를 취하며 119 구조대로 신고하였음. 호흡이 없는 상태에서 전화로 119 구조대원의 지시를 받으며 구강호흡과 심장 마사지를 계속 실시하였고, 헬기가 도착하여 산소 호흡기를 부착하고 병원에 도착하기 전까지 심폐소생술을 계속함. ㅇㅇ병원 응급실 도착 심폐소생술을 실시하였으나 사망함.

사례 6. 레슬링 연습 중 전신마비(ㅇㅇ중학교 1학년, 광주)

ㅇㅇ경기장 레슬링 훈련장에서 레슬링 감독의 감독 및 지시에 따라 레슬링 연습훈련 중 ㅇㅇㅇ학생이 상대선수 2학년 학생과 프리모션(1:1 기술 자유연습)을 하던 중 2학년 학생에게 목을 잡힌 상태에서 무리하게 태클을 들어가려다 상대선수의 몸무게에 목을 눌려 즉시 119 구조대에 의

해 ㅇㅇ대학교병원으로 이송 응급처치를 하였으나 경추 3-4 골절 및 탈구, 불완전 척추신경 손상에 의한 하반신이 마비됨.

사례 7. 학교 체육대회 씨름경기 중 무릎 부상(ㅇㅇ고등학교 3학년, 충남)

춘계체육대회에서 사고학생이 학급 씨름대표로 출전, 경기를 하던 중 무릎이 꺾이는 사고로 부상을 입어 수술과 치료를 받았으며, 후유증으로 장해가 발생됨.

사례 8. 유도훈련 중 우측 두부 부상(ㅇㅇ중학교 1학년, 충남)

ㅇㅇ교육청 주관으로 ㅇㅇ관내 유도부 선수에 대한 합동훈련으로 1:1 기술훈련을 하던 중 ㅇㅇㅇ학생(남)이 상대선수의 발기술로 넘어지면서 좌측 두부가 매트에 닿는 순간 상대선수의 체중이 실린 등으로 우측 두부를 눌려 급성 경막하 출혈 및 외상성 대뇌부종 부상을 입음.

사례 9. 체육특기생 전지훈련 중 사망(ㅇㅇ중학교 2학년, 서울)

사고학생(남)은 럭비부 체육특기생으로, 강화도 해변에서 실시한 전지훈련에서 어지럼증을 호소하며 쓰러져 트럭에 실려 민박집으로 급히 후송됨. 교사 두 명이 교대로 인공호흡을 실시하고 보건소에 연락하여 응급처치를 하였으나 계속 의식불명 상태가 되어 119 구조대의 헬기를 지원 요청하여 ㅇㅇ병원으로 후송 중 사망.

사례10. 체육수업 준비물 운반 중 부상(ㅇㅇ중학교 1학년, 서울)

사고학생(남)은 체육수업 준비 담당으로 지정되어 수업준비를 위해 운동기구들을 운반하던 중 같은 반 학생이 휘두른 야구방망이에 구강부위를 맞아 치아 여섯 개가 부러지는 사고를 당함.

(2) 급식 관련 사고

사례 1. 급식 카트에 의한 사고(ㅇㅇ초등학교 5학년, 서울)

사고학생(여)이 같은 반 친구 1명과 함께 점심시간에 급식 카트를 끌고 4층 급식이 운반되는 장소로 급식을 가지러가서 음식을 가득 싣고 오던 중 뒤쪽에서 다른 반 친구가 끄는 카트가 근접해서 오는 것을 보고 옆으로 비켜 주려고 카트의 속도를 줄였는데 뒤따라오던 급식카트가 음식의 무게로 미처 멈추지 못하여 사고학생이 끄는 카트와 충돌함. 그 충격으로 사고학생의 왼쪽 검지 첫 마디의 1/4과 손톱 3/4이 떨어져 나가는 부상을 입음.

사례 2. 끓는 물에 화상(ㅇㅇ중학교 1학년, 전북)

교실에서 담임교사 지도하의 아침자습시간 중 음용수로 사용하고자 담임교사 책상과 창문 사이에 놓은 간이 급수대에 전기주전자로 물을 끓여 놓은 상태에서 교사가 1교시 학습 자료를 가져오기 위해 잠시 교무실에 다녀온 사이 학생이 교실에서 급우와 뛰어다니며 장난하다 넘어지면서 급수대를 건드려 전기주전자의 물이 쏟아져 오른쪽 다리 무릎 아래 종아리에 화상을 입은 사안으로, 부모가 담임교사 개인을 상대로 소송을 제기한 사안임.

사례 3. 급식 중 사고(ㅇㅇ중학교 2학년, 대전)

점심시간에 담임교사의 지시에 따라 급식실에서 배식을 받아 친구와 함께 배식통을 운반하던 중 2층 계단에서 발을 헛딛는 순간 넘어져 요추

부위에 부상을 당하여 장해 판정을 받음(노동력 상실률 20%).

사례 4. 유치원 급식 중 화상 사고(○○유치원, 서울)

유치원 지하 미술실에서 간식시간에 간식을 먹기 위하여 유아들을 모아 놓고 간식을 나누어 주는 도중에 사고원아가 그릇에 담겨 있는 어묵국물을 가지고 가다가 본인 부주의로 배식통을 보지 못하고 걸려 넘어지면서 양 팔꿈치, 양다리 및 엉덩이에 화상을 입어 수술 및 입원 치료를 받고 그간 소요된 치료비를 신청함.

(3) 등하교시간

사례 1. 하교 중 친구집 베란다에서 추락하여 사망(○○초등학교, 경남)

방과 후 학교 스쿨버스를 기다리던 중 책가방을 학교에 둔 채로 학교 인근의 친구 아파트에 가서 놀다 베란다에서 추락하여 사망함.

사례 2. 자전거 사고로 사망(○○고등학교, 강원)

학생 ○○○이 하교할 때 버스에서 내려 집까지 자전거를 타고 가다가 본인의 실수로 횡단보도 기둥을 피하려다가 자전거에서 떨어져서 일어난 사고임(이 학생은 등하교 시 2회의 버스를 타야 하므로 1회는 자전거를 이용하고 1회는 버스를 이용하는 학생임).

사례 3. 오토바이 사고로 사망(○○공업고등학교 3학년, 대구)

전일제 클럽활동계획에 의거 진로탐색 애견반 학생들의 현장실습장인 대구 ○○훈련소에서 위탁교육을 받기 위해 지도교사가 애견반 학생 12명에게 각자 버스로 당일 10시까지 도착하도록 하였으나, 학생 두 명이 자

신들의 오토바이에 사고학생과 다른 학생을 각각 태우고 당일 10시 5분경에 훈련소에 먼저 도착하여 있던 중, 버스를 잘못 타서 백안삼거리에서 동화사 가는 쪽에 내려 있으니 데리러 오라는 지각한 학생의 전화연락을 받은 후 사망 학생이 지도교사가 곁에 없어 이야기도 하지 않고 오토바이를 타고 가다가 운전부주의로 도로표지판에 부딪혀 병원으로 이송하였으나 뇌손상으로 사망.

사례 4. 자전거 사고로 부상(○○초등학교 5학년, 제주)

사고학생이 자전거를 타고 하교를 하던 중 갑자기 돌풍이 불어 모자가 날아가면서 타고 가던 자전거의 중심이 흔들려 길 옆 돌담에 부딪혀 코뼈가 골절된 사고.

(4) 실습실 사고

사례 1. 과학실험 기구 만지다 실명(○○여자중학교, 경남)

학생들이 실험을 위해 드라이아이스가 든 보온통을 과학실에서 교실로 들고 와 억지로 보온병을 열다 압력으로 마개가 열리면서 튀어 올라 그 옆을 지나가던 사고학생의 눈에 맞아 실명.

사례 2. 화산폭발 실험 중 화상(○○초등학교 5학년, 대구)

과학실험실에서 모의 화산폭발 실험 도중 반응이 잘 일어나지 않아 담임교사가 실험효과를 높이기 위하여 메탄올 시약병을 들고 화산폭발 실험대에 붓다 불씨가 시약병으로 옮겨 붙어 불꽃이 전방으로 튀어나감. 학급반장으로서 소임을 다 하지 못하였다는 사유로 담임교사가 사고학생(남)을 실험 장소에서 2미터 정도 떨어진 곳에서 교실 벽을 보고 서서 반성하라는 뜻으로 근신하도록 하였는데, 근신 도중 불꽃이 사고학생의 목과 양쪽 귀 부위에 닿아 화상을 입었으며, 사고 즉시 보건실에서 응급조치 후 ㅇㅇ병원 응급실로 이송하여 진료.

사례 3. 불꽃반응 실험 중 화상(ㅇㅇ중학교 3학년, 전남)

과학시간에 과학 담당교사의 지도로(시범실습) 염화나트륨 등 네 가지 시료의 불꽃반응 실험을 관찰 하던 중, 염화나트륨이 들어 있던 증발접시의 불꽃이 꺼졌다는 학생들의 말을 듣고 불꽃이 꺼진 것으로 착각한 담당교사가 증발접시에 추가로 메탄올을 붓는 과정에서 살아있던 불이 메탄올 용기로 옮겨 붙어 실험을 관찰하던 사고학생에게 화염이 분사되어 3도 화상(신체표면의 28%)을 당함.

사례 4. 실습 중 안구파열(ㅇㅇ고등학교 3학년, 강원)

ㅇㅇ고등학교 실습실에서 자동차 건설기계 수업 중 자동차를 분해하는 과정에서 사고학생(남)이 차동 피니언 축 끝에 달려 있는 베어링을 탈거하고자 스프링(리테이너)을 타격하던 중 스프링이 튀어나오면서 안경을 가격하여 안구가 파열된 사고.

사례 5. 실험 실습 중 사망(ㅇㅇ공업고등학교 1학년, 대구)

점심식사 후 냉동기술 기능 훈련실에서 오후 과제인 전기배선 작업과정 중에 지도교사 임장 지도하에 이루어져야 할 질소가압 실험을 학생 임의로 하다가 과다한 압력 상승으로 압축기가 압력에 의해 터지면서 파편이 사고학생(남)의 가슴을 쳐서 쓰러짐. 사고 직후 지도교사가 인공호흡을 실시하는 동안 119 구조대가 학교에 도착하여 응급조치를 한 후 사

고학생을 응급실로 이송하여 심폐소생술을 실시하였으나 회복되지 못하고 사망.

사례 6. 실험 실습 중 부상(○○초등학교 4학년, 서울)

과학시간에 알코올램프로 물을 가열하여 대류현상을 관찰하는 실험을 하고 뒷정리를 하던 중 급우가 삼발이를 건드려 비커에 담긴 끓는 물이 엎질러져 부상. 응급처치 후 병원으로 이송됨.

사례 7. 실험시간 폭발에 의한 화상(○○중학교 1학년, 부산)

학생이 청소시간에 과학준비실에서 점화기를 가지고 놀던 중 탁자 위에 있던 에탄올 통이 폭발하면서 전신화상 사고를 당하여 화상전문병원인 ○○병원에 입원 치료 중 상태가 악화되어 급성 호흡부전증, 심폐부전패혈증, 다장기부전증 등 합병증으로 사망.

(5) 교실 등 추락 사고

사례 1. 2층에서 추락 사고(○○학교 1학년, 부산)

담임교사의 지시로 전국장애학생 직업기능대회 참가를 위해 수직공예 연습을 하던 중 담임이 퇴근할 줄 모르고 기다리다가 뒤늦게 교실 문이 잠긴 것을 발견하고는 운동장 놀이터 쪽 창문을 통해 밖으로 나오려다가 2층 아래로 추락하여 좌측 족관절 양과 분쇄골절, 우측 종골 골절상을 당하여 ○○교육감을 상대로 손해배상 청구소송을 제기하였음(부산지법 2003가단 149882호). 소송결과에 따라 부산시교육청은 원고 △△△ 외 3명에게 배상금 52,105,200원을 지급하고, 정관 제5조 및 보상금지급규정 제2조에 의거 우리 공제회에 청구하였음.

사례 2. 3층에서 추락 사고(ㅇㅇ고등학교 2학년, 충남)

야간자율학습시간에 ㅇㅇㅇ교사가 복도에 있던 중(3개반 감독) 집에 일찍 가기 위하여 ㅇㅇㅇ(남)학생이 책가방을 1층 급식실 옥상에 던져 놓고 3층 교실 창문에서 급식실 옥상으로 뛰어내리다 발뒤꿈치 골절 부상을 입음.

사례 3. 장애학생 2층 교실에서 추락 사고(ㅇㅇ초등학교 2학년, 충남)

ㅇㅇ교육청 관내 장애학생(ㅇㅇㅇ(남) 외 4명)을 대상으로 개설한 겨울방학 중 방과 후 교육활동 사물놀이를 ㅇㅇ초등학교 3층 교실에서 실시하던 중 ㅇㅇㅇ학생이 휴식시간에 창문 밖으로 추락하여 양쪽다리 골절, 왼쪽 팔꿈치 골절, 양쪽 턱관절 및 턱골절 부상.

사례 4. 화장실 지붕에서 추락 사고(ㅇㅇ초등학교 3학년, 서울)

방과 후 특기적성교육(글짓기)을 받기 위하여 대기 중 사고학생(여)이 서관 교사 옆 옥외 화장실 지붕 위에 올라가 친구들과 놀던 중 발을 헛디뎌 뒤로 떨어져 부상.

사례 5. 소파에서 떨어져 사고(ㅇㅇ유치원 착한반, 서울)

자유선택활동시간에 사고학생(여)은 소꿉놀이 영역에 있는 어린이용 소파에서 거꾸로 누워 놀이를 하던 중 굴러 떨어져 부상. 하지마비로 100% 장해를 입음.

사례 6. 4층에서 추락 사고(ㅇㅇ중학교 3학년, 대전)

교실 밖에 설치된 차양 위로 떨어진 슬리퍼를 줍기 위해 창문을 열고

몸을 내미는 순간 4층에서 추락하여 양측 다리 골절 및 흉추와 요추 등 전신부에 심한 부상을 당하여 장해 판정을 받음(노동력 상실률 70%).

사례 7. 유리창 닦다가 사고(○○중학교 1학년, 경북)

사고학생(여)이 3교시 봉사활동(청소) 시간에 교실 대청소를 하던 중 교실 옆 유리창을 닦다가 실수로 발로 헛디뎌 2층에서 1층으로 떨어져 다리가 골절됨.

사례 8. 계단 난간 타다 사고(○○초등학교 4학년, 대전)

대전 ○○초등학교(4학년 5반)에서 발생한 사고로, 전교생 합동체육을 위해 운동장으로 나가던 중에 4층과 3층 계단 난간을 타고 내려오다 중심을 잃고 3층 바닥으로 떨어져 사망함.

사례 9. 계단 난간 타다 추락 사고(○○초등학교 2학년, 전남)

계단 난간을 타기 위해 도움닫기로 오르려다가 추진력이 과하여 난간에서 멈추지 못하고 4m 아래 1층 바닥(타일)으로 추락하여 뇌진탕을 당함.

사례 10. 계단 난간 추락해서 사망(○○중학교 3학년, 경북)

○○○학생은 비만 때문에 점심시간에 4층 계단 난간 안전봉에 배를 대고 허리를 숙인 채 운동을 하다가 거꾸로 떨어지면서 아래층 계단 모서리에 머리를 부딪쳐 119 구급차로 병원으로 긴급 후송하였으나 사망함.

사례 11. 3층에서 추락 사고(○○여자고등학교 2학년, 인천)

원형교사 3층 2학년 9반 교실에서 담임교사의 지도하에 학교행사 준비를 위해 청소를 실시하던 중 교실청소를 마치고 다른 학생들과 창문을 닦게 됨. 담임교사는 창문은 안에서 손이 닿는 곳만 닦고 절대 창밖으로 나가지 말 것을 지시하였으나, 사고학생(여)이 창밖에 나가 보고 싶어 분리수거통(플라스틱)을 발로 밟고 창문을 넘어가다가 몸의 균형을 잃고 난간으로 1차 떨어진 다음 3층에서 1층 화단과 시멘트 경계 부근으로 추락함. 학생들이 추락을 알려 담임교사가 추락현장에 도착하여 확인한 결과, 외상은 심하지 않았으며 학생도 의식이 있어 목과 팔의 통증을 호소하여 보건교사가 부상 정도 확인하고, 잠시 후 119 구급차가 도착하여 응급조치를 하고 바로 ㅇㅇ병원으로 후송 조치함. 외부 척추충격으로 인한 하반신 마비로 교육감을 당사자로 소송을 제기하여, 인천지방법원의 화해권고 결정에 의거 1억 2천만 원 지급.

사례 12. 3층에서 추락 사고(ㅇㅇ초등학교 2학년, 충남)

ㅇㅇ초등학교 3층 교실에서 놀이를 하던 중 ㅇㅇㅇ학생이 휴식시간에 창문 밖으로 추락하여 양쪽다리 골절, 왼쪽 팔꿈치 골절, 양쪽 턱관절 및 턱 골절을 당함.

(6) 학생부주의 사고

사례 1. 장난으로 던진 실내화에 눈 부상(ㅇㅇ중학교 2학년, 충남)

실내체육관에서 체육수업으로 농구(남학생), 배드민턴(여학생)을 하던 중 ㅇㅇㅇ학생(남)과 동료 학생 등이 장난을 하다 실내화에 왼쪽눈(안경)을 맞아 병원에서 수술과 치료를 받았으며, 후유장애가 발생함.

사례 2. 찰흙 덩어리에 맞아 눈 부상(ㅇㅇ중학교 3학년, 인천)

사고학생(남)이 휴식시간에 자리에 앉아 휴식을 취하고 있던 중 같은 반 학생이 미술시간에 사용하고 남은 딱딱하게 굳은 찰흙 덩어리를 무심코 던져 사고학생의 눈에 맞음. 토요일 병원 진료시간이 경과하여 월요일에 병원에서 진료 결과, 수정체가 상해 수술이 필요하니 큰 병원으로 가라는 통보를 받음. ㅇㅇ병원을 방문하여 정밀진단을 받은 결과, 수정체 손상으로 수술이 필요하지만 눈에 염증이 가라앉은 다음에 수술을 해야 한다는 의사의 소견으로, ㅇㅇ병원에서 인공수정체 삽입 수술치료를 받음.

사례 3. 수학여행 중 베란다로 옆방에 가다가 추락(ㅇㅇ고등학교 1학년, 서울)

강원도 설악산 일대 수학여행 중 숙소인 금강산 콘도 24호실(5층)에 투숙하던 사고학생(남)은 같은 방에 묵고 있던 학생 두 명과 베개로 장난을 친 후 친구들이 많던 22호실로 옮기기 위해 베란다 쪽 발코니 사이의 칸막이를 잡고 옆방으로 넘어가던 중 발코니 사이의 칸막이가 빠지면서 추락하여 119에 신고 후 ㅇㅇ병원으로 후송하던 중 사망함.

사례 4. 장난치다 부상(ㅇㅇ초등학교 2학년, 광주)

교외 현장체험학습 계획에 의거 학교 인근 상무시민공원 잔디운동장으로 이동하여 휴식하는 동안 학생들이 술래잡기(혼장) 놀이를 하던 중 10시 30분경 앞서 달려가던 같은 반 ○○○가 인근에서 주워 온 철사줄을 던진 것이 근접하여 달려오던 ○○○(여)의 우측 눈에 충격되어 ○○대학교병원에서 치료를 하였으나 회복하지 못하고 실명됨. 우안각막혼탁, 외상성백내장(무수정체상태), 유리체혼탁, 외상성시신경병증의 장해

진단을 받음(국가배상법 노동력 상실률 50%)

사례 5. 장난치다 눈 실명(ㅇㅇ중학교 1학년, 충북)

아침 보충수업이 끝나고 1교시 수업이 시작되기 전에 당시 유행하던 연필 깍는 커터로 표창을 만든 것을 교실 뒷면의 나무판에 던지며 장난을 치던 중에 사고학생이 바닥에 떨어진 자기표창을 주워 일어서는 순간에 ㅇㅇㅇ학생이 이를 보지 못하고 표창을 던져 사고학생의 왼쪽 눈에 명중되어 실명됨.

사례 6. 학교담장에서 떨어져 장해(ㅇㅇ초등학교 4학년, 대전)

대전 ㅇㅇ초등학교(4학년 2반)에서 2005년 11월 16일 발생한 사고로, 점심시간에 투시형 담장 주변에서 동료들과 함께 잡기놀이를 하면서 놀던 중에 담장 위로 올라가서 뛰어내리려는 순간 투시형 철담에 발이 끼는 과정에서 학교 밖 콘크리트 바닥으로 떨어져 안면부 및 좌측 안구에 부상을 당하여 장해 판정을 받음(노동력 상실률 24%).

(7) 우발적 사고

사례 1. 기절놀이 중 부상(ㅇㅇ중학교 3학년, 서울)

음악 담당교사가 6명씩 음악실에 불러 놓고 단소 연주 수행평가를 보던 중 복도에서 대기하던 ㅇㅇㅇ(남)이 호기심에 혼자 기절놀이라는 장난을 하다 복도바닥에 넘어져 이가 부러지고 안면부상 및 급성 스트레스성 장애 증상으로 신청하였으나, 혼자서 자신이 목을 조여 숨을 멎게 하는 기절놀이 했다는 점과 정신과 치료(자폐증세)가 놀이와 관련된 치료인지 정확하게 해명이 안 되어 자살, 자해로 보아 신청서를 반려함.

사례 2. 놀이 중 사망(○○초등학교 6학년, 울산)

점심시간 사고학생은 급식 후 운동장에서 친구들과 잡기놀이를 하며 놀다가 갑자기 두통을 호소, 놀이를 중단하고 보건실에 누워 휴식을 취하던 중 의식을 잃고 쓰러져 보건교사가 즉시 119 구급대로 연락, 대학병원 응급실로 이송하였으나, 9일 동안 의식불명상태로 있다 사망함.

사례 3. 단소에 의한 실명(○○여자중학교 2학년, 충북)

5교시 수업 시작 직후 교실에서 수업준비를 하지 않고 책상 위에 놀이용 카드를 펼쳐 놓고 월드컵 축구선수의 사진과 기사를 붙여 놓은 학생 ○○○에게 주의를 주는데 말대꾸를 하자 이를 나무라기 위하여 앞으로 나오라고 소리치며 가지고 있던 단소로 교탁을 내리쳤는데, 그 반동으로 단소가 손에서 빠져나가면서 날아가 교탁 정면에서 약 2m 정도 떨어져 앉아 있던 다른 학생의 눈에 맞아 오른쪽 눈 실명.

(8) 천재지변 · 자연재해에 의한 사고

사례 1. 벼락에 의한 사고(○○고등학교 1학년, 서울)

점심시간에 사고학생이 운동장에서 축구를 하던 중 운동장 부근에 번개가 떨어져 4~5명의 학생들과 함께 정신을 잃고 쓰러졌는데, 다른 학생들은 모두 즉시 일어났으나 ○○○학생(남)은 정신을 잃고 쓰러져 일어나지 못하였음. 부근에 있던 학생들이 ○○○군을 부축하여 보건실로 향하였고 119 구조대에 신고함. 보건교사가 ○○○군을 보았을 때에는 심폐기능이 멎고 청색증이 있는 상태였다고 함. 즉시 교사들이 심장압박과 인공호흡 등 응급조치를 하여 심폐를 소생시켰으며, 119구조대 도착 후 인근 병원으로 호송함.

사례 2. 벼락에 의한 사고(ㅇㅇ초등학교 6학년, 서울)

ㅇㅇ초등학교 운동장에서 △△초등학교와 친선축구경기를 하던 중 갑자기 소나기가 내렸지만 땀도 식힐 수 있는 기회로 경기를 계속 하였는데, 소나기가 그치고 날씨가 개어 가려는 순간 '꽝' 하고 한 번의 번개가 쳤고 운동장 서편의 페널틱 라인 선상에 있던 축구부 골키퍼 ㅇㅇㅇ학생(남)이 낙뢰를 맞고 쓰러짐.

사례 3. 병충해에 의한 사고(ㅇㅇ초등학교 4학년 외 22명, 제주)

아침조회를 마치고 학년별로 담당구역을 나누어 태풍의 영향으로 운동장에 떨어진 나뭇잎, 가지, 쓰레기 등을 청소하던 중 사고학생(남)을 비롯한 22명이 팔, 목, 가슴, 등 부위에 가려움증을 동반한 붉은 반점과 두드러기 증상 등 접촉성 피부염이 발생한 사고.

(9) 스트레스 등에 의한 사고

사례 1. 정신적 충격에 의한 치료(ㅇㅇ고등학교 2학년, 서울)

수학여행 중 산행을 함께하던 같은 반 급우가 현장에서 사고(급성 심장정지)로 자신에게 쓰러지는 모습을 직접 목격하였고, 병원까지 동행하였던 학생이 사고학생의 사망 소식에 충격을 받아 정신과 치료를 받은 사례.

사례 2. 체벌에 의해 두통 호소(ㅇㅇ고등학교 1학년, 서울)

등교 시 용의복장 지도를 하던 중 세 차례 이상 지적된 학생들을 체벌하였는데, 그중 머리를 지시막대로 두세 차례 가볍게 지적당한 학생이 계속적으로 두통을 호소하여 병원에서 방사선치료를 받은 사례.

사례 3. 착각에 의한 도발행위(○○중학교 2학년, 서울)

실외수업을 마치고 교실로 들어오다 출입문을 닫는 과정에서 문을 열려는 급우와 열지 못하도록 하는 급우와 장난을 치던 중 문을 열고 들어오는 급우가 출입문을 발로 차자 사고학생은 자신을 보고 화를 내는 것으로 착각하여 문을 손으로 쳤고, 이 과정에서 교실 문 중앙에 있던 유리가 깨지면서 손목을 다쳐 보건실에서 응급조치를 받은 후 병원에서 치료받은 사례.

사례 4. 자리다툼에 의한 자살(○○중학교 2학년, 서울)

특별실에서 실시한 인성교육 수업 중 조 편성 문제로 같은 반 여학생과 자리다툼으로 싸운 것이 화가 나서 수업이 끝난 직후 옥상에서 뛰어내리려고 올라갔으나 멈칫거리는 사이 떨어진 사례.

사례 5. 기절놀이에 의한 부상(○○중학교 3학년, 서울)

점심식사 후 사고학생은 교실에서 급우들과 기절놀이(목 부분의 혈관을 손으로 눌러 일시적으로 기절시키는 놀이)를 하였는데, 사고학생 혼자서 목을 눌렀으나 잘 되지 않자 친구들에게 눌러 달라고 부탁하였고, 친구들이 사물함 위에 앉아 있던 사고학생의 목을 조르자 사지를 벌벌 떨며 기절하여 교실 바닥으로 떨어지며 부상을 당한 사례.

사례 6. 결백주장 위한 고의성 추락(○○중학교 2학년, 부산)

담임교사의 꾸지람에 결백을 증명하고자 3층 교실에서 뛰어내려 척추골절상을 입고 교육감을 상대로 손해배상청구 소송을 제기한 사례.

사례 7. 집단 괴롭힘에 의한 정신분열(○○중학교 2학년, 경기)

학생 2명이 지속적인 괴롭힘과 따돌림으로 반을 옮겨 달라고 담임과 학교장에게 요청하였으나 훈계만 하고 방치하여 계속적인 괴롭힘 때문에 정신분열증이 생긴 사례.

사례 8. 집단 괴롭힘에 의한 정신분열(○○중학교 3학년, 경기)

축구부 학생들이 조금 모자란 듯 보이는 학생을 지속적으로 괴롭힘에 따라 정신분열을 보여 해당 부모가 소송을 제기한 사례.

사례 9. 체벌에 의한 자살(○○고등학교 2학년, 경기)

불량학생으로 생활지도교사의 체벌을 지속적으로 받아오던 학생이 학교 화장실에서 담배를 피우다 적발되자 혼이 날까 두려워하다 1교시 후 휴식시간에 학교 앞 아파트 옥상에서 투신자살하여 부모가 소송을 제기.

사례 10. 집단 괴롭힘에 의한 자살(○○초등학교 3학년, 경기)

학교 급우들에게 이유 없이 지속적인 집단 괴롭힘을 당해 오던 사고학생이 스트레스에 의해 집에서 자살하여 부모가 소송을 제기.

(10) 기타 특이 사고

사례 1. 고속도로 휴게소에서 교통사고(○○초등학교 6학년, 서울)

6학년 현장체험학습을 마치고 귀교 중 충남 대천휴게소에 들러 휴식을 취하고 있을 때 휴게소에 과속으로 진입하던 승용차가 보행 중이던 학생 2명을 친 후 질주하여 앉아서 쉬고 있던 다른 2명의 학생을 치어 결국 두 명의 학생이 사망하게 된 사고.

사례 2. 소풍 중 뱀에 손가락 물림(ㅇㅇ초등학교 6학년, 전북)

가을소풍으로 금산사 계곡에서 ㅇㅇㅇ학생이 친구들과 뱀을 발견하여 잡으려다가 손가락을 물림.

사례 3. 반달곰에 물려 손목절단(ㅇㅇ초등학교 1학년, 충북)

초등학교 1학년 학생들이 담임교사의 인솔하에 휴양림(시청 운영)에 체험학습 차 방문하여 반달곰을 구경하던 중에 혼자 자리를 이탈, 곰 우리에 손을 넣어 반달곰에 손을 물려 절단됨.

사례 4. 합숙소 내 화재로 사망(ㅇㅇ초등학교 2~4학년, 광주)

전국소년체전 대비를 위한 동계합동훈련계획서에 의거 남자 7명, 여자 7명 총 14명의 체조부 학생을 선발하여 선진기술을 습득하고 경기력 향상을 도모하고자 동계합숙훈련 시행 중, 사고 당일 합숙소 내 학생 11명은 23시 15분부터 취침하였고 감독교사는 취침을 확인하고 출타하였음. 새벽 1시 50분에서 3시 8분경 ○○초등학교 체육관 내 무대 쪽(합숙실 맞은편)에서 전기누전으로 추정되는 화재가 발생하여 인화성이 강한 마루바닥 및 체조용구 등에 인화되어 다수 인명피해 발생.

사례 5. 충돌에 의한 사고(ㅇㅇ초등학교 6학년, 제주)

사고학생(남)이 아침활동 후 1교시 수업 준비를 위해 급우들과 함께 교실 뒤편의 휴지통에서 연필을 깎고 있던 중, 2~3명의 급우가 화장실로 가다가 사고학생과 접촉이 생기면서 사고학생이 중심을 잃어 휴지통 쪽으로 넘어져 연필 깎던 칼에 머리를 찢기는 사고를 당함.

(11) 손, 팔 부상

사례 1. 문틈 사이에 끼어 손가락 절단(ㅇㅇ초등학교 2학년, 인천)

휴식시간에 사고학생(여)의 할아버지가 준비물을 가져와서 사고학생이 준비물을 받아들고 교실 뒷문으로 들어오던 중 세찬 바람에 교실 뒷문이 갑자기 닫히면서 문 사이에 손가락이 끼어 손가락이 절단됨. 사고학생이 피를 흘리고 있는 것을 같은 반 학생이 보고 교사에게 알려 절단된 손가락을 찾았으나 찾지 못하고 급히 학교 옆 병원으로 후송하여 진료 결과 오른손 절단창과 조갑손상을 입음.

사례 2. 세탁기에 끼어 팔 절단(ㅇㅇ중학교 1학년, 충북)

오전 수업을 마치고 축구부 훈련계획에 따라 점심을 먼저 먹고 휴식시간에 사고학생(남)이 운동복을 세탁기에 넣고 세탁을 하다가 설정된 세탁시간이 지나 세탁기가 멈춘 줄 알고 문을 열었으나 계속 돌아가고 있었음. 다시 문을 닫고 전원 스위치를 여러 번 누른 후 2~3분 정도 기다리다가 세탁기 작동이 멈췄겠지 하는 생각을 하고 세탁기 문을 여는 중에 옆에서 누군가 부르는 소리가 들려 그쪽을 쳐다보면서 세탁물을 꺼내려고 손을 넣었다가 멈추지 않은 세탁기의 돌아가는 탄력으로 어깨 밑 오른쪽 팔이 절단됨. 비명을 지르면서 기어 나오는 사고학생을 ㅇㅇㅇ학생이 발견하여 축구부 감독교사에게 알리고 붕대와 수건으로 압박, 지혈을 시키면서 즉시 119 구조대 신고하여 병원으로 이송 봉합수술을 받음.

(12) 발, 발목 부상

사례. 소풍 중 넘어지면서 부상(ㅇㅇ중학교 3학년, 제주)

ㅇㅇ공원으로 가을소풍을 가서 졸업앨범을 촬영하던 중 휴식시간에 친구들과 뛰어놀다가 사고학생(남)이 공원 중앙에 설치된 조각품에 발이 걸려 넘어지면서 좌측 족관절 골절 및 인대가 파열된 사고.

(13) 치아 부상

사례1. 체육수업 중 치아 손상(ㅇㅇ고등학교 2학년, 서울)

사고학생이 체육수업 중인 후배 ㅇㅇㅇ과 농구경기 중 ㅇㅇㅇ이 링에서 튀어 오른 공을 잡기 위해 점프를 했다가 내려오면서 팔꿈치로 밑에 있던 사고학생의 치아를 강타하여 치아가 손상된 사고.

사례2. 체육시간 중 치아 부상(ㅇㅇ고등학교 2학년, 울산)

사고학생은 체육시간에 체육관 농구 코트에서 농구경기를 하던 중 체육관에서 테니스공을 이용한 맞추기 놀이를 하던 동료 학생이 테니스공을 피하기 위해 농구 코트를 침범하여 사고학생과 부딪히며 농구 코트 바닥에 넘어지며 치아 부상.

(14) 눈 부위 상해

사례 1. 체육수업 중 시신경 손상(ㅇㅇ고등학교 2학년, 인천)

학교 체육수업 중 축구 조별 리그 게임을 실시하여 같은 반 ㅇㅇㅇ학생이 걷어내려고 찬 공에 사고학생(남)이 왼쪽 눈을 맞아 망막 손상을 입음.당시에는 공을 맞고 넘어진 후 특별한 외상을 보이지 않았으나, 7교시에 사고학생이 눈이 보이지 않는다고 하여 ㅇㅇ병원으로 이송하여 치료하였으나, 시신경 손상에 의한 장애로 진단.

사례 2. 야구 배트에 의한 실명(ㅇㅇ중학교 2학년, 울산)

사고학생은 교내 태권도실에서 교사와 학생들 간 보조운동으로 간이 야구 게임을 실시하던 중 감독교사가 타석에서 휘두른 배트(짧은 대나무)가 손에서 빠져 날아가서 사고학생이 맞아 우측 눈 완전 실명.

사례 3. 나뭇가지에 눈을 찔려 장해(ㅇㅇ중학교 1학년, 충남)

사고학생(남)이 화장실에서 용무를 마치고 학교 건물 뒤쪽 주차장 근처에서 전방을 주시하지 않고 달려가던 중 길 옆의 나뭇가지에 좌측 눈을 찔려 좌안 안구파열, 망막박리, 외상성백내장 등의 부상을 입어 수술과 치료를 받았으며, 후유장해가 발생됨.

5. 학교 안전사고 통계자료 개선방향

현 학교 안전사고 유형별 통계 분류는 사고의 책임소재와 사고발생 형태가 혼재되어 있어 개선이 필요하다. 이에 중앙회는 2009년 1월부터 발생하는 학교 안전사고를 다음과 같이 사고책임과 사고발생 형태로 구분함으로써 통계 분류를 개선하였다.

〈개선 전〉

순 번	코드명	비 고
1	학생 부주의	
2	우발적 사고	
3	학생 간 다툼	
4	교사의 지도감독 위반	
5	교칙 위반	
6	교사의 과실 또는 지도감독 소홀	
7	시설물 하자	
8	질병 또는 지병	
9	자살, 자해	
10	천재지변에 의한 사고	
11	고의성 없는 상대방	
12	고의성 있는 가해자	
13	교사의 체벌에 의한 사고	
14	전기시설 등에 의한 감전	
15	추락에 의한 사고	
16	식중독	
17	미끄러짐, 넘어짐에 의한 사고	
18	부딪힘에 의한 사고	
19	날아오는 물체에 맞아서 난 사고	
20	무너지거나 내려앉아서 난 사고	
21	끼어서 난 사고	
22	장난에 의한 사고	
23	학생 고의 중과실	
24	일방 폭행	
25	풍해, 수해	
26	설해	
27	가스 중독	

28	일사병	
29	이물질 섭취	
30	이물질 접촉	
31	기타	

〈개선 후〉

• 사고의 책임

순 번	코드명		비 고
1	자기 관련 사고	학생 부주의	
2		학생 고의 중과실	
3		자살, 자해	
4		질병 또는 지병	
5		교칙 위반	
6		교사의 지도감독 위반	
7	타인 관련 사고	교사의 과실 또는 지도감독 소홀	
8		교사의 체벌에 의한 사고	
9		상대방에 의한 사고	
10		가해자에 의한 사고	
11	타인 관련 사고	일방폭행	
12		집단따돌림	
13	상호 관련 사고	운동, 경기	
14		놀이, 장난	
15		상호 간 다툼	
16	기타 사고	자동차 사고	
17		시설물 하자	
18		원인불명 사고	
19		기타	

• 사고발생 형태

순 번	코드명		비 고
1	상해 사고	충돌/부딪힘	
2		미끄러짐/쓸림	
3		넘어짐	
4		끼임	
5		절단/베임	
6		찔림	
7		추락에 의한 사고	
8		폭발, 화상	
9		폭행	
10		성폭행	
11		감전	
12		물에 빠짐	
13		자연재해	
14	질병 사고	지병	
15		식중독	
16		가스 중독	
17	질병 사고	일사병	
18		이물질 섭취	
19		이물질 접촉	
20		전염병	
21		질병(기타)	
22	기타 사고	사망 사고	
23		기타	

6. 사고통지 및 업무처리 흐름도

사고발생

구호활동
- 신속한 현장 응급처치(경미한 사고의 경우 보건실에서 치료)
- 병원에 이송하는 경우 담당교사가 병원까지 동행

119 신고
- 상황에 따라 최우선으로 신속히 연락

학교장 보고
- 사고 원인, 피해 정도 등을 신속히 구두로 보고

학부모 연락
- 사고 원인, 피해 정도, 현재 상황 등을 신속히 구두로 연락

관련 서류 작성
- 사고 일지 기록(육하원칙에 따라)
  - 사고발생 일시 파악
  - 사고 관련자(학년/성별 등) 파악
  - 사고의 원인과 경과를 확인하기 위한 현장 보존
  - 사고 원인을 규명할 수 있는 증거 확보
  - 목격자 진술 확보
  - 안전교육 실시 내용
  - 응급조치 내용 등

서면 보고
- 교육청, 경찰서, 학교안전공제회 등에 육하원칙에 의하거나 규정된 서식에 의거 보고, 통보, 통지 등을 하여야 함

↓

공제회 사고 통지

- 학교안전공제회 공제급여 관리시스템(www.schoolsafe.or.kr) 접속 후 로그인하여 사고발생통지서 작성
  - 사고발생 일시, 사고 피해자 및 사고 관련자(인적사항)
  - 관련자 인적사항 · 사고 장소 · 시간 · 원인 · 상해 부위 · 상해 정도 및 사고 전후 상황 작성(육하원칙에 따라)
  - 안전교육 실시 내용과 응급조치 내용을 반드시 기록에 포함
- 작성된 사고발생통지서를 출력하여 학교장 결재를 받은 후 전산 발송(별도의 우편을 통한 통지서 발송은 필요 없음)

학생 치료

- 장기치료를 요하는 경우 치료 중간에도 공제급여 청구 가능

공제회 공제 급여 청구

- 학교안전공제회 공제급여 관리시스템 접속 후 로그인하여 공제급여 청구서 작성
  - 공제급여 관리시스템에서 사고발생통지서를 접수하여야 공제급여 청구 가능
  - 인적사항, 은행계좌, 청구 내용, 사고 내용을 기재
- 학교장 결재 후 우편 발송
  - 작성된 공제급여청구서를 출력 및 구비서류 첨부
  - 구비서류
    - · 공제급여청구서
    - · 의료비 영수증 원본(병원 영수증, 처방전을 첨부한 약제비 영수증)
    - · 청구권자 은행통장 사본
    - · 50만 원 초과 시 주민등록등 · 초본, 진단서
  - 학교장 결재 후 학교장 직인을 날인하여 해당 학교안전공제회로 우편 발송(전산 발송과 병행)

공제회 지급결정

- 공제회 → 학교: 공제급여 지급결정 통보서 발송
- 공제회 → 청구인: SMS 또는 전자우편으로 공제급여 지급결정 통보

송금 및 수령	• 공제회 → 청구인: SMS 또는 전자우편으로 공제급여 송금 통보 • 청구인: 공제급여 수령

학교에서 할 일	• 수령 여부 확인 • 피해학생 위로 • 안전사고 재발 방지를 위한 사후지도

종결

7. 학교안전공제 사각지대의 발생

법에 의하여 학교 안전사고에 의한 생명 · 신체의 피해에 대한 학교안전공제사업을 학교 안전공제회가 실시하고 있으나, 법에서 보상하지 않는 교육과 관련한 공제급여사업 운영의 필요성이 제기되고 있다. 즉, 학교교육과 관련 있는 활동에서 발생한 안전사고 중 법에서 보상할 수 없는 한계 또는 타 법령의 규정 등으로 보상대상에 포함되지 못하는 사각지대가 존재하는 것이다. 학교안전공제 사각지대에 대한 보상이 이루어져야 실질적인 학교 안전사고에 대한 보상제도가 완성될 것이다.

구 분	내 용	근 거
학교 기숙사	교육활동 공간이 아닌 집과 같은 사적 생활공간	법 제2조 제4호 법 시행령 제2조 제4호
청소년 수련원	학교장의 관리 · 감독하에 있지 않은 교육활동	「청소년활동진흥법」 제25조
위탁 급식	급식사고에 의한 배상 책임	「제조물책임법」 제3조 또는 「민법」 제758조
학교경영자 배상 책임	중과실에 의한 인적 배상 책임 및 물적 배상 책임	「국가배상법」 제2조 및 제5조, 「민법」 제755조 내지 제756조 및 제758조
어린이 놀이시설	어린이 놀이시설 관련 배상 책임	「어린이 놀이시설 안전관리법」 제21조
해외여행 안전	국내 기준과 다른 외국의 의료비 차액, 법에서 정하지 않은 질병, 환자 항공이송료 등	「공제급여지급기준」 제7조 제1항 별표 제11호

8. 결 론

교육 현장에서 빈번히 발생하는 학교폭력으로 인한 피해와 관련하여 신속한 보상을 통한 교단 안정과 자기책임의 원칙에 입각한 적법성의 구현 간의 갈등은 학교안전공제제도의 연구과제로 남아 있다.

법률이 시행됨에 따라 학교 안전사고에 대한 체계적이고 전문적인 예방 사업이 가능하게 되었다. 따라서 예산과 인력의 확보를 통해 예방사업을 적극적으로 수행하여 학교 안전사고를 획기적으로 감소시키는 것이 중요한 향후 과제다.

찾아보기

공감의 네 가지 T 53

급성 위기/만성 위기에 있는 가족 15

능동적인 듣기 32

리버스 96

부인 73

분노 73

사이버폭력 95

사회정체성이론 96

성추행 124

성폭력 122

성폭행 124

성학대 122

성희롱 124

스트레스 유발 상황 12

신체적 유형 92

안구운동 민감소실 및 재처리요법 (EMDR) 230

어린이 성폭력 123

언어적 유형 93

외상후 스트레스 장애(PTSD) 54

우울 73

위기 11, 12

위기 선별 면담 38
위기에 처한 내담자의 감정 19
위기의 단계 16
응급 12

재해정신의학 215, 232
적대적 환경형 성희롱 128
정상적 애도 과정 73
정서적 유형 93
조건형 성희롱 127

체계위기개입 모델 96

타협 73
탈개별화이론 96

학교폭력 91, 92, 96
학교폭력 예방 및 대책에 관한 법률」 104
학교폭력의 세 가지 유형 92

저자 소개

강윤형

서울대학교 의과대학 졸업

서울대학교 의과대학원 박사과정 수료

현) 가족사랑 서울 신경정신과 원장

고복자

고려대학교 의학대학 졸업

한양대학교 의과대학원 박사

전) 서울시 학교보건진흥원 보건지원 부장

　 서울시 교육연구정보원 기술서기관

현) 대한소아청소년정신의학괴 학교건강위원회 이사

곽영숙

서울대학교 의과대학 졸업

서울대학교 의과대학원 박사

현) 제주대학교 의과대학 학장 및 의학전문대학원 원장

　 한국여성정신의학회 회장

김붕년

서울대학교 의과대학 졸업

서울대학교 의과대학원 박사

현) 서울대학교 의과대학 정신과학교실 교수

　 서울대학교병원 소아청소년 정신과 분과장

　 호주 퀸즈랜드 대학교, 퀸즈랜드 뇌과학 연구소 교환교수

김영덕

수원대학교 교육대학원 교육학석사

영국 킹스칼리지 연수

현) 동탄고등학교 교사

김재원

서울대학교 의과대학 졸업

서울대학교 의과대학원 박사

현) 서울대학교 의과대학 정신과학교실 조교수

서울 중구정신보건센터장

김태숙

전) 서울시교육청 행정개선담당관, 재무과장

동작교육청 관리국장, 서울학교안전공제처 사무국장

현) 학교안전공제중앙회 사무국장

민혜영

인하대학교 교육대학원 교육학 석사

현) 교육과학기술부 교육연구사

서동수

중앙대학교 의학대학 졸업

중앙대학교 의과대학원 박사

현) 서울특별시 어린이병원 정신과장

대한소아청소년정신의학회 학교건강위원회 간사

안동현

서울대학교 의학대학 졸업

서울대학교 의과대학원 박사

전) 대한소아청소년정신의학회 이사장

대한청소년정신의학회 회장

현) 한양대학교 의과대학 신경정신과학교실 교수

이소영

고려대학교 의학대학 졸업

고려대학교 의과대학원 박사

현) 순천향대학교 정신과학교실 부교수

대한소아청소년정신의학회 학술이사

이영식

서울대학교 의과대학 졸업

서울대학교 의과대학원 박사

전) 대한소아청소년정신의학회 이사장

현) 중앙대학교 의과대학 정신과 교수

학교 위기개입

2010년 4월 20일 1판 1쇄 발행
2020년 9월 25일 1판 2쇄 발행

지은이 • 대한소아청소년정신의학회 학교건강위원회
펴낸이 • 김진환
펴낸곳 • (주) 학지사
04031 서울특별시 마포구 양화로 15길 20 마인드월드빌딩
대표전화 • 02) 330-5114 팩스 • 02) 324-2345
등록번호 • 제313-2006-000265호

홈페이지 • http://www.hakjisa.co.kr
페이스북 • https://www.facebook.com/hakjisabook

ISBN 978-89-6330-401-4 93370

정가 17,000원

저자와의 협약으로 인지는 생략합니다.
파본은 구입처에서 교환해 드립니다.